Armin Fuhrer

GÖRINGS NSA

Armin Fuhrer

GÖRINGS NSA

Das »Forschungsamt« im Dritten Reich

Die unbekannte Geschichte des größten Geheimdienstes der Nazis

lau verlag

**Bibliografische Information
der Deutschen Nationalbibliothek**
Die Deutsche Nationalbibliothek verzeichnet diese
Publikation in der Deutschen Nationalbibliografie;
detaillierte bibliografische Daten sind
im Internet über http://dnb.d-nb.de abrufbar.

ISBN 978-3-95768-194-2

Internet: www.lau-verlag.de

Umschlagentwurf: pl, Lau-Verlag, Reinbek
Umschlagabbildung: © ullstein bild - Curt Ullmann
Satz und Layout: pl, Lau-Verlag, Reinbek
Druck und Bindung: GK Druck Gerth und Klaas GmbH & Co. KG, Hamburg
Printed in Germany

INHALT

EINLEITUNG

Nein, die Geschichte des Dritten Reiches muss nicht umgeschrieben werden, nur weil die Existenz seines größten Geheimdienstes bis heute von den Historikern fast vollständig ignoriert wurde und in der Öffentlichkeit völlig unbekannt ist. »Forschungsamt des Reichsluftfahrtministeriums«? Das klingt doch harmlos – ein Amt, dass sich im Auftrag des Luftfahrtministeriums um Forschung im Bereich der Luftfahrt kümmert. Oder? Doch schon, wenn man einen kurzen Moment weiterdenkt, stellt man sich vielleicht die Frage, wer damals noch gleich Luftfahrtminister war: Hermann Göring. Sollte dieser machtbesessene Mann, der Jahre lang der zweite Mann im Nazi-Staat war und Ämter und Funktionen anhäufte wie kein anderer der braunen Spitzenfunktionäre, sich wirklich mit harmloser Forschung zufriedengeben? Eigentlich kaum vorstellbar.

Wer skeptisch ist, liegt schon mal ganz richtig. Denn tatsächlich war der Name *Forschungsamt des Reichsluftfahrtministeriums* ein Tarnname für etwas ganz Anderes. Zugegeben, ein sehr geschickt gewählter Tarnname. Denn obwohl sich die Zentrale mitten in Berlin befand und hier täglich hunderte, wenn nicht tausende Mitarbeiter ein- und ausgingen, und obwohl das Amt offiziell im Telefonbuch der Reichshauptstadt verzeichnet war und sogar einen eigenen Poststempel hatte, war den Menschen damals völlig unbekannt, was sich hinter den Mauern des großen Gebäudekomplexes in Berlin-Charlottenburg verbarg: ein technisch höchst modern ausgerüsteter Geheimdienst, der eigentlich alles und jeden überwachte – die eigenen Bürger, die

Funktionäre des Dritten Reiches, ausländische Diplomaten und Staatsmänner, in- und ausländische Wirtschaftsunternehmen, Filmstars und natürlich die Militärs – und zwar sowohl die eigenen als auch die anderer Staaten. Selbst Adolf Hitler und Hermann Göring konnten nicht sicher sein, dass ihre Telefongespräche von den Lauschern vom Amt nicht mitgehört wurden. In diesen Fällen handelte es sich allerdings um Beifänge, das heißt, eigentlich wurden Personen abgehört, die mit Hitler oder Göring telefonierten. In solchen Fällen wurde die Lauschaktion sofort abgebrochen (manchmal ließ Göring allerdings bewusst seine Gespräche mit bestimmten Personen aufzeichnen und als Protokoll zu Papier bringen). Aber unterhalb dieser Ebene war niemand vor dem Forschungsamt sicher. Propagandaminister Joseph Goebbels hätte ein Lied davon singen können, wenn er denn gewusst hätte, dass er eine Zeit lang massiv abgehört wurde und dass es dabei um intimste Dinge ging – und in diesem Fall kam der Anstoß dazu mindestens von Göring, wenn nicht von Hitler selbst.

Tatsächlich war das Amt weder ein Forschungsamt noch hatte es faktisch irgendetwas mit dem Reichsluftfahrtministerium zu tun. Es war ein Macht- und Herrschaftsinstrument in den Händen Hermann Görings; er konnte das Amt nutzen als seinen ganz persönlichen Geheimdienst. Ohne Göring ging hier gar nichts, ohne seine Zustimmung durfte niemand überwacht werden – aber er konnte andererseits jeden überwachen lassen, bei dem er das für sinnvoll hielt. Soweit das heute nachzuvollziehen ist, dürfte es in der ersten Zeit des Dritten Reiches, als es vor allem darum ging, die Macht der Nationalsozialisten durchzusetzen und zu festigen, auf diesem Feld seine Hauptaufgaben gehabt haben. Später ging es dann mindestens genauso um die Diplomatie, die Außenpolitik und die Wirtschaft, bevor es dann im Krieg weitere Aufgaben übernahm.

Welche Rolle aber spielte nun dieses Forschungsamt tatsächlich? Welche Bedeutung hatte es? Und warum haben sich

Historiker bis auf zwei Ausnahmen nie darum bemüht, einen Lichtschein auf diese Einrichtung, die bewusst im Dunklen agierte, zu werfen? Um mit dem letzten Punkt anzufangen: Historiker brauchen Akten – und genau diese Akten gibt es zum Forschungsamt nicht mehr. Oder es gibt sie vielleicht doch, aber dann liegen sie gut verborgen in irgendwelchen Archiven in Washington und/oder Moskau. Die Mitarbeiter des Amtes bekamen in den letzten Wochen des Dritten Reiches den Befehl, alle Akten möglichst zu vernichten. Nichts sollte davon übrigbleiben, die Erkenntnisse und Kenntnisse des Forschungsamtes sollten in den Feuern verbrennen, die an den verschiedenen Standorten, an die die Mitarbeiter geflohen waren, angezündet wurden. Dieser Vorgang erinnert frappierend an den Versuch der DDR-Staatssicherheit, alle ihre Spuren zu vernichten, als die DDR unterging. Wie weit das Vorhaben allerdings auch umgesetzt werden konnte, ist fraglich. Ob nicht die Rote Armee Material – und zwar in großen Mengen – fand und nach Moskau abtransportierte, ist durchaus nicht geklärt. Das gilt ebenso für die Amerikaner. Sie veröffentlichten zwar einen kleinen Aktenbestand – dabei handelte es sich allerdings um Protokolle von Verhören ehemaliger Amts-Mitarbeiter, nicht um Original-Akten. In solchen Akten könnten durchaus für die Amerikaner peinliche Dinge stehen, denn die deutschen Lauscher drangen bis in die allerhöchste Spitze vor: Präsident Roosevelt und Englands Premier Churchill (das gelang allerdings der *Forschungsstelle der Reichspost*, die nach dem Vorbild des Forschungsamtes aufgebaut wurde und in diesem Buch mit eigenem Kapitel bedacht ist).

So oder so: Bis auf einen minimalen Rest von Originalakten, die sich vor allem im Politischen Archiv des Auswärtigen Amtes befinden, stehen Historikern also fast keine originalen Unterlagen zur Verfügung. Hinzu kommen ein paar ganz wenige Erinnerungen von ehemaligen Mitarbeitern des Amtes (die als Quelle vorsichtig anzufassen sind). Schließlich äußerte sich Hermann Göring zum Forschungsamt zunächst gegenüber den US-Ermittlern, die ihn im Sommer 1945 verhörten und dann während des Prozesses gegen die Hauptkriegsverbrecher in Nürnberg. Doch alles in allem ist das äußerst wenig. Dieser Mangel an belastbaren Unterlagen dürfte der Grund dafür sein, dass das Forschungsamt bislang in der historischen Forschung so völlig unterbelichtet ist. Denn wer sich mit einem Thema beschäftigt, für das es so wenig Material gibt, begibt sich automatisch aufs Glatteis. Doch darf das ein Grund sein, sich überhaupt nicht mit dieser wichtigen und mächtigen Institution des Dritten Reiches zu beschäftigen? Absolut nein. Auch, wenn der fehlende Bestand an Unterlagen zwangsläufig zu Spekulationen führen muss, wenn viele Fragen und Löcher bleiben, ist es nicht unzulässig, wenigstens das zusammenzutragen, was möglich ist. Wenn man sich anschaut, bis in welche entlegensten Forschungsecken die Historiker in Sachen Nationalsozialismus und Drittes Reich inzwischen vorgedrungen sind, bleibt es erstaunlich, dass ausgerechnet der größte Geheimdienst der braunen Diktatur bislang so stiefmütterlich behandelt wurde.

Zwei Ausnahmen unter der unübersehbar großen Schar der Historiker, die sich mit dem Dritten Reich befasst haben, gibt es. Die eine ist der britische Historiker David Irving. Er veröffentlichte 1989 das Buch *Das Reich hört mit. Görings »Forschungsamt«: Der geheimste Nachrichtendienst des Dritten Reiches*[1]. Zu jener Zeit galt Irving noch als seriöser Historiker und nicht als der Holocaust-Leugner, als der er heute gesehen wird. Allerdings ist auch in diesem Buch, eine Tendenz, Teile des NS-Regimes ein Stück weit reinzuwaschen, unübersehbar. Es stellte einen eindeutigen Versuch dar, das Forschungsamt als eine ganz normale Einrichtung darzustellen, wie sie andere Staaten auch hatten – und übernahm damit auch die Darstellungsweise beispielsweise von Hermann Göring. Diese normale Institution war das Amt natürlich nicht, weil es für eine menschenverachtende und brutale Diktatur arbeitete und nicht als Instrument einer demokratisch gewählten Regierung, die zudem an Recht und Gesetz gebunden ist. Man muss dieses revisionistische Buch also mit allergrößter Vorsicht lesen (neu aufgelegt wird es offenbar nicht mehr). Aber Irving konnte Archivmaterial in Washington einsehen und verarbeiten und außerdem mit ehemaligen Mitarbeitern des Forschungsamtes sprechen und deren Aussagen nutzen. Leider ist oft nicht nachvollziehbar, inwieweit es sich bei solchen Äußerungen ebenfalls um eher revisionistische Darstellungen handelte und inwieweit Irving kritisch nachfragte oder überhaupt dazu gewillt war. Aussagen aus diesem Werk werden daher für das vorliegende Buch mit Bedacht und Vorsicht verwendet. Bei dem zweiten Buch handelt es sich um den Band *... und lauschten für Hitler. Geheime Reichssache: Die Abhörzentralen des Dritten Reiches* des Historikers Günther W. Gellermann, das zwei Jahre nach Irvings Buch, also 1991, erschien.[2] Irgendwelche rechten und revisionistischen Tendenzen sind bei Gellermann nicht zu finden, und so stellt sein Werk den ersten wirklich ernstzunehmenden Versuch da, die Geschichte des Forschungsamtes aufzuarbeiten. Auch Gellermann konnte Archivmaterial in Washington einsehen – also weitgehend Verhörprotokolle – und mit einstigen Mitarbeitern sprechen. Er erweiterte das Thema zudem sinnvollerweise auch auf die *Forschungsstelle der Reichspost.*

Einen durchschlagenden Erfolg in dem Sinne, dass sich andere Historiker für das Thema interessierten oder sich das Bewusstsein für die Existenz dieses Amtes in der interessierten Öffentlichkeit durchsetzte, hatten beide Bücher nicht. Schon das rechtfertigt es, das Thema in einer Zeit, die durch den NSA-Skandal und die Enthüllungen Edward Snowdens mit allen Nachwirkungen stark sensibilisiert ist, neu aufs Trapez zu bringen (wenngleich auch klar ist, dass so einiges aufgebauscht wurde und sich viele Behauptungen von Medien und kritischer Öffentlichkeit zumindest nicht nachweisen ließen[3]). Außerdem sind inzwischen ein paar neue Materialien hinzugekommen.

Das gilt unter anderem für das Manuskript *War Secrets in the Ether. Parts I und II*[4]. von Wilhelm F. Flicke. Bei Flicke handelte es sich um einen ehemaligen Mitarbeiter des Forschungsamtes, der diese Einrichtung nach dem Krieg sehr kritisch sah und ein Buchmanuskript verfasste, in dem es auch um das Forschungsamt ging. Die gerade gegründete National Security Agency – besser bekannt unter ihrem Kürzel NSA – ließ das Manuskript übersetzen, von ihren Experten studieren – und dann jegliche Veröffentlichung verbieten. Es durfte fortan nur intern kursieren. Auf dem Deckblatt wurde ausdrücklich betont: »Dieses Dokument enthält Informationen die nationale Verteidigung der USA betreffend unter dem Aspekt des Spionagegesetzes, Titel 18, Abschnitte 793, 794 und Titel 50, Abschnitte 46, 46a und 46b. Seine Übertragung oder die Preisgabe seines Inhalts in jeglicher Art an eine nicht autorisierte Person ist durch das Gesetz verboten«. Die NSA sah in dem Werk vor dem Hintergrund des Kalten Krieges eine Gefahr für die Nationale Sicherheit der USA; die sowjetischen Sicherheitsbehörden sollten über seinen Inhalt nichts erfahren. Die Einstufung als »Geheim« wurde tatsächlich erst am 29. Januar 2014 offiziell aufgehoben (wenngleich das Manuskript schon viel früher in Buchform kursierte; ob die deutsche Ursprungsfassung noch existiert, ist dem Autor unbekannt). Daneben gab die NSA auch einige weitere, ehemals als »Top Secret« eingestufte Unterlagen heraus und stellte sie ins Internet. Dabei handelte es sich um Protokolle von Vernehmungen ehemaliger Mitarbeiter des Forschungsamtes, insbesondere um einen zusammenfassenden Bericht der Army Security Agency (ASA), der im September 2008 freigegeben wurde (ähnliche Materialien zu anderen deutschen Nazi-Diensten gab sie ebenfalls frei).

Anhand dieser neuen und der schon zuvor verfügbaren Materialien sowie verstreut zu findender Erinnerungen an und Hinweise auf das Forschungsamt stellt dieses Buch einen neuen Versuch da, sich der Arbeit und der Bedeutung dieser

Institution zu nähern. Dass dieser Versuch trotz der weiterhin mageren Quellenlage sinnvoll und nötig ist, werden die folgenden Seiten zeigen. Denn eins sei vorweggenommen: Görings Forschungsamt spielte eine viel größere Rolle im Dritten Reich, als bislang angenommen.

KAPITEL 1

Geheimgehaltene Erfolge. Die Anfänge der Funk-Überwachung im Ersten Weltkrieg

Als in der Mitte des 19. Jahrhunderts zuerst mit dem Morsetelegraphen und bald danach mit dem Telefon zwei bahnbrechende technische Möglichkeiten der zwischenmenschlichen Kommunikation erfunden wurden, dauerte es nicht lange, bis auch die Mittel, diese zu missbrauchen, entwickelt waren. Für uns heutigen Zeitgenossen ist diese Erkenntnis nichts Neues. Wir wissen heute im Zeitalter der digitalen Revolution und all ihrer Folgen, dass das Internet zwar ein weiterer beeindruckender Sprung auf dem Weg zur weltweiten Vernetzung war, aber wir müssen auch immer wieder erkennen, dass diese Art der technischen Kommunikation nicht sicher davor ist, mitgelesen und belauscht zu werden von Menschen oder Organisationen, die dazu gar nicht berechtigt sind oder von denen wir es ausdrücklich nicht wünschen. Auf internationaler staatlicher Ebene hat sich längst das entwickelt, was man auch einen Kalten Cyberkrieg nennen könnte. Auch im 19. und beginnenden 20. Jahrhundert wuchsen die technischen Möglichkeiten schneller als die Erkenntnis, dass sie auch von unbefugter Seite missbraucht werden können. Ebenso wenig kann uns heute die Tatsache überraschen, dass das Militär immer ganz vorne dabei ist, wenn es um technische Neuerungen geht. Man muss nur einmal kurz einen Blick darauf verwenden, wie rasant und erfolgreich die US-Army inzwischen daran bastelt, Künstliche Intelligenz für ihre Zwecke zu entwickeln.

Mit der Entwicklung der Funktelegraphie um die Wende vom 19. zum 20. Jahrhundert war ein weiterer Schritt der zwischenmenschlichen Kommunikation erreicht. Diese Möglichkeit musste die Militärs besonders reizen. Vorreiter wurde ausgerechnet ein Staat im Herzen Europas, der heute in der Rückschau oftmals als rückständig und unmodern gilt: Österreich-Ungarn. Der militärische Geheimdienst des k.u.k.-Staates war zwar im Vergleich beispielsweise zum deutschen bescheiden ausgestattet; aber manchmal macht Not eben tatsächlich erfinderisch. Jedenfalls waren die Herren des Evidenzbüros, wie der Dienst genannt wurde, ziemlich innovativ und fortschrittlich. Sie erkannten offenbar als erste die Möglichkeiten, die ihnen die technischen Neuerungen der Kommunikation boten. Als nämlich das Verhältnis zwischen Wien und der italienischen Regierung 1908 wegen der österreichischen Annexion Bosnien-Herzegowinas in eine ernsthafte Krise geriet, waren die Österreicher bereits so weit, den gesamten Funkverkehr des ahnungslosen Gegners zu Land und zu Wasser abhören zu können. Damit gewann die Regierung in Wien einen tiefen Einblick in die Gedanken und Ziele der Italiener – ein nicht zu überschätzender Vorteil für die eigene Außenpolitik. Die Tatsache, dass Österreich-Ungarn sich in diesem Konflikt durchsetzte, hängt sicher auch damit zusammen.

Drei Jahre später waren es wiederum die Italiener, die Opfer der österreichischen Lausch-Aktionen wurden. Rom war wegen Tripolitanien und Kyrenaika mit dem Osmanischen Reich in Konflikt geraten, ein Streitherd, den Österreich mit Argusaugen beobachtete, da er durchaus auch eigene Interessen betreffen konnte. Wieder hörten die österreichischen Experten den Funkverkehr der Italiener ab, diesmal zwischen Rom und Tripolis. Es war das erste Mal, dass sie nicht nur den Diplomaten, sondern auch den Militärs wertvolle Informationen liefern konnten. Als es in Libyen zum Krieg kam, waren die Österreicher in der Lage, den Kriegsverlauf Schritt für Schritt quasi live mitzuerleben –

und das aus einer Entfernung von hunderten von Kilometern. Auch in den Balkankriegen am Vorabend des Ersten Weltkrieges leisteten die eigenen Abhörexperten der Regierung in Wien gute Dienste.

Den Österreichern auf den Fersen waren die Franzosen. Allerdings hatte das Deuxième Bureau in Paris viel weniger Gelegenheiten, sich als Lauscher zu betätigen, da Frankreich sich nicht in kriegerischen Auseinandersetzungen befand. An der Seine übernahm zunächst das Außenministerium die Federführung. Ebenso offen gegenüber technischen Neuerungen und ebenso gierig nach Informationen wie die Österreicher, richtete der Quai d'Orsay eine eigene Lauschstation ein. Auch die Franzosen interessierten sich sehr für die Italiener, aber noch mehr für die Nachbarn im Osten, also die Deutschen. Schon vor dem Krieg gelang es den Franzosen, sich in den Verkehr zwischen dem Berliner Außenministerium und der deutschen Botschaft in Paris einzuklinken. Auch die Engländer wollten nicht zurückstehen und begannen, die Kommunikation anderer Staaten zu überwachen. Demgegenüber dachte man in Russland über solche technischen Möglichkeiten vor dem Ersten Weltkrieg offenbar nicht ernsthaft nach.

Und Deutschland? Das Land und sein Kaiser Wilhelm II. waren technikbegeistert. Deutschland stand in vielen technischen Bereichen weltweit mit an der Spitze. Den potenziellen Wert technischer Überwachung anderer Staaten mittels regelmäßiger Aufklärung ihres Funkverkehrs hatte man indes noch nicht verstanden. Wohl hatte es hier und da interne Diskussionen gegeben und die technischen Möglichkeiten lagen offenbar vor, aber zu Anstrengungen, die der Rede wert waren, war es noch nicht gekommen. Das sollte sich nun sehr bald ändern.

Ein falscher Mythos: Tannenberg

Kriege haben in der Geschichte bis in die neueste Zeit schon oft für Entwicklungsschübe auf technischem Gebiet gesorgt. Gerade auch der Erste Weltkrieg ist ein Beispiel dafür. Sei es in der Luftfahrt, sei es bei der Entwicklung grausamer chemischer Waffen; auch der Panzer ist eine Entwicklung dieser Zeit. Anders als beim Kampfgas hinkten die Deutschen allerdings bei den Panzern hinter den Engländern und Franzosen erstaunlicherweise zurück. Das galt bei Ausbruch des Krieges Anfang August 1914 auch mit Blick auf die Überwachung des neuartigen Funkverkehrs. Es brauchte sowohl Glück als auch Verstand, um auf diesem Gebiet aufzuholen und schon wenige Wochen nach Kriegsbeginn mithilfe der Funküberwachung einen historischen Sieg zu erkämpfen. Das Ganze ist bis heute nicht ins Bewusstsein einer historisch interessierten Allgemeinheit gelangt. Denn nach diesem Sieg stellten es die, die es eigentlich besser wussten, anders da. Sie überhöhten ihren eigenen, persönlichen Anteil an diesem Sieg und spielten die neue Möglichkeit, Nachrichten des Feindes abzufangen, herunter, wenn sie sie nicht gleich unterschlugen. Der Grund liegt auf der Hand: Sie selbst wollten die Lorbeeren einfangen. Und das gelang – übrigens mit fatalen Folgen.

Die Geschichte begann am 23. August 1914 und endete eine Woche später. Der Krieg an der russischen Front war in den ersten Wochen ganz anders verlaufen, als die Oberste Heeresleitung sich das vorgestellt hatte. Die russische Armee war nach Ostpreußen eingedrungen und drohte, nach Westen durchzubrechen; die 8. Armee, die sich ihr entgegenstellen sollte, schien sie nicht aufhalten zu können. Die Oberste Heeresleitung war unzufrieden mit dem Oberbefehlshaber, Generaloberst Maximilian von Prittwitz und Gaffron, und so wurde er entlassen. Als Nachfolger wurde der eigentlich bereits in den Ruhestand geschickte Paul von Hindenburg berufen. Ihm zur Seite stand als Stabschef der ehrgeizige Generalmajor Erich von Ludendorff, der sich gerade bei der wichtigen Erstürmung Lüttichs ausgezeichnet hatte.

Am 23. August gegen 14 Uhr trafen Hindenburg und Ludendorff im Hauptquartier der 8. Armee in Marienburg ein. Ihre Aufgabe war ebenso klar wie die Aussichten auf Erfolg gering waren: Sie sollten die überlegenen Russen aus Ostpreußen vertreiben. Die gerade erst neu aufgestellte 8. Armee bestand aus einer westlichen und einer östlichen Gruppe. Dieser gegenüber stand die erste russische Armee unter General Paul von Rennenkampf, während die westliche Gruppe es mit der 2. Armee unter General Samsonov zu tun hatte. Beide russischen Armeen zusammen bildete eine Armeegruppe unter der Leitung von General Jakow Grigorjewitsch Schilinski.

Die Deutschen waren teilweise informiert über die russischen Angriffspläne, weil sie wenige Tage zuvor bei einem gefallenen russischen Offizier einen entsprechenden Befehl Schilinskis gefunden und ausgewertet hatten. Sie hatten aber noch eine weitere, entscheidende Quelle: abgefangene russische Funksprüche. Dass diese abgehört, aufgeschrieben und ausgewertet wurden war allerdings nicht die Folge eines gezielten Überwachungsangriffs auf den russischen Verkehr. Auch hatte der später gefeierte Held von Tannenberg, Hindenburg, damit gar nichts zu tun. Verantwortlich dafür waren Kamerad Zufall und ein paar Untergebene, die mitdachten. Denn zwei Nachrichtenoffiziere, die eigentlich russische Texte übersetzen sollten, aber mangels Vorlagen nichts zu tun hatten und sich langweilten, kamen auf die Idee, doch einfach mal den russischen Funkverkehr zu belauschen. Die technischen Möglichkeiten waren also zu diesem frühen Zeitpunkt des Krieges schon vorhanden, so dass davon auszugehen ist, dass sie schon vor Kriegsausbruch entwickelt worden waren. Die Deutschen hatten in Ostpreußen mehrere Funkstationen, ebenso verfügte die 8. Armee über mobile Funkstationen. Die beiden Offiziere waren in Königsberg stationiert und schlugen den Funkern der dortigen Funkstation vor, doch einfach mal bei den Russen reinzuhören. Das Erstaunen bei den Deutschen war groß, als sie bemerkten, dass der komplette Funkverkehr des Feindes unverschlüsselt gesendet wurde.

Wie konnte das sein? Warum sendeten die Russen ungeschützt selbst ihre wichtigsten Informationen hin und her? Es ist durchaus möglich, dass die militärische Führung des Zaren damals schlicht noch nicht damit rechnete, dass die eigenen Nachrichten abgehört werden könnten. Schließlich war das ganze Funkwesen zu diesem Zeitpunkt ja praktisch noch Neuland. Gegen diese Vermutung spricht allerdings die Tatsache, dass man offenbar durchaus Verschlüsselungen vorbereitet hatte. Allerdings waren diese nicht rechtzeitig vor dem Beginn des eigenen Angriffs weitergeleitet worden. Für allzu groß scheint man in der russischen Führung die Gefahr, die Deutschen könnten den eigenen Verkehr abhören, wohl auf jeden Fall nicht gesehen zu haben. Ein fataler Fehler mit katastrophalen Folgen, wie der russische General Juri Nikiforowitsch Danilow später eingestand.

Gleichwohl wäre die erfolgreiche Auswertung der Abhöraktion beinahe gescheitert. Denn die Vorgesetzten misstrauten den Nachrichten, die mit Hilfe von solchen modernen technischen Mitteln erstellt waren; und außerdem konnten sie ja auch von den Russen bewusst gefälscht worden sein. Nur ein Offizier vertraute den eigenen Lauschern: Max Hoffmann. Der Chef der Operationsabteilung hielt sowohl von Prittwitz und Gaffron wie auch dessen Nachfolger Hindenburg und Ludendorff für unfähig und sah sich selbst als den eigentlichen Oberbefehlshaber der 8. Armee. Groß und kräftig, »hatte er einen mächtigen runden Schädel und einen preußisch kurzen Haarschnitt, dass er wie ein Kahlkopf wirkte. … obwohl er ein schlechter Reiter und ein noch schlechterer Fechter, dazu ein starker Esser und Trinker war, zeigte er sich doch schnell im Denken und rasch im Urteil. Er war ein liebenswürdiger, glücklicher und schlauer Mensch, der vor niemandem Achtung hatte«.[5] So beschrieb ihn die Historikern Barbara Tuchmann in ihrem Buch *August 14* über den Ausbruch des Ersten Weltkrieges. Hoffmann sollte nach dem Krieg (im Jahr 1923) den vermeintlich großen Anteil Hindenburgs und Ludendorffs am Sieg in der Schlacht von Tannenberg in einem zweibändigen Buch mit dem Titel *Der Krieg der versäumten Gelegenheiten* anzweifeln[6].

Auch, wenn er mit dieser Auffassung nicht durchdrang – er hatte wohl Recht. Denn es war Hoffmann selbst, der den Wert erkannte, den die abgefangenen Funksprüche der Russen möglicherweise bedeuten könnten. Er setzte sich zwischen dem 20. und dem 23. August, also zwischen der Einreichung der Unterlagen der Nachrichtenoffiziere und dem Antritt Hindenburgs und Ludendorffs bei dem schon abgelösten von Prittwitz dafür ein, die Informationen aus den Funksprüchen ernst zu nehmen. Prittwitz hatte nichts mehr zu verlieren und ließ daraufhin tatsächlich den eigentlich schon ausgearbeiteten Plan, nach dem die deutschen Truppen sich zurückziehen sollten, fallen. Stattdessen befahl er die Verlegung der kampffähigen Truppen in das südliche Ostpreußen, um die Russen dort einzukreisen. Als Hindenburg und Ludendorff am 23. August ihre Ämter antraten, hielten sie sich an diesen Befehl, der seinerseits aufgrund der Erkenntnisse der Funkaufklärung über die russischen Pläne ergangen worden war. Die wesentlichen Entscheidungen waren also ohne das Mittun Hindenburgs gefallen.

Nachdem die Kanonen am 23. begonnen hatten, ihre tödliche Fracht zu entladen, leistete die Funkaufklärung Hindenburg in den kommenden Tagen nicht zu überschätzende Dienste. Am 24. beispielsweise konnte das deutsche 20. Korps einer Einkesselung durch die russische 37. Infanteriedivision allein deshalb entgehen, weil die Deutschen den russischen Funkverkehr abgehört hatten und so über die entsprechenden Pläne des Feindes informiert waren. In der Nacht vom 24. auf den 25. August empfing Hindenburg die Mitteilung, dass der Vormarsch der russischen 1. Armee viel langsamer vorankomme als geplant. Das war eine Information, von der er keine Ahnung gehabt hatte und an die er auch ohne die Funkaufklärung nicht herangekommen wäre. Sie setzte ihn aber in die Lage, einen Teil seiner Truppen an eine andere Stelle zu verlegen, wo sie helfen konnten, feindliche Verbände zu besiegen. Mehrmals erhielt Hindenburg in den kommenden Tagen wertvolle Informationen, die die deutsche Nachrichtenabteilung aus dem russischen Funkverkehr abgeschöpft hatte und die ihm ermöglichten, den Gegner schließlich auf den Boden zu drücken. Wilhelm F. Flicke hat in seinem einstmals gesperrten Buch die Ereignisse genauer nachgezeichnet, doch an dieser Stelle sind Details der Kriegsführung nicht von Bedeutung.[7] Was zählt, ist die Erkenntnis, dass Hindenburg aus den Nachrichten, die ihm vorlagen und ihn in einen großen Vorteil gegenüber den Gegner brachten, wohl die richtigen Schlüsse zog und die richtigen Befehle gab. Aber der Sieg wäre ohne die Information durch das Absaugen des Funkverkehrs, so wie er erfochten wurde, wohl nicht möglich gewesen.

»Tannenberg« wurde zum Symbol der deutschen militärischen Stärke, Hindenburg wurde zum »Helden von Tannenberg« – ein Titel, der ihm kostbare Dienste leistete, als er sich 1925 für das Amt des Reichspräsidenten aufstellen ließ. Auf diesem Posten ernannte er am 30. Januar 1933 Adolf Hitler zum Reichskanzler und eröffnete ihm damit den Weg zur Macht, die in millionenfachem Mord endete. Hindenburg selbst, von Hitler seinerseits hofiert, weil der an diesem Mythos teilhaben wollte, erlebte das alles nicht mehr. Er starb 1934. Gerade auch mit Blick auf Hindenburg ist es interessant zu sehen, wie die große Rolle der Abschöpfung des russischen Funkverkehrs in den Nachkriegsjahren von den 1914 handelnden Personen systematisch vernebelt wurden. »Tannenberg« als rein militärischer Mythos durfte nicht beschädigt werden angesichts der Niederdrückung, die Millionen Deutsche durch die »Schande von Versailles« fühlten. So wurden die Funksprüche in den offiziellen

Akten des deutschen Auswärtigen Amtes zur Vorgeschichte des Krieges nur am Rande erwähnt; Ludendorff sprach von einem abgefangenen Funkspruch und tat ansonsten nichts, die Bedeutung dieses und der unterschlagenen anderen hervorzuheben. Paul von Hindenburg unterschlug sie völlig, nichts sollte den Anschein seiner Unfehlbarkeit und Tatkraft, sein Vermögen, in historisch bedeutsamer Stunde genau die richtigen Entscheidungen getroffen zu haben, schmälern.

Andere Zeitzeugen, die ihre Erinnerungen zu Papier brachten, aber entweder nicht so an einer Legende rund um die eigene Person stricken oder die Hindenburgs und der anderen beflecken wollten, waren näher bei der Wahrheit. General Erich von Falkenhayn, der Chef des deutschen Generalstabes, schrieb in seinen Memoiren, die abgefangenen Funkübertragungen hätten den Deutschen vom Beginn des Krieges bis Ende 1915 erlaubt, die Bewegung des Feindes an der Ostfront Tag für Tag, Woche für Woche zu verfolgen und ihnen so die Möglichkeit gegeben, geeignete Maßnahmen zu ergreifen. Walter Nicolai, der Chef des deutschen Nachrichtendienstes während des Krieges, bezeichnete die überwachten russischen Meldungen als sehr vertrauensvolle Informationsquellen. Er schien noch Jahre später erstaunt, wie einfach es den Deutschen gefallen war, sie abzufangen und gegebenenfalls zu entschlüsseln. Beide Stimmen wurden aber in der Nachkriegszeit kaum wahrgenommen, zumal Falkenhayn schon 1922 starb.

Nach Tannenberg war die Führung an der Ostfront um Hindenburg und Ludendorff auf den Geschmack gekommen. Ludendorff gierte geradezu nach Meldungen der Russen. Jeden Tag fragte er danach und wenn sie einmal ausblieben, schimpfte er über die Funküberwachung; wenn die Meldungen falsch oder nicht verständlich waren, bezeichnete er die dortigen Mitarbeiter als Idioten. Tatsächlich waren die Nachrichten der Funkaufklärung bei den folgenden Auseinandersetzungen mit den Russen mitentscheidend für den Sieg der Achsenmächte an der Ostfront. Nur noch ein Beispiel sei genannt. Als die Russen im November 1914 das 25. Reserve-Korps unter General Reinhard von Scheffer-Boyadel und die dritte Infanterie-Division von General Karl Litzmann bei Lodz eingeschlossen hatten, schienen die Truppen verloren. Gemeinsam aber gelang es den deutschen und den österreichischen Funkaufklärern, den Verkehr der Russen aufzufangen und zu dechiffrieren. Auf diese Weise entdeckten sie eine Schwachstelle im russischen Belagerungsring. Und mit diesen Informationen gelang es Litzmann, sich bei Brzeziny – in der Nähe von Lodz – der drohenden Einschließung zu entwinden, indem er just an dieser Stelle einen überraschenden und erfolgreichen Ausbruchversuch startete. Fortan trug er den Spitznamen »Der Löwe von Brzeziny« und noch während der Besetzung im Zweiten Weltkrieg trug der Ort bei Lodz den Namen Löwenstadt. Niemand erwähnte indes die Kryptoanalytiker, die die entscheidende Schwachstelle des russischen Belagerungsrings gefunden hatten. Ebenso war die Arbeit der Funkaufklärung eine wichtige Grundlage für den Sieg, den Hindenburgs Truppen im Februar 1915 in der Winterschlacht an den Masurischen Seen davontragen konnte. Die Erfolge der Deutschen und der Österreicher an der Ostfront gingen auch in diesem Jahr weiter. Es war eine Zeit des Ruhmes für die Funkabwehr, die die wichtigen Informationen geliefert hätte, schrieb später der Funkaufklärer Wilhelm F. Flicke in seinem Buch nicht ohne Stolz, aber auch nicht ohne Berechtigung. »Es ist absolut unmöglich, dass die deutsch-österreichische Sommeroffensive 1915 Erfolg gehabt hätte, den sie hatte, wenn der russische Funkverkehr nicht ständig die russischen Pläne verraten hätte«.[8] Nach einer überraschend langen Zeit reagierten die Russen erst Anfang Dezember 1915, indem sie den kompletten Funkverkehr für eine Weile einstellten, um ganz neue Verschlüsselungen zu erarbeiten. Die Maßnahme war richtig, aber sie kam viel zu spät. Als drei Wochen später der Funkverkehr mit einem neuen Verschlüsselungssystem wiederaufgenommen wurde, dauerte es tatsächlich eine ganze Weile, bis es den Deutschen gelang, ihn zu knacken. Das nutzte den Russen allerdings nichts mehr, ihre Gegner hatten seit dem Frühherbst des Vorjahres ihre Positionen entscheidend ausbauen können.

Kein Wunder an der Marne

Vor dem Hintergrund der deutschen Erfolge im Osten wirkt es wie eine bittere Ironie oder eine List der Geschichte, dass den Deutschen im Westen dieselben Fehler unterliefen, wie den Russen im Osten. Tatsächlich war es natürlich nur pures Unvermögen. Die Truppen des Kaisers schienen seit Anfang August unaufhaltsam Richtung Paris zu stürmen, nachdem sie sich nicht um die Unabhängigkeit Belgiens gekümmert und das kleine, friedliche Land einfach überrannt hatten. Zwar wissen wir heute, dass den Franzosen die Grundlage dieses völkerrechtswidrigen Vorgehens, der Schliefenplan, schon Jahre zuvor bekannt war. Sie hatten jedoch einfach nicht glauben mögen, dass der Gegner tatsächlich danach handeln würde. Ein anderer Aspekt ist jedoch nie an das Bewusstsein der Öffentlichkeit geraten: Die Franzosen überwachten den zunächst rasanten Sturmlauf der Reichswehr über Belgien nach Frankreich hinein auf Schritt und Tritt. Sie waren zu jeder Zeit über die deutschen Planungen informiert, wussten, wo der Feind sich aufhielt und hatten durch dieses Wissen die Möglichkeit, ihn schließlich an der Marne aufzuhalten. Das ermöglichte ihnen die restlose Überwachung des deutschen Funkverkehrs. Die Deutschen machten es dem Gegner sehr leicht: Sie funkten viel und das auch noch unverschlüsselt. Da sie sich vor dem Krieg mit den Möglichkeiten des Abhörens des feindlichen Funkverkehrs anscheinend nicht beschäftigt hatten, kamen sie auch gar nicht auf den Gedanken, dass der Feind diese neue Möglichkeit seinerseits nutzen könnte. Sie hatten auch keine Notwendigkeit gesehen, sich ihrerseits davor zu schützen.

So ist es kein Wunder, dass sie ihre Meldungen unverschlüsselt hin und her sandten und auch vollständige lange Texte verschickten. Die französischen Lauscher mussten nur mithören und die Meldungen an die Militärführung weiterreichen. Und die konnte dann effektiv handeln. Anders als bei den Deutschen im Osten, wo das äußerst erfolgreiche Belauschen des Feindes ja eine Mischung aus Zufall und der technischen Aufgeschlossenheit einiger ganz weniger Soldaten war, gingen die Franzosen im Westen ganz planmäßig die Sache an. Sie waren den Deutschen auf diesem Gebiet einfach überlegen und konnten diesen Vorteil erfolgreich einsetzen.

Die erste Schlacht an der Marne, die vom 5. bis zum 12. September 1914 tobte, wurde zum ersten Wendepunkt des Ersten Weltkrieges. Denn gemeinsam gelang es französischen und britischen Truppen, die Deutschen aufzuhalten und sogar zu einem taktischen Rückzug zu zwingen. Damit war bereits nach sechs Wochen der Plan der deutschen Heeresleitung unter Generaloberst Helmuth von Moltke, nämlich den Gegner quasi in einem Sturmlauf bis nach Paris niederzurennen, gescheitert. Was folgte, war ein jahrelanger Stellungskrieg und eine Materialschlacht, die die Achsenmächte Deutschland und Österreich-Ungarn auf Dauer nicht gewinnen konnten. In Frankreich gilt das Abstoppen des unaufhaltsamen deutschen Vormarsches noch heute als das »Wunder von der Marne«. Tatsächlich kann von einem Wunder aber gar keine Rede sein. Die Franzosen verdankten ihrem Erfolg einerseits der Kenntnis des Schlieffenplans, andererseits zu einem großen Teil ihrer nachrichtentechnischen Überlegenheit und ihrer Aufgeschlossenheit gegenüber neuen technischen Möglichkeiten. Anders als die Deutschen hatten die Franzosen eben schon vor dem Krieg mit dem Aufbau eines Abhördienstes begonnen und konnten sofort bei Kriegsbeginn auf ihn zurückgreifen.

Sowohl die deutschen Lausch-Erfolge im Osten als auch die, die Franzosen zur selben Zeit im Westen einheimsen konnten, zeigen, dass der Grund dafür in erster Linie bei den Abgehörten liegt. Ihre Fehler ermöglichten erst die Erfolge der Feinde. So kam es beispielsweise häufig vor, dass der Empfänger einer verschlüsselten Nachricht diese nicht entschlüsseln konnte und dann die Absenderstation bat, sie in vollem Text zu senden. Ebenso konnte es vorkommen, dass ein Text mit neuer Verschlüsselung gesendet wurde, der Empfänger den Code aber noch gar nicht bekommen hatte. In solchen Fällen bat er nicht selten den Absender, die Nachricht nochmals im alten Code zu senden – mit dem Ergebnis, dass die feindliche Aufklärung durch den Vergleich der zwei Übertragungen anschließend ohne Schwierigkeiten den neuen Code knacken konnte.

Auf deutscher Seite erkannte man im Verlaufe des Krieges immerhin die Notwendigkeit, die Erkenntnisse, die der Funkabhördienst aus seiner Arbeit zog, zentral bei der Obersten Heeresleitung zusammenzufassen. Ziel war es, diese mit den anderen Erkenntnissen des Abwehrdienstes zu koordinieren. Die richtige Stelle schien dafür der 1889 gegründete Nachrichtendienst, der von 1913 bis 1918 von Oberst Walter Nicolai geleitet und direkt bei der OHL beheimatet war. So wurde die Sektion III b des Nachrichtendienstes gegründet. Nicolai war ein durch und durch preußischer Offizier, der den militärischen Nachrichtendienst von Beginn seiner Amtszeit streng militärisch ausbaute. Von Sommer 1915 bis zum Kriegsende im November 1918 stieg die Zahl der Offiziere in seiner Abteilung von 77 auf 188. Wie viele davon beim Funkabhördienst arbeiteten, ist allerdings unklar. Nicolais Einfluss war nie sehr groß. Da er sich auf Gedeih und Verderb an das Schicksal Ludendorffs gebunden hatte, konnte er nach der Niederlage in der stark verkleinerten Reichswehr der Weimarer Republik nicht wieder Fuß fassen.[9]

Generaloberst Iwan Serow, Chef der sowjetischen Spionageabwehr, ließ ihn dennoch viele Jahre und einen Weltkrieg später, am 7. September 1945, in seinem Haus im thüringischen Nordhausen verhaften und von dort nach Moskau schaffen. Wieso war der inzwischen 72-Jährige 27 Jahre nach dem Ausscheiden aus dem Dienst noch immer so interessant für die Sowjets? Serow glaubte ganz einfach nicht daran, dass Nicolai seit November 1918 weitgehend untätig gewesen war. Er konnte sich dabei auf den bekannten deutschen Journalisten Curt Riess berufen, der in einem 1941 in den USA erschienenen, weitgehend fiktiven Buch die Aktivitäten eines globalen Geheimdienstnetzwerkes der Nazis beschrieben hatte. In diesem Netz, so stellte es Riess dar, war Nicolai so etwas wie die graue Eminenz. Mit der Wahrheit hatte das alles nichts zu tun, aber Serow glaubte daran. Nicolai wurde in Moskau verhört und verschwand dann irgendwo in Stalins Kerkern. Er starb am 4. Mai 1947 und wurde in Moskau in einem Massengrab verscharrt. Erst 1999 wurde er rehabilitiert.[10] Letztlich darf man Nicolai wohl als Opfer des beginnenden Kalten Krieges bezeichnen, denn sein Schicksal verdeutlicht, wie nervös und ängstlich die Russen waren, dass ihnen eine wichtige Quelle durch die Lappen gehen beziehungsweise in die Hände der Amerikaner gelangen konnte.

Auch in Frankreich blieb übrigens der große Anteil der Funküberwachung am Erfolg an der Marne während und nach dem Ersten Weltkrieg weitgehend unbekannt. Die Franzosen hatten offenbar kein Interesse daran, ihn bekannt werden zu lassen, denn ihr Ziel war, diese technische Überlegenheit nicht zu verlieren. Schließlich fürchteten sie auch trotz des Sieges und dem Versailler Vertrag den substanziell überlegenen Nachbarn im Osten, der in ihren Augen nach der Niederlage nur vorübergehend darniederlag. Die Geheimhaltung gelang nicht ganz. 1928 lüfteten zuerst der polnische Offizier Szieszynski und kurz darauf der französische Leutnant Calvel ein Stück weit das Geheimnis, indem sie einige Informationen aus dem Deuxième Büro der Öffentlichkeit preisgaben. Zusätzlich wurden weitere Informationen in kleinem Kreise von Experten verbreitet, die aber nicht an die Öffentlichkeit gelangen sollten. Wahrscheinlich besorgten sich deutsche militärische Stellen aber auf unbekannte Weise diese Informationen.

KAPITEL 2
Weimarer Republik: Zögerlicher Aufbau

Die Niederlage und der von den alliierten Siegern des Krieges aufgezwungene Vertrag von Versailles sah für Deutschlands Armee einschneidende Veränderungen vor. So durfte unter anderem die Reichswehr nur noch aus 100 000 und die Kriegsmarine aus 15 000 Soldaten bestehen, der Große Generalstab wurde aufgelöst, die Dienstzeit wurde auf maximal zwölf Jahre beschränkt. Schwere Waffen wie Panzer, Schlachtschiffe und U-Boote sowie der Aufbau einer Luftwaffe waren verboten. Unter diesen Bedingungen war es schwer, die Reichswehrführung für den Aufbau eines Nachrichtenwesens zu gewinnen. Auch wenn der Krieg gezeigt hatte, dass dieses Feld der Kriegsführung an Bedeutung gewann, so war der Stellenwert doch noch nicht allzu groß. Weitsichtige Offiziere sahen sicher, dass die Bedeutung moderner Nachrichtenkommunikation in Zukunft größer werden würde und damit auch die Möglichkeiten, die Kommunikation anderer abzufangen und für die eigenen Zwecke zu nutzen. Aber für die Reichswehr ging es unter den damaligen Bedingungen erst einmal um das Hier und Jetzt, nicht um das Später. Trotz allem aber wollten Reichswehrminister Gustav Noske (SPD) und der Chef der Heeresleitung Walter von Seeckt nicht völlig auf die Dienste erfahrener Nachrichtenoffiziere verzichten, und so wurden einige wenige in die Reichswehr aufgenommen.

Im Laufe der nächsten Jahre arbeiteten etwa 20 bis 25 Fachleute für die Reichswehr. Sie wurden der Chiffrierstelle der Heeresleitung unterstellt. Deren erster Chef wurde Oberstleutnant

Erich Buschhagen, ein 35-jähriger Offizier, der noch in den letzten Kriegstagen befördert worden und bei den Waffenstillstandsverhandlungen im Wald von Compiègne anwesend gewesen war. Buschhagen kannte sich aus, er hatte im Krieg als Telegraphen-Offizier gedient. 1925 übernahm Rudolf Schmidt die Leitung. Auch Schmidt hatte bereits im Krieg im Nachrichtenwesen gearbeitet und war 1914/15 in Ostpreußen und später als Kommandeur der Garde-Fernsprechgruppe an der Westfront eingesetzt gewesen. Nach der »Machtergreifung« wechselte Schmidt zu den Panzertruppen und wurde einer der erfolgreichsten Panzergeneräle der Wehrmacht. 1943 wurde er allerdings von Hitler in den Ruhestand versetzt. Obwohl Schmidt mit Hitlers brutaler Besatzungspolitik in der Sowjetunion nicht übereinstimmte, lag der Grund für die Entlassung nicht in diesem Dissenz, sondern bei Schmidts jüngeren Bruder Hans-Thilo. Dieser arbeitete bis 1938 in der Chiffrierstelle des Reichswehr- beziehungsweise Reichskriegsministeriums. 1931/32 lieferte er aus finanziellen Gründen und aus eigenem Antrieb dem französischen Geheimdienst die Gebrauchs- und die Schlüsselanleitung sowie andere wichtige Unterlagen für die deutsche Verschlüsselungsmaschine Enigma. Die Franzosen selbst hatten keinen sehr großen Nutzen durch die Informationen, sie gaben sie aber an die Briten und die Polen weiter. Dem polnischen Experten Marian Rejewski und seiner Gruppe von Fachleuten gelang es, einen Teil der Codes zu knacken und dadurch im Nachhinein verschlüsselte deutsche Nachrichten zu entziffern. Später im Zweiten Weltkrieg waren Rejewskis Arbeiten die Grundlage für die vollständige Entschlüsselung der Enigma durch die Briten. Hans-Thilo Schmidt wurde 1943 von seinem einstigen französischen Kontaktmann an die Deutschen verraten und daraufhin verhaftet. Im September des selben Jahres nahm er sich das Leben. Sein Auffliegen bedeutete auch das Karriereende für seinen Bruder Rudolf. Dieser wurde später von den Sowjets verhaftet und kam erst 1955 wieder frei.

Zu den Offizieren, die in der Chiffrierabteilung arbeiteten, gehörten einige, die später zum Forschungsamt wechseln sollten. Darunter war auch Walter Seifert, der im Krieg die Horchsammelstelle an der Festungsfunkstelle Königsberg geleitet hatte. Seifert war also über die Bedeutung der Funküberwachung für die Siege Hindenburgs und Ludendorffs in Ostpreußen im Bilde; überzeugen von der Bedeutung des Lauschens und Beobachtens musste man ihn sicher nicht. Ebenso gehörte zu den ersten Mitarbeitern Hans Schimpf, der nach den Erkenntnissen der Ermittler der Army Security Agency (ASA) wahrscheinlich als Verbindungsmann der Chiffrierstellung zum Nachrichtendienst der Marine tätig war.[11] Er sollte später zum ersten Chef des Forschungsamtes aufsteigen.

1927 stieß schließlich ein Mann dazu, der wenige Jahre später als Ideengeber für Göring eine entscheidende Rolle bei der Gründung des Forschungsamtes spielen sollte: Gottfried Schapper. Wenn ein anderer Mitarbeiter dieser Zeit, Hans Rente, später beklagen sollte, dass mit den Wahlerfolgen, die die Nazis ab 1930 einfahren sollten, einzelne Angehörige der Dienststelle in deren Bann gerieten – dann musste damit auf jeden Fall dieser Gottfried Schapper gemeint sein. »Es kam zu teilweise recht erregten Diskussionen und Auseinandersetzungen über die Partei, ihre Kampfweise und ihre Ziele, bei denen sich die Geister immer mehr schieden.«[12] Auf welcher Seite Schapper stand, liegt klar auf der Hand, wenn man sich seinen Lebenslauf anschaut.

Als Sohn eines Pastors aus der Nähe von Stendal, wurde er 1913 im Alter von 25 Jahren vom zweiten Eisenbahn Regiment zu den Funkern versetzt. 1916/17 war er Leiter der kryptographischen Abteilung bei der Obersten Heeresleitung. 1919 wurde er im Range eines Hauptmanns aus der Armee entlassen. Nun brach für ihn wohl eine schlimme Zeit an, in der er sich als Zeitungsverkäufer durchschlagen musste – etwas, was Leute seines Standes als tiefe Demütigung empfanden, die ihn direkt in die Arme der Rechten trieb, wenn sie dort nicht ohnehin schon längst waren. Schapper wurde einer der ganz frühen Nazis – schon 1920 trat er in die NSDAP ein. Im selben Jahr war er beim Kapp-Putsch dabei, dem gescheiterten Umsturzversuch einer rechtsradikalen Clique um General von Walter von Lüttwitz. Nach Erkenntnissen der ASA-Ermittler musste er darauf Berlin verlassen, weil er offenbar von Kommunisten bedroht wurde. Er zog nach München, also direkt in das Umfeld Hitlers. Mitglied der Partei blieb er bis zum Verbot der NSDAP in Folge des Hitler-Putsches am 9. November 1923 in München. 1931 trat er erneut ein. 1920 bis 1927 war der kleinwüchsige, energiegeladene und impulsive Mann für verschiedene rechtsradikale Organisationen tätig, so zum Beispiel nach Erkenntnissen der ICOM-Ermittler für eine Gesellschaft zur Rettung Deutschlands vor einer Revolution. Damit dürften die amerikanischen Ermittler die Nationale Vereinigung gemeint haben, deren Sekretär Schapper war. Sie wurde im Oktober 1919 von Ludendorff unter eben jenem Wolfgang Kapp gegründet, nach dem der Aufstand genannt wurde. Ihr Hauptziel war die Bekämpfung des Bolschewismus. Als Hauptgeschäftsführer trat Waldemar Pabst auf, der federführend bei der Ermordung Rosa Luxemburgs und Karl Liebknechts dabei gewesen war.

Nach der »Machtergreifung« trat der überzeugte Antisemit Schapper 1933 in die SS ein, verließ sie aber 1937 oder 1938 im Rang eines SS-Hauptsturmführers wieder. Schapper selbst gab dafür während der Befragungen durch die ASA-Ermittler 1945 an, er habe diesen Schritt unternommen, weil die SS seinen christlichen Glauben nicht habe akzeptieren wollen.[13] Tatsächlich entstammte er einer christlich orientierten Familie, sein Vater und ein Bruder waren sogar Pastoren. Ein anderes von Schappers sechs Geschwistern war Karl Schapper, ein Wirtschaftsmanager, der aufgrund seines tiefen katholischen Glaubens und seiner bürgerlichen Gesinnung im Widerspruch zu den Nazis stand. Unter anderem schrieb er anonyme Artikel für eine Widerstandszeitschrift. Er flog schließlich auf und wurde nach einem Prozess vor dem Volksgerichtshof 1941 hingerichtet. Seinen Bruder scheint das in seinem Wirken für Hitlers braune Schergen nicht beeinflusst zu haben. Er sollte dem Forschungsamt bis in den Untergang des Dritten Reiches treu bleiben, zuletzt sogar als dessen Chef.

Schapper gehörte zu einer Gruppe von Leuten, die unzufrieden waren mit der Organisation der Nachrichtenaufklärung in der Weimarer Republik. Da er während des Krieges durch seine Tätigkeit die Vorteile einer effektiven Überwachung des gegnerischen Nachrichtenverkehrs begriffen hatte, trat er für die Schaffung einer zentralen Behörde ein. Das hatte zwei Gründe. Erstens war es nach dem Krieg zu einer Zersplitterung der wenigen Ressourcen gekommen, da nicht nur das Reichswehrministerium eine solche Stelle gegründet hatte. Auch die stark minimierte Reichskriegsmarine unterhielt wie schon im Krieg ihren eigenen Dienst, die Funkaufklärung fremder Marinen. Sie wurde 1919 gegründet und verfügte 1920 über 11 Funküberwachungs- und Peilstellen. Daraus sollte sich später der B-Dienst der Marine entwickeln. Ebenso sah das Auswärtige Amt keinerlei Veranlassung, auf den eigenen Dienst zu verzichten. Er wurde schon weniger als einen Monat nach der Unterzeichnung des Waffenstillstandsabkommens vom 11. November 1918 gegründet. Als Chef fungierte Kurt Selchow, zur Zeit seines Amtsantritts 32 Jahre alt und ebenso wie Schapper aus der kryptographischen Abteilung der OHL. Wie erfolgreich das Auswärtige Amt bei seinen Abhöraktionen war – im Mittelpunkt stand der Verkehr der Berliner Botschaften mit ihren Zentralen in der Heimat –, muss dahingestellt bleiben, aber an die Leistungen der französischen Kollegen dürfte es sicher nicht herangereicht haben. Aus dieser Aufteilung der Ressourcen ergaben sich Nachteile, denn zu einer engen Zusammenarbeit ist es offenbar schon damals nicht gekommen. So erzählte auch Hermann Göring während des Nürnberger Prozesses am 14. März 1946 in der Nachmittagssitzung auf die Frage seines

Verteidigers Otto Stahmer, »als wir an die Macht kamen, war ein ziemliches Durcheinander in dem technischen Teil der Überwachung wichtiger Nachrichten«[14].

Der zweite Grund für den Frust Schappers und einiger Kollegen war die Tatsache, dass bei den Lauschaktivitäten der militärischen Stelle viele zivile Informationen abgefangen wurden, die für die anderen Ministerien zweifelsohne sehr interessant gewesen wären, diese aber nie erreichten und damit verloren gingen. Denn für die Bewältigung dieser Informationen reichten schlicht die Kapazitäten nicht aus. Schapper, Schimpf und ein Kollege namens Max Böttger, der zu dieser Zeit schon SS-Untersturmführer war, wollten das nicht länger hinnehmen. Sie arbeiteten schließlich 1932 ein Papier aus, in dem sie vorschlugen, die Kräfte in einem zentralen Amt zu bündeln. Angeblich wurde der Vorschlag bei führenden Stelle des Reiches durchaus wohlwollend betrachtet. Umgesetzt wurde er aber nicht mehr, was daran gelegen haben soll, dass man sich nicht auf ein zuständiges Ressort habe einigen können.[15]

KAPITEL 3

Wissen ist Macht:
Die Gründung des Forschungsamtes

Sommer 1932: Gerade war Hermann Göring zum Präsidenten des Reichstages gewählt worden. Hitlers Vertrauter war einer der führenden Nationalsozialisten und fand in diesen Wochen, in denen die Weimarer Republik dem Abgrund entgegen wankte, nur selten den Weg in seine Privatwohnung am Kaiserdamm 100 in Berlin-Charlottenburg. Doch an diesem Tag saß er zuhause, als sein Telefon klingelte. Am anderen Ende der Leitung meldete sich ein »Hauptmann Blume«. Ein Mann mit diesem Namen kannte Göring tatsächlich, doch der war im Ersten Weltkrieg gefallen. Wütend hängte er den Hörer ein, weil er glaubte, irgendjemand erlaube sich einen bösen Scherz mit ihm. Doch kurz danach läutete das Telefon wieder. Göring nahm nochmals ab und hörte die selbe Stimme sagen: »Hauptmann Blume. Sie müssen mit diesem Namen schon vorliebnehmen«. Auf die Frage, was er wolle, antwortete »Hauptmann Blume«: »Ich will sie warnen, Kamerad Göring. Ihre Ferngespräche werden abgehört.« Nun wollte Göring erst recht wissen, wer am anderen Ende war und das behauptete. Die Antwort: »Einer der es genau weiß und eben deshalb seinen Namen nicht nennen darf«. »Blume« war ein alter Kamerad Görings aus dem Ersten Weltkrieg, beide kannten sich aus gemeinsamen Tagen als Kampfflieger, und das verband. Und »Blume« arbeitete inzwischen bei der Abwehr der Reichswehr, der militärischen Gegenspionage. Er wusste also, wovon er sprach.[16]

Die Überwachung des Telefonverkehrs gab es auch schon in der Weimarer Republik, aber da es sich bei ihr um eine Demokratie und einen Verfassungsstaat handelte, war diese Überwachung streng geregelt und in der Weimarer Verfassung von 1919 ausdrücklich festgelegt. Das Fernmeldegeheimnis konnte nur in streng geregelten Ausnahmefällen aufgehoben werden. Dabei ging es um die Gefährdung des Staates wie beispielsweise Fälle von Landesverrat oder des Verrats militärischer Geheimnisse. Schon der sozialdemokratische Reichspräsident Friedrich Ebert hatte in der ersten Hälfte der zwanziger Jahre sogenannte Linien- und Leitungskommissare ernannt, die befugt waren, sich in Telefongespräche einzuschalten. Sie waren der militärischen Abwehr, also der Reichswehr, unterstellt, die ihnen auch die entsprechenden Telefonnummern übermittelte. In solchen Fällen wurden dann Verbindungen direkt in die Räume der Abwehr im Reichswehrministerium in der Berliner Bendlerstraße gelegt. Sprach der überwachte Teilnehmer, so leuchtete am Abhörkasten über seiner Nummer eine rote Lampe auf und der Abhörbeauftragte konnte sich einschalten, indem er diese Nummer auf seinen Kopfhörer umschaltete.

Das Problem war, dass viele zivile Erkenntnisse verloren gingen, weil sie nicht die Kapazitäten hatten, sie an die entsprechen Ministerien, vor allem das Auswärtige Amt, weiterzugeben. Einige Offiziere der Chiffrierstelle, unter ihn federführend Gottfried Schapper, Hans Schimpf und Walter Seifert, erarbeiteten daher 1932 einen Plan zur Schaffung eines einheitlichen Nachrichtendienstes der Regierung. Bis zur »Machtergreifung« Hitlers konnte der Plan – angeblich aus Streitigkeiten darüber, welches Ressort zuständig sein sollte – nicht mehr umgesetzt werden. Nach dem 30. Januar 1933 konnten die Initiatoren sich aber neue Hoffnung machen. Schon wenige Wochen nach der »Machtergreifung« begaben sich Schapper, Schimpf und Seifert zu Kurt Daluege, damals im preußischen Innenministerium Leiter einer nach ihm benannten Sonderkommission, deren Aufgabe es war, aus der preußischen Polizei alle Nazi-Gegner zu entfernen. Weil er seine Aufgabe sehr erfolgreich bewältigte, ernannte ihn sein Chef, Hermann Göring, der sowohl Ministerpräsident als auch Innenminister des größten deutschen Staates war, ihn zum Leiter der preußischen Polizei im Innenministerium. Das Ziel der drei Nachrichtendienstler war, Daluege dazu zu bewegen, sich bei Göring für ein Treffen einzusetzen, damit sie ihm ihren Plan darstellen konnten. Tatsächlich empfing Göring sie kurzfristig. Das Treffen fand nach der Erinnerung Helmuth Ohlbrechts, damals ein Mitarbeiter Dalueges, Ende Februar oder Anfang März statt. Dieser Termin verdient es, beachtet zu werden, denn am 27. Februar brannte der Reichstag und Hitler und Göring nutzten diese Gelegenheit, brutal gegen Kommunisten und Sozialdemokraten vorzugehen. Außerdem erließ Reichspräsident Hindenburg auf Hitlers Veranlassung einen Tag nach dem Reichstagsbrand die »Verordnung zum Schutze des deutschen Volkes«. Mit ihr wurden die Grundrechte, die seit 1919 in Deutschland durchgesetzt waren, aufgehoben; darunter fiel auch das Post-, Brief- und Fernsprechgeheimnis. Es wird also kaum ein Zufall gewesen sein, dass Schapper, Schimpf und Seifert just in diesen Tagen bei Göring vorstellig wurden. Alle drei standen den Nationalsozialisten nahe, Schapper war NSDAP- und SS-Mitglied. Schimpf sollte dann der erste, Schapper der dritte und letzte Chef des neuen Amtes werden, Seifert wurde Leiter der wichtigen Abteilung Auswertung.

Der ebenso machtbewusste wie raffinierte Hermann Göring erkannte sofort die Möglichkeiten, die sich ihm mit so einer mächtigen Stelle, die alle Nachrichtendienste in sich vereinigen würde, bieten könnte. Göring wusste wie kaum sonst jemand, das Wissen Macht bedeutete – und umso mehr er wissen würde, und zwar über Feind und Freund, umso mächtiger würde er werden. Also unterbreitete er den Vorschlag Hitler, gewiss in der guten Hoffnung, dass dieser zustimmen würde; schließlich mussten die Nationalsozialisten ihre gerade gewonnene Macht erst durchsetzen und stabilisieren. Und da konnte doch eine solche nachrichtendienstliche Waffe in der Hand viel Nutzen bringen. Doch zu Görings Überraschung lehnte Hitler ab. Seine Methode war es immer gewesen, die Macht in verschiedene Hände zu legen, damit keine Stelle oder Person ihm eines Tages gefährlich werden könnte. Doch genau diese Gefahr sah Hitler in einem einzigen Nachrichtendienst. Dessen Chef würde über ein unglaubliches Wissen verfügen, bis nach ganz oben – also bis zu ihm selbst. Und dass Wissen Macht bedeutete, das wusste Hitler mindestens genauso gut wie Göring. Also genehmigte Hitler zwar Göring die Gründung eines Nachrichtendienstes, verfügte aber, dass die anderen schon bestehenden Dienste erhalten bleiben sollten. Das neue Amt bekam nur in einem Punkt ein Monopol: Es durfte als einzige Stelle die Telefone überwachen.

Entgegen den späteren Behauptungen ehemaliger Mitarbeiter war die neue Stelle von Anfang an eine Einrichtung der Partei, nicht des Staates. Göring schaffte sich eine private Stelle zur Überwachung von Freund und Feind. Um die eigentliche Funktion zu verheimlichen, erfand er die Bezeichnung *Forschungsamt des Reichsluftfahrtministeriums*. Das klang harmlos und erweckte den Eindruck, das Amt betreibe wissenschaftliche Forschungen im Auftrag des Ministeriums. Und dagegen konnte eigentlich niemand etwas haben. Göring aber war nicht so gestrickt, dass er immer den Mantel des Verschweigens über die tatsächliche Arbeit des Forschungsamtes hielt. Er soll damit und mit seinem aus dieser Arbeit resultierendem Wissen sogar gegenüber Diplomaten anderer Länder kokettiert haben. So habe er gerne mal einen Satz fallen lassen wie »Sind Sie, bitte, brav und denken Sie immer daran: Ich kieke in ihr Telefon«. Davor waren auch Diplomaten befreundeter Staaten nicht gefeit. So soll er beispielsweise dem japanischen Botschafter lachend ins Gesicht gesagt haben: »Sie wissen doch, ich kiebitze.«[17]

Als Göring 1945 zunächst von den ASA-Ermittlern zum Forschungsamt ausgefragt wurde, bestand er darauf, dass das Amt sehr erfolgreich gearbeitet habe, gab offen zu, dass die Bezeichnung ein Tarnname gewesen sei und konnte oder wollte sich ansonsten kaum an Details erinnern. Die Ermittler empfanden ihn als bedingt glaubwürdig (wesentlich mehr jedoch als Ex-Außenminister Joachim von Ribbentrop). Vermutlich wollte er die US-Verhörer ärgern, wenn er explizit darauf hinwies, dass das Forschungsamt beispielsweise Erkenntnisse über die Produktion von Flugzeugen in den USA oder die Konferenz von Teheran angebracht hatte. Es war die Aufgabe der ASA-Leute, herauszufinden, was die Deutschen an Geheimnisse aus der Kriegszeit hatten, die nunmehr interessant für Moskau sein konnten. Göring behauptete auch, die Berichte seien neutral verfasst gewesen.

Er wurde dann im folgenden Jahr auch während des Nürnberger Prozess gegen die Hauptkriegsverbrecher einige Male auf das Forschungsamt angesprochen, so zum Beispiel in der Nachmittagssitzung des 14. März 1946. Er war in einer Zwickmühle: Einerseits wollte er die Erfolge des Amtes, auf die er stolz war, nicht verheimlichen; andererseits musste er aufpassen, dass er sich nicht weiter belasten würde, zumal er sicher inzwischen begriffen hatte, dass auf der Seite der Sieger das Amt ziemlich unbekannt war. Er gestand ein, dass das Amt »mit Forschung einerseits und mit der Luftwaffe andererseits nicht das Geringste zu tun« gehabt hatte. »Der Ausdruck war eine Art Camouflage, denn als wir an die Macht kamen, war ein ziemliches Durcheinander in dem technischen Teil der Überwachung wichtiger Nachrichten. Ich habe deshalb zunächst das Forschungsamt gegründet, das heißt, eine Stelle, wo alle technischen Einrichtungen zur Überwachung des Funkbetriebes, der Telegraphie, der Telephonie und aller sonstigen technischen Einrichtungen möglich war. Da ich damals nur Reichsluftfahrtminister war, konnte ich diese Apparatur nur bei mir unterbringen und wählte diesen

Camouflage-Ausdruck. Der Apparat diente dazu, vor allen Dingen die ausländischen Missionen, die wichtigen Persönlichkeiten, die mit dem Ausland telephonierten, telegraphierten und funkten wie das überall und in allen Staaten üblich ist, zu überwachen, zu dechiffrieren und den einzelnen Ressorts dann die Auswertung zuzustellen. Das Amt hatte keinen Agentendienst, keinen Nachrichtendienst, sondern war eine rein technische Stelle, erfasste Funkspruch, erfasste Telephongespräche, wo es befohlen war zu überwachen, erfasste die Telegramme und gab die Auswertung an die interessierten Stellen weiter.«[18]

Es ist interessant, was Göring in dieser Aussage wegließ – nämlich, dass er im März 1933 natürlich auch Preußischer Ministerpräsident und Innenminister war und damit den Sicherheitsapparat des mit Abstand größten deutschen Landes kontrollierte. Er suggerierte, dass er das Forschungsamt als Luftfahrtminister gegründet hatte. Aber das war natürlich nur die offizielle Wahrheit. Und er stellte das Forschungsamt wie einen ganz gewöhnlichen Dienst dar, so wie es ihn auch in anderen, zum Beispiel demokratischen Ländern, gab. Er unterschlug, dass gerade die »Verordnung des Reichspräsidenten zum Schutz von Ordnung und Staat« auf Antrag Hitlers erlassen worden war, die die Grundrechte der Deutschen ausgesetzt hatte. Damit waren Deutschlands Bürger – anders als zum Beispiel die Amerikaner und Engländer – qua Gesetz jeder beliebigen Überwachung ausgesetzt, ohne, dass sie sich dagegen wehren konnten.

Bezahlt wurde das Amt in den ersten Jahren aus dem Haushalt des Preußischen Staatsministeriums, dem es auch verwaltungstechnisch bis einschließlich 1936 unterstand. Ab 1937 wurde es aus Mitteln des Reichsluftfahrtministeriums, also aus dem Reichshaushalt finanziert. Sein Jahresetat betrug zu diesem Zeitpunkt rund 25 Millionen Mark. Oberster Dienstherr war Hermann Göring, tatsächlich übernahm diese Aufgabe sein Vertrauter, der Staatssekretär im Preußischen Staatsministerium, Paul Körner. Unter ihnen wurde ein Leiter des Forschungsamtes eingesetzt. Die Tatsache, dass Erhard Milch, der Staatssekretär im Reichsluftfahrtministerium, keinerlei Zugriffsbefugnisse auf das Forschungsamt hatte, zeigt deutlich, dass dieses Amt mit dem Reichsluftfahrtministerium, anders als sein Name suggerieren sollte, nichts zu tun hatte.

Zum ersten Chef des Forschungsamtes ernannte Göring Hans Schimpf. Aufgrund seiner bisherigen Karriere bot er sich für diesen Posten an. Er hatte während der Weimarer Republik als Verbindungsmann zwischen den Horchstationen der Abwehr und der Kriegsmarine gearbeitet. Mindestens so wichtig aber war sicher die Tatsache, dass Schimpf ein alter Bekannter Görings schon aus der Zeit des Ersten Weltkrieges war. Es ist auch durchaus möglich, dass er aus dem Umfeld jenes ominösen »Hauptmanns Blum« kam, der Göring im Sommer 1932 wegen der Überwachung seiner Telefone gewarnt hatte. Oder war er es sogar selbst gewesen? An seiner Dienstelle bei der Reichswehr hatte Schimpf eine geheime Nazi-Zelle aufgebaut. Er hatte mehrere Versuche unternommen, die Abwehr mit dem *Servizio Informazioni*, dem Nachrichtendienst der italienischen Armee, zu verbinden. Ebenso hatte er in Barcelona eine kleine, geheime und verbotene Abhörstation aufgebaut, mit der der Funkverkehr im Mittelmeer abgehört werden sollte. Schimpf hatte Kontakte zu zahlreichen faschistischen Personen und Organisationen in Italien und Spanien geknüpft.[19]

Das Forschungsamt nahm nur kurze Zeit nach dem Treffen Schimpfs und der anderen bei Göring, am 10. April 1933, seine Arbeit auf. Untergebracht war es zunächst im Dachgeschoss des Reichsluftfahrtministeriums in der Behrendstraße in Berlin-Mitte, gleich um die Ecke des Prachtboulevards Unter den Linden. Ganz am Anfang arbeiteten etwa zehn Personen im Amt. Schon kurze Zeit später zog es in ein Gebäude auf der anderen Straßenseite. Denn zu dieser Zeit wuchs die Zahl der Mitarbeiter rapide an. Ende 1933 soll sie schon bei 130 gelegen haben.

Die Rekrutierung neuer Mitarbeiter war zunächst die wichtigste und schwierigste Aufgabe überhaupt. Längst nicht alle Beamte oder Angestellte des Amtes waren ausgebildete Kryptoexperten, Nachrichtenleute oder erprobte Kriminalbeamte. »Es gab bei diesem seltsamen Amt nicht einmal eine Spur jenes raffinierten Auslesesystems, das anderswo mit psychoanalytischen Methoden die Herzen der Kandidaten für so gefährliche Posten prüft«, schrieb 1950 der Journalist Friedrich Hugk, der eine Artikelserie über das Forschungsamt verfasste und dafür mit ehemaligen Mitarbeitern sprach, auch wenn er keine namentlich nannte.[20] Die FA-Spitze habe ein »sehr einfaches und weltmännisches« Einstellungsverfahren bevorzugt. Sie ließ sich potenzielle Mitarbeiter von Bekannten empfehlen oder setzte ein Inserat in die Zeitung, wenn der Personalbedarf kurzfristig anschwoll. Gefragt waren Leute mit guten Sprachkenntnissen ebenso wie solche, die Dialekte und Idiome aller möglichen Sprachen beherrschten, dazu Personen, die mal im Ausland gelebt hatten. Waren alle diese Leute wichtig für die Abhör-Abteilung, so benötigte die Abteilung Auswertung Menschen mit guten Kenntnissen in Sachen Politik und Wirtschaft. Schließlich waren Krypto-Experten und Techniker notwendig. Diese warb das Amt bis zu einem gewissen Teil von den schon bestehenden Konkurrenz-Organisationen, allen voran der entsprechenden Krypto-Stelle des Oberkommandos des Heeres (OKH/Chri) ab. Das gelang nicht selten, weil das Forschungsamt deutlich bessere Gehälter zahlen konnte und auch die Aufstiegschancen in gut bezahlte Beamtenpositionen sehr gut waren. Es liegt auf der Hand, dass die anderen Dienste in diesen Abwerbemaßnahmen einen Affront sahen und die Stimmung dadurch von vornherein gereizt war. Ganz abgesehen davon, dass die anderen Dienste Kompetenzen abgeben mussten. Das gilt besonders für die Reichswehr, denn sie hatte ohnedies mit Argusaugen die Gründung des Forschungsamtes verfolgt. Zwar wurde der FA-Leiter Hans Schimpf, der ja, wie auch die anderen Gründer, aus ihren Reihen kam, mit ihrem Segen zum Chef ernannt. Aber sie mussten feststellen, dass ihr eigener Nachrichtendienst nur noch die Nummer 2 hinter Görings neuem Machtinstrument war.

Die wichtigste Voraussetzung für eine Einstellung war, dass man dem Chef oder dem zuständigen Abteilungsleiter gefiel. Wer allerdings mit seiner Bewerbung scheiterte, musste über das, was er gesehen hatte, schweigen. Denn das Forschungsamt gehörte ja nur offiziell zur Reichsluftwaffe. Das war leicht zu erkennen, denn zumindest in den Jahren bis zum Krieg trugen die allermeisten Mitarbeiter keine Uniform, sondern Zivil. Auch war natürlich den Fragen bei den Einstellungsgesprächen zu entnehmen, um was für eine Tätigkeit es sich handeln würde. Nicht wenige der Bewerber, die aufgrund von Zeitungsinseraten zu einem Gespräch gekommen waren, dürften ziemlich überrascht gewesen sein – denn in den Anzeigen hatte es keinen Hinweis zur Tätigkeit darauf gegeben. Doch auch in der ersten Zeit nach der »Machtergreifung« war die Zahl der Arbeitslosen hoch und so nahmen viele Arbeitssuchende, was sie bekommen konnten. Viele der neuen Mitarbeiter erfuhren auch erst nach einiger Zeit, wo sie nun wirklich arbeiteten; zunächst waren sie davon ausgegangen, sie wären tatsächlich in einem Forschungsinstitut des Reichsluftfahrtministeriums tätig.

Das Amt nahm seine Arbeit also etwa zehn Wochen nach Hitlers »Machtergreifung« auf, in einer Phase, in der die neuen Machthaber brutal und rücksichtslos gegen ihre Gegner vorgingen. Aufgrund des Fehlens von Akten ist nicht nachzuvollziehen, inwieweit die zu diesem Zeitpunkt noch sehr kleine, erst im Aufbau befindliche Einrichtung an der Durchsetzung der Macht bereits mitwirkte. Aber schon bald traf die Bemerkung zu, die Hans Rente, ein ehemaliger Mitarbeiter des Amtes, acht Jahre nach Ende des Dritten Reiches in einer Denkschrift aufschrieb: »Dieser Abhördienst, formell ermöglicht durch die Notverordnung des Reichspräsidenten nach dem Reichstagsbrand, schwebte im Dritten Reich wie ein Damoklesschwert über jedem Fernsprechteilnehmer, ob General, Kaufmann oder Gewerkschaftssekretär, und hat manchen, der sein Herz auf der Zunge trug, Unannehmlichkeiten leichter oder schwerer Art eingetragen. Davon, dass die Telefone abgehört wurden, sprachen viele in der Bevölkerung nur im Flüsterton, ohne zu wissen, welche Stelle dafür verantwortlich war.«[21]

KAPITEL 4
Aufbau und Aufgaben

Das Forschungsamt wuchs nach seiner Gründung rasant an. Schon Ende des Jahres 1933, also nur etwa acht Monate, nachdem es ins Leben gerufen worden war, verfügte Schimpf über etwa 130 Mitarbeiter. 1938 waren es nach Angaben Körners 3500, und die Zahl stieg in den folgenden Jahren weiter an[22]; verschiedentlich wurde sogar davon gesprochen, dass es, als der Höchststand erreicht war, insgesamt über die vielen verschiedenen Stellen bis zu 6000 gewesen sein sollen. Zwei Jahre nach der Gründung platzte das Gebäude in der Behrendstraße aus allen Nähten. Ein größeres Gebäude musste her, und es wurde in Berlin-Charlottenburg gefunden. In der Schillerstraße 116–124 stand gleich ein ganzer Komplex zur Verfügung, die sogenannten Schillerarkaden. Hier konnte das Amt nun ungehemmt wachsen. Im Lauf der Jahre mussten aber noch Gebäude in der Nachbarschaft rekrutiert werden.

Göring hatte, wie gesehen, großes Interesse daran gehabt, dass die Überwachung des Telefonverkehrs alleine seinem Amt zugesprochen wurde, und Hitler war ihm gefolgt. Tatsächlich behielt er dieses Monopol zumindest offiziell bis kurz vor dem Ende des Dritten Reiches. Mit einer Ausnahme: Auch die Reichspost richtete eine Abteilung zur Telefonüberwachung ein (dazu siehe unten). Auch bekam die Gestapo gegen Ende des Krieges Zugriff auf einige der Horchposten. Aber weder Himmler und sein Reichssicherheitshauptamt oder die SS noch irgendeine andere Stelle konnten offiziell selbst Telefone überwachen. Das brachte Göring nach dem Krieg in einen gewissen Zwiespalt. Einerseits war er durchaus stolz auf die Leistung des Forschungsamtes, so dass er nicht unbedingt hinterm Berg damit halten wollte. Andererseits musste er sich verteidigen, und daher musste er versuchen zu verheimlichen, dass das Amt gerade in den ersten Jahren ein Repressionsinstrument gegen die innerdeutsche Opposition war. Er wollte das Amt als etwas ganz Gewöhnliches darstellen, eine Einrichtung, wie sie andere Staaten – wie die demokratischen – auch hatten (was den Tatsachen entsprach). So behauptete er in Nürnberg: »Der Apparat diente dazu, vor allen Dingen die auswärtigen Missionen, die wichtigen Persönlichkeiten, die mit dem Ausland telefonierten, telegraphierten und funkten, wie das überall und in allen Staaten üblich ist, zu überwachen, zu dechiffrieren und den einzelnen Ressorts dann die Auswertung zuzustellen.«[23] Das war vor allem für die Anfangszeit nur die halbe Wahrheit. Gottfried Schapper behauptete, zunächst sei die Beobachtung von Behörden- und Wehrmachtsleitungen sowie die Erfassung von Gesprächen führender Persönlichkeiten aus Staat, Partei und Wehrmacht verboten gewesen. Diese Darstellung ist angesichts der Aktivitäten, die das Amt schon bald starten sollte, ziemlich unglaubwürdig. Sehr viel wahrscheinlicher ist, dass Göring sich überhaupt keine Beschränkungen auferlegen ließ; so wurden das Reichswehrministerium, Reichswehrgeneräle und führende NS-Funktionäre wohl von Beginn an abgehört.[24] Das machte schon deshalb Sinn, weil Hitler ja gerade den Militärs nicht über den Weg traute. Warum sollte er ausgerechnet gegen sie ein solches Mittel wie das Forschungsamt nicht zum Einsatz bringen, wenn er es doch schon in Händen hielt? Es soll im Amt auch ein »Giftküche« genannter Raum existiert haben, in dem solche sensiblen Unterlagen eigens und streng bewacht abgelagert wurden.

Der Wahrheitsgehalt der Behauptungen verschiedener ehemaliger FA-Mitarbeiter nach dem Krieg über die Beschränkung der Telefonüberwachung, lässt sich kaum mehr nachprüfen.

Aber klar ist, dass diese Regel, sollte es sie jemals gegeben haben, bald entweder gebrochen oder aufgehoben wurde. Andernfalls hätten NS-Funktionäre wie Ernst Röhm, Julius Streicher und Joseph Goebbels nicht unter Beobachtung kommen können. Zumindest im Fall Streichers, Goebbels sowie des brandenburgischen Gauleiters Wilhelm Kube stimmen auch nicht die Angaben anderer Angehöriger des Amtes, dass auch Gauleiter bis 1944 nicht abgehört werden durften – denn alle drei hatten ja dieses Amt inne. Tatsache aber ist, dass die Gauleiter bei Hitler sehr hoch im Kurs standen, so dass Überwachungen hier sicher restriktiver gehandhabt wurden. Die Führung der Reichswehr dagegen schien sogar überzeugt davon, dass ihre Telefone abgehört wurden. Nicht umsonst wies General Walter von Reichenau im November 1934 im Auftrag von Reichswehrminister Werner von Blomberg in seiner Eigenschaft als Chef des Wehrmachtsamtes an: »... es liegt besondere Veranlassung vor, dass auf allen Fernsprechleitungen, auch auf den wehrmachtseigenen, Mithörgefahr besteht. Ich verbiete daher jede fernmündliche Erörterung von ›Geheimen Kommandosachen‹«[25]. Diese Anordnung wurde mehr als sieben Monate nach einem Versuch des Reichswehrministeriums, eine solche Überwachung zu unterbinden, erlassen. Im März hatte Reichenau festgelegt, dass die Überwachung des Nachrichtenverkehrs ohne die Zustimmung des Ministeriums nicht durchgeführt werden dürfe, und zwar aus Gründen der Verteidigung. Reichenaus Anordnung vom November desselben Jahres ist ein deutlicher Hinweis, dass das Forschungsamt sich daran nicht hielt. Das wäre sicher nicht ohne Genehmigung und Rückendeckung Görings geschehen, aber er war ja nicht der Mann, der sich von Vorschriften in seinen Aktivitäten einschränken ließ.

Reichenau bekam sogar persönlich Karten mit Notizen über von ihm geführte Telefongespräche zu Gesicht, als er eines Tages das Forschungsamt besuchte. Er hatte anlässlich des Besuches Abteilungsleiter Walter Seifert gebeten, ihm das Archiv zu zeigen. Sofort suchte er unter dem Buchstaben R nach seinem Namen – und wurde problemlos fündig. »Sie haben mich also doch überwacht«, warf er Seifert vor. Doch der hatte eine Antwort parat, die zwar fadenscheinig war, aber von Reichenau nicht widerlegt werden konnte: »Sie haben gesprochen mit dem Journalisten Flixsteger, mit dem französischen und dem englischen Botschafter … Da sind sie als Gesprächspartner in mein Archiv gekommen.« Dass Reichenau auch nur eine Sekunde an dieses Märchen geglaubt hat, ist sehr unwahrscheinlich.[26] Kurzum: Wahrscheinlich konnte wohl niemand vor einem Abhören seiner Telefongespräche sicher sein. Das galt selbst für Hitler. Der »Führer« wurde zwar nicht direkt abgehört, aber es konnte tatsächlich sein, dass er mit einem Partner am Telefon sprach, der seinerseits abgehört wurde. Dann konnte Hitler quasi als »Beifang« in der Überwachung landen. Was mit solchen Berichten geschah, ist allerdings nicht bekannt. Wurden sie umgehend vernichtet? Und wenn ja: vor oder nachdem sie Göring vorgelegt worden waren? Reichswehroffiziere konnten übrigens auch durch einen Umweg unter die Überwachung des FA gelangen – über ihre Ehefrauen. Denn es soll im Amt eine eigenständige Liste, »Damenbibel« genannt, existiert haben, in der Namen von Frauen aufgeschrieben waren, deren Männer für das Amt von Interesse waren. Die Leitungen dieser Frauen wurden dann abgehört, um so an zusätzliche Informationen zu kommen.

Es ist wohl tatsächlich so, dass sich der Anteil der Überwachung der Telefongespräche von Ausländern und ausländischen Institutionen in dem Maße erhöhte, in dem die Außenpolitik für Hitler wichtiger wurde. Göring behauptete übrigens auch, das Amt sei kein Agentendienst gewesen und habe niemals Mikrofone beziehungsweise Wanzen benutzt, um jemanden zu überwachen. Beides war eine Schutzbehauptung, zumindest wenn man F. Flicke glaubt, der beschreibt, dass beispielsweise solche Geräte sowohl im Reichswehrministerium als auch im Außenministerium verlegt worden seien.[27] Görings Bestreben war eben, das Forschungsamt als ganz normalen technischen Nachrichtendienst darzustellen, so wie ihn die Alliierten auch besaßen. Die Existenz des Forschungsamtes sollte seine Chance, irgendwie halbwegs heil aus dem Kriegsverbrecherverfahren gegen ihn herauszukommen, nicht schmälern.

In allen anderen Bereichen, in denen das Forschungsamt tätig wurde, hatte es kein Monopol wie bei der Telefonüberwachung. Überall gab es andere Stellen, die jeweils eher als Konkurrenz denn als Partner gesehen wurden (was auf der anderen Seite eher noch stärker der Fall war); doch dazu später. Zum Aufgabenbereich des FA gehörte zunächst die möglichst intensive und umfassende Überwachung des Funk- und Fernschreib- sowie Telegrammverkehrs, die mit Kriegsbeginn zur eindeutig dominierenden Aufgabe werden sollte, sowie deren Dechiffrierung im Verschlüsselungsfall. Daneben gab es die Überwachung des Briefverkehrs, sowie das Mithören und das Aufnehmen von Sendungen ausländischer Radiosender und deren Übersetzung und Aufbereitung für die Leser. Ebenso wurden ausländische Zeitungen aus zeitweilig bis zu 80 Ländern gelesen. Göring berichtete später mit erkennbarem Stolz, dass die Mitarbeiter des Amtes insgesamt 32 Sprachen beherrschten.

In der Schillerstraße konnte sich die ständig wachsende Schar der Mitarbeiter in der Zentrale ausbreiten. Dieses Gebäude eignete sich gut für die Zwecke des Forschungsamtes. »Mit der Wahl dieses Hauses hatte die Amtsleitung einen guten Griff getan. Die Lage war denkbar ruhig, und da der Komplex – zumindest bis zur späteren Vergrößerung – nicht einmal an der Straßenfront, sondern etwas abseits lag, fiel es einem Uneingeweihten kaum auf, dass dort hunderte von Menschen mit delikatesten Arbeiten beschäftigt waren«, urteilte Ex-Mitarbeiter Ulrich Kittel.[28] Das Innere des Gebäudes war ganz auf Zweckmäßigkeit und Schnelligkeit ausgerichtet. Eine weitverzweigte Rohrpost brachte das Rohmaterial auf dem schnellsten Weg zum Auswerter; dieser schickte die fertigen, auf Matrizen geschriebenen Berichte auf dieselbe Art an seinen Vorgesetzten, der sie dann an die Verfielfältigungsstelle weiterschickte. Für die Kommunikation mehrerer Mitarbeiter gab es hochmoderne Konferenztelefone. Da Mitarbeiter auch über Nacht blieben wurden komfortable Schlafräume eingerichtet. Der Schutz der Einrichtung wurde naturgemäß ganz großgeschrieben. Ein stark ausgebautes Sicherheitssystem wurde installiert, ebenso eine Alarmanlage, die sich auf alle Bereiche des Gebäudes erstreckte. Besonders gesicherte Bereiche durften ausschließlich von den Mitarbeitern der jeweiligen Abteilung betreten werden; jeder andere benötigte eine Sondergenehmigung. Offiziell sprachen sich die Mitarbeiter mit Nummern an, statt mit ihren Namen; D3 sprach also mit Z10. Überall strichen ständig SS-Leute, die zur Bewachung abgestellt waren, durch das Haus.

Nachdem es am Anfang eher unkoordiniert arbeitete, zeigte der ständig wachsende Aufwand, dass die Arbeit dringend nach einem geordneten Schema ablaufen musste. Die Aufgaben des Amtes bestimmten Hitler und Göring, den Aufbau der Strukturen, die an die Aufgabenstellung angelehnt war, entwickelte der Amts-Chef Hans Schimpf, wahrscheinlich in enger Zusammenarbeit mit Gottfried Schapper. Das Amt wurde in sechs Abteilungen gegliedert: I Verwaltung, II Personal, III Erfassungsansatz, IV Dechiffrierung, V Auswertung, VI Technisches Amt. Zudem gab es fünf verschiedene Arten von »Forschungsstellen«, die die eigentlichen Aufgaben des Amtes bezeichnen: A Telefonüberwachung, B Funküberwachung, C Rundfunküberwachung, D Fernschreib- und Telegrammüberwachung, F Briefüberwachung. Diese Forschungsstellen waren über das Reich verteilt und wurden später auch in den besetzten Ländern aufgebaut.

Für die Bewältigung der Aufgaben waren zwei Abteilungen von maßgeblicher Bedeutung: Die Hauptabteilung IV – Dechiffrierstelle – und die Hauptabteilung V – Auswertung. Die Chiffrierstelle erarbeitete sich in kurzer Zeit einen ausgezeichneten Ruf und galt als die beste Einrichtung ihrer Art. Ihre Aufgabe bestand darin, verschlüsselte Botschaften, die die Kollegen aus der Erfassung abgefangen hatten aber nicht lesen konnten, lesbar zu machen, also zu decodieren. Die Codeknacker waren in der obersten Etage untergebracht; eine Ansammlung von Mathematikern, Computerfachleuten und Akademikern. Sie waren eine eingeschworene Gemeinschaft, galten den anderen als ein wenig versponnen und seltsam, wurden aber aufgrund ihrer Leistung auch geachtet. Wenn es ihnen nicht gelang, einen Code zu kacken, blieb die Quelle so lange bei ihnen, bis sie es irgendwann doch schafften. Sorgfältig wurden Code-Bücher angelegt und erweitert, die auf einem möglichst aktuellen Stand sein mussten. Behördenchef Hans Schimpf war beim Aufbau des Amtes klar gewesen, wie wichtig diese Leute sein würden – er kam ja schließlich selbst vom Fach. So hatte er Göring gebeten, sich beim Reichswehrministerium für die Abwerbung von sechs namentlich genannten Experten einzusetzen, und er war mit seinem Vorstoß erfolgreich gewesen. Chef der Abteilung war Georg Schröder. Er hatte zeitweilig bis zu 240 Mitarbeiter unter sich. Der Ausstoß der Abteilung war mit 3000 dechiffrierten Funksprüchen pro Monat für damalige Zeiten enorm.

Eigentlich waren sich nach dem Krieg alle Befragten einig, dass Funkaufklärung und Chiffrierabteilung der erfolgreichste Teil des Forschungsamtes waren. In einem Punkt aber versagte das Amt vollständig – was allerdings nur zum Teil seine eigene Schuld war. Denn in der Charlottenburger Schillerstraße wurde nicht nur an offensiven Maßnahmen gearbeitet, sondern auch an defensiven. Das Amt war auch zuständig für die Sicherung des deutschen Funkverkehrs. Dafür war die Hauptabteilung VI zuständig, deren Aufgaben es ansonsten war, neue Ver- und Entschlüsselungsmaschinen oder -techniken zu erfinden und zu entdecken sowie die Codeknacker des Amts aus- und weiterzubilden. Wenn es um die Sicherheit des deutschen Funkverkehrs ging, arbeiteten die Tüftler von der VI mit den Knackern von der IV zusammen. Denn die kannten die Schwächen der Gegner und sollten aus ihnen Schlüsse für die Sicherung des eigenen verschlüsselten Funkverkehrs ziehen. Mit den Ergebnissen sollten die Leute von der VI dann zu den anderen Reichsstellen wie beispielsweise den Ministerien gehen und dafür werben, dass die von ihm erarbeitenden Maßnahmen angewendet würden. Hans Schimpf und Gottfried Schapper wussten aus ihren Erfahrungen aus dem Ersten Weltkrieg, wie leicht der deutsche Funkverkehr zu entschlüsseln gewesen war und welche fatale Folgen das gehabt hatte. Das wollten sie jetzt unbedingt vermeiden.

Allein: Sie bissen bei den Angesprochenen auf Granit, sei es, aus Bequemlichkeit, sei es aus ungesundem Konkurrenzdenken. Dabei war das Forschungsamt sich eigentlich mit dem Auswärtigen Amt schon einig gewesen, dass es dessen eigenen Nachrichtendienst, die Abteilung Pers Z, übernehmen würde. Hitlers erster Außenminister Konstantin von Neurath war zwar, wie alle Männer, die im undurchschaubaren Geflecht der Nazi-Behörden etwas zu sagen hatten, darauf bedacht, seine Kompetenzen beisammenzuhalten und möglichst zu erweitern. So krankhaft neidisch und eifersüchtig wie sein Nachfolger Ribbentrop war er aber nicht. Als Ribbentrop endlich sein Ziel erreicht hatte und auf den Ministerposten rückte, war es vorbei mit der konstruktiven Absprache. Obwohl das Forschungsamt beim neuen Chef des Auswärtigen Amtes intervenierte und dessen Staatssekretär Ernst von Weizsäcker bei einem persönlichen Besuch in der Schillerstraße anhand des verschlüsselten Funkverkehrs des Ministers mit dem japanischen Kollegen in Tokio entschlüsseln und mitlesen ließ, passierte nichts. »Das könnte denen vom Forschungsamt so passen« – so beschreibt Ulrich Kittel die Reaktion Ribbentrops.

Ein Beispiel dafür, dass das Auswärtige Amt sehr wohl angewiesen war auf die Hilfe des FA findet sich in dessen Akten selbst und zwar aus einer Zeit, als Ribbentrop bereits Minister war. Ende 1940 machte das FA das Ministerium darauf aufmerksam, dass die Amerikaner ganz offenbar die Kommunikation zwischen der deutschen Botschaft in Madrid und Berlin abhörten und die Gespräche auf Schallplatten aufzeichneten. Den Erkenntnissen nach bestachen sie die Telefongesellschaft Telefonica. Nachdem Ribbentrops Leute die spanische Regierung unterrichtet hatten und Außenminister Ramon Serrano Suner, ein enger Vertrauten General Francos und dessen Kontaktmann zu Hitler, den Informationen nach »aufs Wort« glaubte, erging der strenge Hinweis, bei Ferngesprächen mit der Botschaft in Spanien äußerste Vorsicht walten zu lassen und geheim zu haltende Dinge überhaupt nicht mehr am Telefon zu besprechen. Auch Reinhard Heydrich als Chef des Reichsicherheitshauptamtes wurde informiert. Das Auswärtige Amt bat auch die befreundete spanische Regierung, die Überwachung abzustellen, doch die sah sich zum eigenen Bedauern, zum damaligen Zeitpunkt nicht in der Lage etwas dagegen zu tun.[29]

Sicher befürchtete Ribbentrop auch, dass das Forschungsamt den kompletten Verkehr verfolgen würde, wenn es die Codes selbst entwickeln würde. Aber bei der Leichtigkeit, mit der die aktuellen zu entschlüsseln waren, war das ohnedies keine Schwierigkeit. Ribbentrop, ein ebenso eitler wie unfähiger Diplomat, konnte sich einfach nicht eingestehen, dass er von anderer Stelle Hilfe brauchte. Das stimmte vor allem die Briten dankbar, denn sie konnten später, während des Krieges, praktisch jede Funkmeldung, die das Auswärtige Amt oder seine Außenposten verließ, mitlesen. Ribbentrop stimmte nicht einmal der Bildung einer gemeinsamen Kommission zu, deren Aufgabe es sein sollte, alle deutschen Verschlüsslungsverfahren auf ihre Sicherheit zu überprüfen. Anders als die militärische Führung. Obwohl auch Erich Fellgiebel, Chef der Nachrichtenverbindungen beim Oberkommando der Wehrmacht, in einem ungesunden Konkurrenzverhältnis zum Forschungsamt stand, stimmte er dem Vorschlag zu. Aber Fellgiebel war eben anders als Ribbentrop ein Mann vom Fach, der wusste, worum es ging.

Die Funkaufklärung und die Dechiffrierung standen auch nach dem Krieg noch hoch im Kurs bei den einstmals Verantwortlichen. Sie konnten wichtige Informationen über den internen Austausch der Behörden anderer Länder geben. Das galt auch für das Abhören von Telefongesprächen. Diese hatten aber noch einen ganz anderen Wert. Denn sie gaben deutliche Hinweise, wie die Gesprächspartner jenseits der offiziellen Politik tatsächlich dachten, was sie zu ihrer Politik bewegte. Das war im Bereich der Diplomatie sehr wichtig, bei weitem nicht nur, aber vor allem in Krisenzeiten wie der Sudetenkrise oder den letzten Tagen vor Hitlers Überfall auf Polen. Im Inneren konnten beispielsweise Regimegegner abgehört werden, und zwar solche innerhalb des Regimes als auch solche außerhalb. Ob, beziehungsweise wie viele tapfere Widerstandskämpfer auch mit Hilfe abgehörter Telefongespräche ins Gefängnis oder KZ geworfen oder umgebracht wurden, wissen wir mangels Unterlagen leider nicht; die Ausmaße werden aber ganz gewiss nicht vergleichbar gewesen sein mit denen beispielsweise des Ministeriums für Staatssicherheit später in der DDR. Das lag schon daran, dass es in den dreißiger und vierziger Jahren noch längst nicht so viele private Telefonanschlüsse gab wie später. Aber allgemein redeten die Mitglieder der Widerstandskreise am Telefon viel zu unbefangen und offen am Telefon über ihre Ansichten und Pläne, wie einige Überlebende nach dem Krieg eingestanden.

Die geographische Lage des Deutschen Reiches in der Mitte Europas brachte es mit sich, dass eine ganze Reihe von internationalen Telefonleitungen durch das Land führten. Bei Machtantritt der Nationalsozialisten waren es 42; bis zum Beginn des Krieges im September 1939 war die Zahl auf 139 angestiegen. Dieses schnelle Wachstum hatte natürlich mit der technischen Entwicklung und dem Anstieg angeschlossener Telefonapparate zu tun. Aber es lag ganz eindeutig im Interesse der deutschen Führung, dass immer mehr Leitungen durch Deutschland flossen – und damit angezapft werden konnten. Ein Vergleich zum systematischen Ausbau der Reichsautobahnen in den dreißiger Jahren drängt sich auf, wenngleich es wesentliche Unterschiede gab. Denn dass der Wunsch, die Kabel anzuzapfen die Antriebskraft beziehungsweise der Grund für den Ausbau war, ist nicht nachzuweisen; außerdem profitierten ja auch die angeschlossenen Länder davon, so dass der Ausbau auch in ihrem Interesse lag und wohl auch von ihnen forciert wurde. Anders als die Autobahnen führten die Telefonkabel auch natürlich nicht nur von West nach Ost, sondern in alle Richtungen. So verbanden sie beispielsweise Paris und Prag, Brüssel und Stockholm, Kopenhagen und London, Amsterdam und Malmö, London und Wien oder Rotterdam und Zürich. Allerdings fällt auf, dass Mitte der dreißiger Jahre die Verbindungen von London durch Deutschland in osteuropäische Städte wie Moskau, Bukarest, Warschau und Prag ausgebaut wurden. Auch das wird der technischen Entwicklung beziehungsweise dem steigenden Telefonverkehr geschuldet gewesen sein – aber auch dieser Ausbau lag natürlich im besonderen Interesse von Görings Horchposten. Hinzu kamen das Indo-Kabel von England nach Indien, das auf seinem Weg deutsches Territorium durchlief, sowie einige wenige Kabel, die durch die Ostsee führten.

Tatsächlich konnten sich die für die Telefonüberwachung zuständigen A-Stellen in die für sie interessanten Telefongespräche über die Leitungen einschalten, ohne dass die Gesprächspartner das bemerkten. Alle Stellen im Deutschen Reich und nach dem Beginn des Krieges in den besetzten Ländern und Gebieten zur Telefonüberwachung wurden als Forschungsstelle A bezeichnet. Es gibt eine Angabe über die Zahl der insgesamt abgehörten Telefongespräche durch das Forschungsamt: 498 390. Sie klingt sehr exakt, doch das kann sie gar nicht sein. Es war der Journalist Friedrich Hugk, der diese Zahl 1950 in einer Zeitschriftenserie über das Forschungsamt nannte.[30] Hugk hatte sicher mit ehemaligen Amtsmitarbeitern gesprochen, eine Quelle führte er allerdings nicht an. Die Zahl kann in ihrer Genauigkeit so auch nicht richtig sein denn schon unter den chaotischen Verhältnissen, unter denen das Amt in den letzten Monaten des Krieges gearbeitet hatte, war sicherlich eine genaue Zählung wie auch eine Zusammenführung aller Daten gar nicht mehr möglich. Vielleicht bezog sich die Zahl auf einen bestimmten Zeitpunkt, bis zu dem eine solche genaue Zählung möglich gewesen war. Da Hugks Artikelserie durchaus nicht unseriös wirkte, wenn er auch auf die Nennung von Quellen verzichtete, mag die Zahl von ungefähr 500 000 abgehörten Gesprächen ein akzeptabler Richtwert sein. Das war eine für damalige Zeiten sicher immense Zahl, zumal damals nicht wahllos abgehört wurde, sondern sehr gezielt.

Da natürlich nicht alle Kabel, die durch Deutschland führten, über Berlin liefen, wurden weitere 14 A-Stellen im Reichsgebiert aufgebaut: Königsberg, Danzig, Breslau, Stettin, Dresden, Wien, Nürnberg, Nordhausen, München, Stuttgart, Frankfurt am Main, Hamburg, Köln und Düsseldorf. Kittel gab in seinem Nachkriegsbericht an, alleine die Forschungsstelle A in Berlin habe 500 Anschlüsse gleichzeitig abhören können. Das war eigentlich nicht so sehr viel, wenn man bedenkt, dass in der Hauptstadt alle diplomatischen Vertretungen sowie Korrespondentenbüros und Wirtschaftsvertreter angesiedelt waren. Die anderen A-Stellen dürften kleiner gewesen sein. Einen Telefonanschluss abzuhören wurde im Amt »anschleifen« genannt. Jeder Erfasser hatte 20 Anschlüsse – genannt »Klinken« – zu betreuen. Abgehört wurde rund um die Uhr – aber merkwürdigerweise nicht am Wochenende. Die Gespräche wurden mitgeschrieben oder stenografiert, anschließend von den Auswertern zu einem Bericht ausformuliert und schließlich Göring vorgelegt. Für den Fall, dass zwei oder mehrere Gespräche gleichzeitig abgehört werden mussten oder diese überraschend in einer Fremdsprache geführt wurden, gab es Stahltongeräte. Dabei handelte es sich um einen Vorläufer des Tonbandgerätes, die von der Firma Lorenz Elektronische Apparate Bau AG in

Berlin hergestellt wurden. Da die Berichte auf braunem Papier geschrieben waren, wurden sie braune Blätter oder auch braune Vögel genannt. Die Blätter, die im Amt verblieben, waren gelb. Die Berichte mussten streng neutral und sachlich verfasst werden, der Auswerter hatte sich jeder persönlichen Meinung zu enthalten und durfte dem Bericht auch keine persönliche Färbung geben. Bestenfalls konnte er eine kurze Erklärung anfügen damit der Adressat einen ihm vielleicht unbekannten Sachverhalt verstehen konnte. Auf diese Neutralität wurde großer Wert gelegt, weil alles andere den Bericht verfälschen und ihn damit wertlos machen konnte. Göring und die anderen Empfänger brauchten keine Bestätigungen ihrer ideologischen Grundsätze, sondern Informationen, mit denen sie arbeiten konnten. Göring hob bei seinen Befragungen nach dem Krieg diese ideologiefreie Berichterstattung eigens hervor.[31]

Aus dieser geforderten Neutralität beziehungsweise Objektivität der Berichte darf nicht geschlossen werden, dass die Mitarbeiter des Forschungsamtes keine Nationalsozialisten gewesen sein mussten und dass bei ihrer Einstellung und Arbeit nur Wert auf ihre Fähigkeiten, Leistungen, Treue und Loyalität sowie die Einhaltung der Verpflichtung zur Verschwiegenheit geachtet wurde. Ebenso sei Parteizugehörigkeit kein Kriterium gewesen. Solche Behauptungen stellten nach dem Krieg ehemalige Mitarbeiter auf, so zum Beispiel Ulrich Kittel in seinem Bericht oder Seifert, der behauptete, Parteizugehörigkeit sei ihm völlig egal gewesen: »Mir kam es nur darauf an 1) Charakter, und 2) Kann er was. Und zwar setzte ich Charakter vor Können.«[32] Der Hintergrund solch einer versuchten Legendenbildung liegt auf der Hand: nachdem alles vorbei war wollten sich die ehemaligen Forschungsamtsmitarbeiter vor dem Vorwurf schützen, begeisterte Nazis gewesen zu sein, und Hitler und Göring aus voller ideologischer Überzeugung gedient zu haben. Solche Schutzbehauptungen waren ein Mittel zur Verteidigung, und die Aussicht auf Erfolg war gar nicht mal so gering. Schließlich hatten die Alliierten bis Kriegsende nichts von der Einrichtung gewusst beziehungsweise Hinweise offensichtlich übersehen, und in die Liste der verbrecherischen Organisationen war das Forschungsamt auch nicht aufgenommen worden; da konnte es doch durchaus sein, dass die Militärbehörden den Aussagen Glauben schenken würden. Und immerhin war auch bekannt, dass Göring seine Loyalitäten nicht nur auf Parteizugehörigkeit aufbaute.

Der Versuch dürfte aber ins Leere gegangen sein, jedenfalls waren sich die Briten nach einer Untersuchung Anfang 1946 sicher, dass eine Parteimitgliedschaft zwingend für die Arbeit im Forschungsamt erforderlich gewesen sei. Alles andere wäre auch überraschend, denn die Tätigkeit des Forschungsamtes füllte einen derartig sensiblen Bereich aus, dass die Spitze sich auf die Mitarbeiter völlig verlassen können musste. Und zwar nicht charakterlich, sondern ideologisch. Wenn der britische Historiker David Irving schätzte, dass die meisten der höheren Mitarbeiter und 50 Prozent der jüngeren NSDAP-Mitglieder gewesen seien, so dürfte das auf die erste Zeit zutreffen. Später wird der Anteil vermutlich deutlich höher gewesen sein. Dass ohnedies längst nicht jeder Bewerber genommen wurde zeigt schon eine Äußerung des Mitarbeiters Klaus von Klitzing, der zu berichten wusste, dass einer seiner Freunde abgelehnt wurde, weil ein entfernter Verwandter in der Kommunistischen Partei Mitglied gewesen sei.

Interessanterweise gab es mindestens einen jüdischen Mitarbeiter im Forschungsamt, und die Genehmigung dazu kam von ganz oben – von Hitler persönlich. Walter Jacobson, Sohn des früheren Vizeadmirals Leo Jacobson, war bis Ende September 1933 als Kapitänsleutnant Mitglied im Dienst der Reichsmarine. Zum 1. Oktober trat er eine Stelle als Angestellter beim Forschungsamt an, wenige Tage später wurde er auch Mitglied der SS. Gut ein Jahr später aber musste er die SS-Mitgliedschaft wieder aufgeben, denn es war festgestellt worden, dass er nicht rein »arisch« war. Darauf setzte sich Göring persönlich dafür ein, dass er wieder ins Forschungsamt aufgenommen und mit einem guten Gehalt ausgestattet wurde. Jacobson wurde Leiter der Sicherheitsstelle des Amtes.[33] Göring handelte nach dem Prinzip »Wer Jude ist, bestimme ich«. Wenn er wollte, drückte er schon mal ein Auge zu, was den »Ariernachweis« betraf. Das beste Beispiel dafür ist sein Staatssekretär im Luftfahrtministerium, Erhard Milch, der »Halbjude« war, aber kurzerhand »arisiert« wurde um im Amt bleiben zu können. Wie bei Milch so musste auch bei Jacobson aber Hitler selbst die Erlaubnis erteilen. Wie Milch, Jacobson und andere Juden in den Diensten der Nazis dieses Mitwirken mit ihrem Gewissen ausmachten, wäre eine interessante Frage. Jacobson konnte sich nach dem Krieg für sein Handeln nicht mehr rechtfertigen. Er hatte sich 1940 wieder zur Marine gemeldet und kam 1942 um.

Wenn die Amerikaner und Briten die ehemaligen Mitarbeiter des Amtes, derer sie habhaft werden konnten pfleglich behandelten, so lag das also nicht daran, dass im Forschungsamt lupenreine Demokraten gearbeitet hätten. Es lag wohl einerseits daran, dass diesen ja tatsächlich keine Verbrechen nachgewiesen werden konnten – abgesehen davon, dass sie einem perversen System gedient hatten. Und – mehr wohl noch – dass sie große Hochachtung vor den Leistungen des Forschungsamtes hatten und zu einer Zeit, in der der Kalte Krieg mit der Sowjetunion schon am Horizont deutlich zu erkennen war, sich vorbehalten wollten, ihre Dienste zu nutzen und ihre Kenntnisse abzusaugen.

Den Auftrag – oder soll man sagen: die Bitte – für eine Telefonüberwachung mussten die dazu ermächtigten Behörden beim Forschungsamt anmelden. Dazu gehörte die Gestapo, das OKW, das Außenministerium sowie andere Ministerien. Göring genehmigte jede einzelne Überwachung persönlich. Vor dem Krieg geschah dies für gewöhnlich innerhalb von 24 Stunden. In den letzten Jahren des Dritten Reiches, als der Reichsfeldmarschall in Depressionen verfiel, sich auf seinen Landsitz nach Carinhall zurückzog, sich oftmals mehr um die Anhäufung »seiner« gestohlenen Kunstwerke aus ganz Europa kümmerte und sich vermehrt dem Drogenkonsum hingab, konnte es jedoch zu empfindlichen Verzögerungen kommen, die die Arbeit der Auftrag gebenden Stelle beeinträchtigen konnte. Die Empfänger waren verpflichtet, die braunen Blätter so bald wie möglich wieder zurück an das Forschungsamt zu geben. Diese Bestimmung machte immer wieder Ärger, denn viele Empfänger hielten sich nicht daran und behielten sie. Allen voran Hitler persönlich. Beschwerden an seinen privaten Adjutanten Fritz Wiedemann waren schon in den dreißiger Jahren meistens ohne Wirkung.

Nach der Genehmigung eines Antrags gab das Forschungsamt einen Schaltauftrag an die Reichspost, die den entsprechenden Telefonanschluss anzapfte. Ein Erfasser machte sich im Forschungsamt an die Arbeit, sandte nach Ende des Gesprächs die Aufzeichnung an die Auswertungsstelle – Hauptabteilung V – in Berlin und an die Katalogisierung und im Fall der Verschlüsselung an die Dechiffrierstelle, also der Hauptabteilung IV. Göring versah die ihm vorgelegten und von ihm genehmigten Berichte mit einem »G«. Ohne diese Kennzeichnung durfte kein brauner Vogel das Amt verlassen. Die Berichte gingen natürlich an die Stelle, die eine Aktion in Auftrag gegeben hatte, aber auch oft an andere, deren Tätigkeit dadurch berührt war. Es fällt auf, dass Joseph Goebbels offensichtlich lange Zeit nicht zu diesem Kreis der Auserwählten gehörte. Das änderte sich erst einige Zeit nach dem Angriff auf die Sowjetunion. Brisante Berichte, deren Erkenntnisse unbedingt in einem ganz kleinen Kreis bleiben mussten, legte Göring nur Hitler vor. Der »Führer« konnte dann entscheiden, wer noch eingeweiht werden sollte.

Probleme gab es immer wieder mit der Rückgabe der Braunen Blätter. Eigentlich war vorgeschrieben, diese nach einer bestimmten Frist (wahrscheinlich vier Wochen) wieder an das FA zurückzugeben. Doch daran hielten sich verschiedene belieferte

Stellen nicht – von Hitlers Adjutantur angefangen. Ein ganz besonders krasser Fall war der frühere Botschafter in Moskau, Graf Werner von der Schulenburg. Nach Aussagen des Verbindungsmannes des Forschungsamtes im Auswärtigen Amt, Foss, war es nach seiner Rückkehr nach Berlin Schulenburgs Aufgabe, Meldungen über die Sowjetunion zusammenzustellen und zu prüfen. Unter dem Material, das er geliefert bekam, waren auch Berichte des FA. Schulenburg hatte sich nicht an die Pflicht zur Rückgabe gehalten, sondern hatte Teile der Berichte ausgeschnitten und mit anderen Dokumenten zusammengeklebt. Das Auswärtige Amt, dem Schulenburg zugeordnet war, wusste nicht, was es tun sollte. Doch das Problem lösten die Alliierten – sie warfen während eines Luftangriffs ein paar Bomben auf das Haus und zerstörten es vollständig.[34]

Die Forschungsstellen

Die Auswertung der abgehörten Telefongespräche und der abgefangenen Funksprüche war neben dem Knacken der Funk-Codes gewissermaßen die Königsdisziplin im Forschungsamt. Wahrscheinlich war die Hauptabteilung V die größte der sechs Hauptabteilungen. Sie war in zwei Gruppen aufgeteilt: Gruppe A, die alle auf technischem Wege erlangten Nachrichten bearbeitete und Gruppe B, die die Auswertung der ausländischen Presse vornahm (eine Arbeit, die nichts mit geheimdienstlichen Aufgaben zu tun hatte und hier daher nicht weiter dargestellt werden soll). Geleitet wurde die Hautabteilung V von Walter Seifert, der ihr von Beginn an seinen Stempel aufdrückte. Über die von Göring eingeforderte Objektivität wurde bereits berichtet. Um aber ihre Arbeit wirklich auf hohem Niveau ausführen zu können, brauchten die Auswerter ein hervorragendes Wissen. Sie mussten also gut im Stoff sein, ihre »Kunden« kennen und jede weitere, in einem Telefonat auch nur flüchtig erwähnte

Person identifizieren und dazu Informationen geben können. Zu den Informationen gehörten die eigentlichen Fakten, aber auch solche über das Privatleben: mit wem verkehrte die Person, was waren ihre Vorlieben und so weiter. Ein »Brauner Vogel«, der zu Göring und zum Auftraggeber der Überwachungsaktion auf den Schreibtisch flog, war also weit mehr als »nur« der Bericht über das abgehörte Gespräch. Er beinhaltete zahlreiche Zusatzinformationen, die aber immer sehr deutlich als solche gekennzeichnet werden mussten.

Wenn ein Gespräch in einer fremden Sprache geführte wurde, wurde es auf Band mitgeschnitten und anschließend direkt per Kurier in die Zentrale gebracht, wenn es nicht dort aufgenommen worden war. Die Erfasser wurden intern Z-Männer genannt, die Notizen, die sie über das Gespräch anfertigten, Z-Meldungen. Sie wurden auf weißem Papier mit Durchschrift geschrieben und mit einem roten Stempel »Geheime Reichssache« versehen. Original und Durchschrift wurden nummeriert. Wenn die Berichte von einer Außenstelle nach Berlin durchgegeben werden mussten, weil sie von besonders hoher Dringlichkeit waren, musste das verschlüsselt geschehen. Laut Kittel wurden pro Monat 2400 Funksprüche entziffert sowie 42 000 klare Funk- und Drahtmeldungen ausgewertet. Hinzu kamen 1400 Meldungen, die auf das Abhören von Telefongesprächen zurückzuführen waren; und nicht zuletzt wurden 11 000 Rundfunksendungen mitgehört und 150 Zeitungen gelesen. Auch die Berichterstattung der Nachrichtenagentur Havas (Frankreich) und Reuters (England) wurde intensiv verfolgt.

Bei seiner Arbeit ging das Amt mit der sprichwörtlichen deutschen Gründlichkeit vor. Das Forschungsamt selbst hatte eine direkte Verbindung zu den Berliner Einwohnermeldeämtern und zum Polizeipräsidium; und die gleichen Verbindungen hatten mindestens die A-Stellen an anderen Orten, die die Berichte an die Zentrale lieferten. Allerdings war den Polizeistellen nicht klar, dass es das Forschungsamt war, das um Informationen bat – man glaubte, es wäre eine andere Polizeidienststelle. Auch bei den lokalen Stellen der Kriminalpolizei, der Abwehr und der Staatspolizei, besorgten sich die Leute vom Forschungsamt Material. Im Laufe der Jahre wurde so eine umfangreiche Personenkartei aufgebaut. Jede Meldung landete als Kopie bei einem Archivauswerter, der die wichtigsten Informationen zu der jeweiligen Person auf eine weiße Karteikarte schrieb. Solche Informationen, die aus belauschten Telefongesprächen gezogen wurden, machte man mit einem roten Punkt gesondert kenntlich. Für jede neue Person, die irgendwo erwähnt wurde, legte man eine neue Karteikarte an; war sie in irgendeiner Weise »verdächtig«, wurde die Karte besonders gekennzeichnet. Dabei wurde für jede Person zunächst eine Mantelkarte angelegt, die die Möglichkeit bot, weitere Karteikarten in einer Tasche zu deponieren. Diese Karten wurden unterteilt nach Farben: Gelb waren die Angaben zur Person und zur beruflichen Laufbahn, blau waren Informationen zu den wirtschaftlichen Betätigungen; auf weiteren Karten wurden Personen festgehalten, mit denen die Hauptperson in Kontakt stand. Auf diese Weise entstand eine für die damalige Zeit außergewöhnlich umfangreiche, ja faszinierende Kartei. Kittel schrieb davon, dass sie aus 1,2 Millionen Namen bestand.[35] David Irving spricht sogar von drei Millionen und beruft sich dabei auf einen Zeitungsartikel aus dem Jahr 1946.[36] Wäre sie nicht im Krieg zerstört worden, würde sie heute eine hervorragende Quelle für Historiker bieten.

Daneben wurde eine Sachkartei angelegt und beständig weitergeführt. Sie arbeitete ab 1935 nach einem Zahlensystem, das Kittel erläuterte. Demnach wies die erste Zahl den Erdteil auf, die zweite das Land. Mitteleuropa bekam die Ziffer 1, Deutschland wurde mit 00 gekennzeichnet, so dass die Ziffer, die Deutschland innerhalb des Systems bezeichnete die 100 war. Westeuropa bekam die 2, Frankreich die 200, Belgien die 201, England die 210. 3 stand für Südeuropa, 4 für Ost- und Nordeuropa, 7 für Nordamerika und so weiter. Als nächstes folgte eine

Aufteilung nach Hauptsachgebieten. Leider ist das System nicht mehr vollends nachzuweisen, aber ein deutsch-österreichisches Kulturabkommen wurde laut Kittel unter der Systemnummer 101 04 100 83 gefunden.[37] Schließlich standen den Auswertern weitere Informationsquellen zur Verfügung: Telefonbücher oder die Meldelisten der Hotels zum Beispiel. Außerdem wurde im Amt seit Sommer 1934 eine Bibliothek angelegt, die vor allem Nachschlagewerke jeglicher Art besaß. Sie entwickelte sich zu einer unverzichtbaren Quelle.

Die Forschungsstellen B waren zuständig für die Überwachung des Funkverkehrs. Kittel behauptete in seinem Bericht, sie seien die erfolgreichsten Stellen gewesen, die die wertvollsten Ergebnisse geliefert hätten. Die Funküberwachungsstellen waren auf mehrere Orte im Deutschen Reich verteilt, später natürlich auch auf die besetzen Gebiete. Die erste Stelle nahm schon im Juni 1933, also nur zwei Monate nach der Gründung des Amtes, ihre Tätigkeit in Beelitz bei Berlin auf. Allerdings konnte das Amt dabei auf bestehende Strukturen der Reichspost zurückgreifen. Kurz darauf wurden weitere B-Stellen aufgebaut und zwar in Glienicke (ebenfalls bei Berlin), Leba, Deutsch-Lissa (in der Nähe von Breslau), Templin, Lübben, Köln-Deutz und Konstanz. Für diese B-Stelle arbeiteten ausgebildete Marine-Funker, Experten von der Reichspost und auch von der Reichswehr konnte Amts-Leiter Schimpf Leute abwerben. Bald bildete das Amt auch eigene Leute aus. Die Ausstattung der verschiedenen B-Stellen war personell und materiell gleich. 20 Funker mussten rund um die Uhr in Schichtdiensten den Funkverkehr belauschen, alle besaßen ausreichend starke Antennen sowie Funkempfänger für Lang-, Mittel- und Kurzwelle und dazu für den Morse- und Radioempfang. Die B-Stellen waren zudem mit modernster Technik zum Aufnehmen ausgestattet – mit Stahltongeräten und einer Schallplattenschneideanlage. Die Übertragung der »braunen Vögel« an das Forschungsamt in Berlin verlief per Post; nur wenn ein Sachverhalt besonders wichtig war und schnell gemeldet werden musste, wurde er per Fernschreiber in die Zentrale geschickt. Verschlüsselte Funksprüche gingen in diesem Zustand nach Berlin und wurden hier entschlüsselt und zu einem Bericht zusammengefasst.

Die C-Stellen waren zuständig für die Aufzeichnung internationaler Rundfunkprogramme. Sie konnten eine wichtige Quelle für die Nachrichten- und Informationsgewinnung sein, allerdings wurden sie erst nach dem Beginn des Krieges stark ausgebaut und gewannen auch jetzt erst ihre große Bedeutung. Bis dahin wurden zunächst von Schönefeld bei Berlin, dann von Glienicke aus wichtige Rundfunkstationen wie die BBC in London oder Paris, Moskau, Madrid, Prag und Boston abgehört. Die Arbeit der Erfasser, die natürlich die jeweiligen Sprachen verstehen mussten, bestand darin, während ihres Dienstes Radio zu hören und den Inhalt der gehörten Sendungen aufzuschreiben und anschließend zu einem Bericht zusammenzufassen.

D-Stellen hatten den Fernschreib- und Telegraphenverkehr aufzuzeichnen, wobei erstere den Aufgabenbereich der D1-Stellen und die zweiten in den der D2-Stellen fielen. Die D1-Stellen waren meistens in den Gebäuden der A-Stellen untergebracht. Ihr Personalaufwand war deutlich geringer. Der allergrößte Teil des abgefangenen Verkehrs betraf Wirtschaftsthemen. Die Auswertung wurde von den Kollegen der A-Stelle übernommen. Die D2-Stellen waren in den Telegraphenämtern der Post untergebracht. Die Zahl der Telegramme war immens, alleine in Berlin waren es täglich 34 000 Inlands- und bis zu 9000 Auslandstelegramme. Das Forschungsamt schickte daher Listen mit Kurznamen – nur von diesen sollten die Telegramme gelesen werden. Nach Kittel waren erfahrene Erfasser dermaßen geübt, dass sie die Kurznamenliste gar nicht benötigten, weil sie sie auswendig kannten.[38] Die F-Stellen zur Überwachung des Briefverkehrs spielte für das Forschungsamt nur eine sehr untergeordnete Rolle.

KAPITEL 5
Die ersten Jahre

Es ist sehr wahrscheinlich, dass das Forschungsamt bei der »nationalsozialistischen Revolution«, der Gleichschaltung von Politik und Wirtschaft und vielleicht auch der Kultur eine Rolle spielte, wiewohl es selbst ja noch im Aufbau war. Belastbare Belege gibt es aufgrund des Fehlens von Akten dafür nicht. Es muss aber schon deshalb Erfolge gehabt haben, weil es schon sehr früh Begehrlichkeiten bei Heinrich Himmler und seinem Adlatus Reinhard Heydrich weckte, die es schon im Sommer 1933 in ihren Machtbereich bekommen wollten. Klar, dass Göring das zu verhindern wusste. Der erste belegbare Erfolg für Görings Horchposten (abgesehen von den abgehörten Gesprächen eines US-Journalisten), mit dem dieser auch massiv bei Hitler punkten konnte, findet sich für den Januar 1934. Dabei ging es um die Auseinandersetzung innerhalb der Evangelischen Kirche zwischen den Hitler-treuen Deutschen Christen und dem Pfarrernotbund des Pastors Martin Niemöller aus Berlin-Dahlem, aus dem bald die Bekennende Kirche hervorgehen sollte.

Hitlers Übernahme der Macht hatte in nicht unbeträchtlichen Teilen der Protestanten viel Zustimmung ausgelöst. Hitler, dessen Ziel es war, eine einheitliche, straff organisierte Reichskirche zu schaffen, ließ im September 1933 den ihm ergebenen Ludwig Müller zum Reichsbischof wählen. Doch gegen Müller und den Nazi-freundlichen und antisemitischen Kurs der neuen Führung regte sich auch Protest. Angeführt wurde dieser von

Martin Niemöller. Ihm gelang es, so viele Anhänger hinter sich zu versammeln, dass Müller zum Ärger Hitlers teilweise Entgegenkommen zeigen musste. So von zwei Seiten unter Druck geraten ging Müller in die Offensive und erließ Anfang Januar 1934 die »Verordnung betreffend die Wiederherstellung geordneter Verhältnisse in der Deutschen Evangelischen Kirche«, mit der alle Auseinandersetzungen innerhalb der Kirche untersagt wurden. Damit aber erreichte er genau das Gegenteil dessen, was eigentlich sein Ziel war. Statt sich den Maulkorb umhängen zu lassen, wurden Niemöller und seine Mitstreiter in ihrer Kritik nur lauter, so dass der Reichsbischof schließlich unverhohlen mit Gewalt drohen musste. Wahrlich kein christlicher Akt für eine Amtskirche. Nun sah Hitler sich entgegen seinen ursprünglichen Vorstellungen gezwungen einzugreifen, weil er fürchtete, sein Mann in der Evangelischen Kirche verliere sonst zu stark an Ansehen und Einfluss.

So beorderte er die Spitzenvertreter der beiden Seiten für den 25. Januar 1934 in die Reichskanzlei. Zuvor hatte er Göring dazu veranlasst, eine Überwachung des Telefonschlusses Niemöllers anzuordnen. Der Auftrag ging natürlich nicht, wie in einer Hitler-Biographie noch 2016 behauptet wurde, an die Gestapo.[39] Denn die war gar nicht befugt zum Anzapfen von Telefonleitungen. Der Auftrag ging an das Forschungsamt, das für eben genau solche Fälle zuständig war. Just am Vormittag jenes 25. Januar, an dessen Mittag Hitler Niemöller, die Bischöfe Theophil Wurm, August Mahrarens, Hans Meiser und andere hohe Kirchenvertreter empfing, waren Görings Lauscher erfolgreich gewesen. Sie hatten ein Telefonat Niemöllers mit einem nicht bekannten Gesprächspartner aufgezeichnet und zu einem Bericht verarbeitet. Zur Überraschung der Kirchenvertreter ließ Hitler gleich zu Beginn des Treffens anstatt ihnen das Wort zu geben, diesen Bericht vorlesen: »Niemöller spricht mit Unbekannt und sagt ihm unter anderem, dass Hitler um 12 Uhr zu Hindenburg befohlen ist. Der Reichspräsident empfängt Hitler in seinem Ankleidezimmer. Die letzte Ölung vor der Besprechung! Hindenburg empfängt ihn mit unserem Memorandum in der Hand. Auch über das Innenministerium ist der Weg gut gewesen (Zusatz des FA {=Forschungsamt}): Wie? War nicht zu erfassen! Ich bin froh, dass ich den …? nach hier geholt habe und wir alles so gut über Meissner eingefädelt haben. Wenn es schief geht, was ich nicht glaube, haben wir eben einen schlichten Absprung mit der Freikirche. Rufen Sie mich spät nachmittags an, dann weiß ich schon mehr. (Aufgenommen: 10.15 Uhr).

Das war ein schwerer Schlag für Niemöller und die Anderen. Sie waren wohl tatsächlich völlig überrumpelt, eine Taktik, die Hitler ja gerne und erfolgreich anwandte. Sie waren so überrascht, dass sie sich nicht einmal über dieses polizeistaatliche Mittel beschwerten, wobei allerdings das Fernmeldegeheimnis seit dem Reichstagsbrand ja abgeschafft war. Und auch wenn Niemöller in dem Gespräch nichts von sich gegeben hatte, für das man ihn direkt hätte zur Rechenschaft ziehen können, so war er doch desavouiert. Hitler selbst erinnerte sich noch Jahre später bei einem seiner Tischgespräche am 7. April 1942 mit Genugtuung an die Szene: Göring habe dabeigestanden, wie weiland Bismarck bei der Kaiserproklamation in Versailles, mit breitgestellten Beinen. Die Abgesandten der evangelischen Kirchen seien daraufhin vor Schreck so in sich zusammengerutscht, dass sie fast nicht mehr dagewesen sein …«[40]. Die Kirchenleute waren vollständig in die Defensive gedrängt und mussten schließlich Hitler die Zusage geben, künftig mit Reichsbischof Müller loyal zusammenzuarbeiten. In einer öffentlichen Erklärung bekräftigten sie ihre »unbedingte Treue zum Dritten Reich und seinem Führer«. Man kann sich gut die hämische Freude vorstellen, die Göring beim Lesen des Berichts über das von Niemöller angekündigte Telefonat mit seinem Gesprächspartner vom Vormittag las, falls Niemöller weiterhin seinen eigenen Telefonanschluss nutzte.

Hitler schmückte den Bericht bei seinem Tischgespräch von 1942 übrigens ziemlich aus. In seiner Erinnerung acht Jahre später hatte der Braune Vogel nun folgenden Wortlaut: »Dem Alten haben wir eine letzte Ölung gegeben. Wir haben ihn so eingeschmiert, dass er den Hurenbock (Reichsbischof Müller) jetzt endgültig raussetzt.[41] Dieses Beispiel zeigt, dass die Berichte des Forschungsamtes, die selbst sachlich gehalten waren, nicht davor gefeit waren, ausgeschmückt, verstärkt und verdreht zu werden – und sei es von Hitler höchstpersönlich.

Laut Kittel war das Forschungsamt auch an der Ermordung von drei NS-Gegnern beteiligt. Am 3. April 1933, also nur zwei Monate nachdem Hitler an die Macht gekommen war, ließ SA-Chef Ernst Röhm Georg Bell ermorden. Bell hatte vorher für Röhm als Spion gearbeitet, hatte aber mit diesem und der NSDAP gebrochen, weil er mit Hitlers Legalitätskurs nicht einverstanden gewesen war. Durch seine Arbeit für Röhm stellte Bell allerdings für diesen eine Gefahr dar, denn er hatte Kenntnisse über viele interne Dinge in der SA. Röhm wollte ihn daher unbedingt beseitigen. Nachdem Bell nach der »Machtergreifung« nach Österreich geflohen war, spürten ihn Röhms Häscher schließlich am 3. April in einem Gasthof in Kufstein auf und brachten ihn um. Laut Kittel soll das Forschungsamt herausgefunden haben, wo Bell sich aufhielt.

Auch der Nazi-Gegner Journalist Theodor Lessing, der unter anderem durch seine Berichterstattung über den Serienmörder Fritz Haarmann berühmt geworden war, musste in den Wochen nach der Machtübernahme Hitlers aus Deutschland fliehen. Er floh in den tschechischen Kurort Marienbad, von wo aus er den publizistischen Kampf gegen die braunen Machthaber wieder aufnahm. Er wurde am 30. August von drei Attentätern in Marienbad umgebracht (nicht in Karlsbad, wie Flicke behauptet). Auch für Lessings Ermordung sollen Erkenntnisse des Forschungsamtes die Basis gewesen sein. Flicke nennt schließlich noch ein drittes Opfer der Nazis, das aufgrund der Tätigkeit des

FA in die Fänge des NS-Systems geraten sein soll: der bekannte jüdische Journalist Berthold Jacob Salomon. Auch er war aus Deutschland geflohen, doch die Gestapo lockte ihn am 9. März von seinem Exil in Basel rüber nach Deutschland und nahm ihn dort fest und steckte ihn ins Gefängnis. Nachdem die Schweizer Behörden heftig gegen diese Entführung protestierten und zudem die Beteiligung hoher Gestapo-Offiziere nachweisen konnten, musste die deutsche Seite Jacob wieder freilassen. 1941 nahmen sie ihn in Frankreich, kurz bevor er ein rettendes Schiff betreten konnte, aber erneut fest und steckten ihn wiederum ins Gefängnis. Anfang 1944 verstarb Jacob an den Folgen der Haftbedingungen. Welche Rolle das Forschungsamt bei seinen Verhaftungen gespielt haben soll, darüber macht Flicke keine Angaben in seinem Buch.[42]

Die Nacht der langen Messer

Hitler nutzte die Erkenntnisse des Forschungsamtes aber auch gegen die eigenen Leute. Wohl als einen der ersten traf es seinen Wirtschaftsberater Otto Wagener, einen überzeugten Nationalsozialisten, Mitglied der Partei seit 1929 und der SA schon seit 1923, den Hitler im April 1933 zum Reichskommissar für Wirtschaft ernannte. Wageners großes Ziel war es aber, in das Amt des Reichswirtschaftsministers aufzusteigen und als Amtsinhaber Alfred Hugenberg im Juni 1933 zurücktrat, wähnte Wagener sich schon fast am Ziel. Er rief Bekannte an und bat sie, bei Hitler zu seinen Gunsten zu intervenieren. Hitler hielt durchaus etwas von Wagener, aber diese Methode war ihm zuwider. Es ist nicht klar, ob Hitler eine entsprechende Vermutung hatte oder warum sonst Göring das Telefon Wageners anzapfen ließ. Jedenfalls konnte Göring ihm Berichte seiner Leute vom Forschungsamt über die Telefonate vorlegen. Hitler war empört. Er rief den erwartungsfrohen Wagener zu sich, teilte ihm mit, dass er ihn zwar nicht hatte zum Minister, aber doch immerhin zum Staatssekretär machen wollen und eröffnete ihm dann, dass es dazu aufgrund seines Verhaltens nicht kommen werde. Im Gegenteil, Wagener wurde gefeuert und verlor jeden politischen Einfluss. Seine Helfer wurden verhaftet.

Berichte und Äußerungen ehemaliger Mitarbeiter sind grundsätzlich mit Vorsicht zu lesen, denn sie waren nie ausschließlich zur Information der Nachwelt geschrieben oder ausgesagt worden. Umso bemerkenswerter ist es, dass ehemalige Mitarbeiter nach dem Krieg offen über die Rolle des Forschungsamtes beim sogenannten Röhm-Putsch berichteten. Denn dabei handelte es sich unbestreitbar um einen verbrecherischen Akt, bei dem Hitler in einer Nacht- und Nebelaktion sowohl Gegner aus der eigenen Partei als auch aus dem Staatsapparat beseitigen ließ. Wenn ehemalige Amts-Mitarbeiter über die Vorarbeit, die Görings Horchposten dabei geleistet hatte, sprachen, so belasteten sie das Ansehen des Forschungsamtes. Das konnte aber gar nicht in ihrem Sinne sein, denn nur, wenn die ASA-Ermittler und auch die Nachwelt zu dem Eindruck gelangten, das Forschungsamt habe sich im Krieg keine Verbrechen zuschulden kommen lassen beziehungsweise war an solchen nicht beteiligt, konnten auch sie mit weißer Weste dastehen. Das war nicht zuletzt für die eigene Entnazifizierung nach dem Krieg wichtig. Es konnte wichtig sein für mögliche strafrechtliche Konsequenzen und für eine mögliche Wiederanstellung im neuen, demokratischen West-Deutschland. Nur um die angebliche »Normalität« des Amtes hervorzuheben, eignete sich gerade der Röhm-Putsch, der ja auch bei vielen Nazis 1934 Entsetzen auslöste und einige zum Nachdenken und zum Abfall von Hitler brachte, nicht.

So betrachtet, hatten ihre – kurzen – Äußerungen zur Mitwirkung des Forschungsamtes also eine hohe Glaubwürdigkeit. Daher erstaunt es, dass in wichtigen Hitler-Biographien an den Stellen, wo es um den »Röhm-Putsch« geht, das Amt überhaupt nicht erwähnt wird und die Berichte, die es lieferte, als völlig hanebüchen dargestellt werden. So sind beispielsweise Ian Kershaw und Volker Ullrich nicht auf die Vorarbeit des Amtes bei der Überwachung eingegangen; sie berichteten lediglich davon, dass Göring seine entsprechenden Stellen beauftragt habe, Material zu sammeln. Die Ergebnisse, die das Amt vorlegte, sind für sie völlig absurd. Doch so einfach ist das nicht.

Worum ging es eigentlich, in welche Aktion wurde das Amt verwickelt? Ernst Röhm war einer der engsten Gefolgsleute Hitlers beim Aufstieg der NSDAP zur größten Partei und zur machtvollen Bewegung geworden. Röhm leitete die SA und hatte sie zu einer von der Zahl der Mitglieder her beeindruckenden Organisation geformt – 1934 hatte sie insgesamt 4,5 Millionen Männer in ihren Reihen. In den Jahren des Untergangs der Republik hatte sie Hitler als effizienter und nach Taten gierendem Schlägertrupp sehr gute Dienste geleistet. Viele der Mitglieder waren arbeitslos oder Gelegenheitsarbeiter. Sie forderten nun, nachdem die Nazis an der Macht waren, ihren Lohn ein. Doch Hitler hatte ihnen fast nichts zu geben, Arbeitsplätze wuchsen nicht aus dem Boden und viele SA-Leute waren auch ganz einfach zu undiszipliniert, um einem »ordentlichen« Beruf nachzugehen. Für viele SA-Männer war die Revolution mit der »Machtergreifung« längst noch nicht beendet. Sie forderten eine Umwälzung der Verhältnisse in Deutschland, einen nationalen Sozialismus. Von so etwas wollte Hitler nichts wissen, der »Führer« wusste, dass er auf die alten Eliten angewiesen war, also auf die Reichswehr und die Wirtschaft. Es ging also letztlich um die Frage, wie weit die »nationale« Revolution gehen sollte. Für Hitler war sie im Sommer 1933 schon beendet. Für die SA war gerade erst die erste Phase zu Ende gegangen, eine zweite musste unbedingt folgen. Viele SA-Leute beklagten sich zudem über eine Verbonzung der Partei. Nazi-Funktionäre übernahmen überall lukrative staatliche Posten, oft waren sie gerade erst in die Partei eingetreten. Die SA-Leute sahen ihre Felle davon schwimmen. Die Klagen waren übrigens einerseits durchaus berechtigt, denn schon bald nach der »Machtergreifung« nahmen Korruption und Vetternwirtschaft unter NS-Funktionären ein vorher nicht für vorstellbar gehaltenes Ausmaß an. Andererseits waren die oftmals verrohten Männer der SA für die Aufgaben, die die neuen Machthaber zu verteilen hatten, schlicht nicht zu gebrauchen. Das gilt auch für das Forschungsamt: Behördenleiter Schimpf brauchte Experten, nicht Schläger.

Röhm stellte sich auf die Seite seiner Leute. In einem Artikel für die *Nationalsozialistischen Monatshefte* schrieb er im Juni 1933, die »nationale Erhebung« habe bislang nur »eine Teilstrecke der deutschen Revolution« zurückgelegt. Die SA werde »nicht dulden, dass die deutsche Revolution einschläft oder auf halbem Wege von den Nicht-Kämpfern verraten wird«. Den »Spießerseelen« drohte er: »Ob es ihnen passt oder nicht, – wir werden unseren Kampf weiterführen. Wenn sie endlich begreifen, um was es geht: mit Ihnen! Wenn sie nicht wollen: ohne sie! Und wenn es sein muss: gegen sie!«[43] Bei Hitler mussten die Alarmglocken schrillen. Er verlor jedes Vertrauen in seinen alten Weg- und Kampfgefährten. Hinzu kam, dass Röhm eine größere Rolle für sich und die SA einforderte: Er wollte die SA zu einer Milizarmee umgestalten und das Waffenmonopol der viel kleineren Reichswehr in Frage stellen. Auch diese Vorstellung lief denen Hitlers diametral entgegen. Er zwang Röhm, ein Abkommen mit der Reichswehr zu unterschreiben, mit dem der SA zwar kleine Bereiche wie die Mitarbeit am Grenzschutz zugebilligt wurden, aber klar wurde, dass die Reichswehr der einzige Waffenträger bleiben sollte. Hitler versuchte in den kommenden Monaten, Röhm mit Zuckerbrot und Peitsche wieder einzufangen. Er machte öffentlich seine strikte Ablehnung einer zweiten »nationalsozialistischen« Revolution deutlich. Andererseits ernannte er Röhm im Dezember 1933 zum Minister ohne Geschäftsbereich. So versuchte er, die persönlichen Ambitionen Röhms zu befriedigen. Nur: Davon hatte das Millionenheer der SA nichts.

Als Anfang 1934 Röhm keine Ruhe gab, die Wut in den Reihen der SA und übrigens auch der Unmut im Volk spürbar wuchs, weil die versprochenen wirtschaftlichen und sozialen Erfolge ausblieben, spürte Hitler, dass er handeln müsse. Er begann, Röhm als eine ernsthafte Gefahr für sich selbst anzusehen, zumal dieser zwar im kleinen Kreise, aber nicht versteckt, gegen ihn pöbelte und die Ansicht vertrat, dieser müsse »mindestens in Urlaub« geschickt werden. Hitlers Furcht wuchs, dass Röhm einen Putsch gegen ihn machen würde, eine Gefahr, die ihn angesichts der schlagkräftigen SA-Truppe sehr beunruhigen musste. Er wartete zwar mit Aktivitäten ab, aber Anfang 1934 beauftragte er Gestapo-Chef Rudolf Diels und Göring, belastendes Material gegen Röhm zu sammeln. Über die Frage, wer eigentlich für Göring Informationen sammelte, gehen die Historiker gerne hinweg, aber die Frage hat durchaus ihre Bedeutung für die Einschätzung des Materials, das er Hitler vorlegte. Göring hatte zu dieser Zeit zwei Stellen, die für ihn Röhm überwachen konnten: die Gestapo und das Forschungsamt. Die Gestapo gab er allerdings am 20. April, also mitten im Prozess der Überwachung, an Heinrich Himmler ab. Beide, sonst ja eher Konkurrenten, sahen sich wie Hitler von Röhm bedroht und gingen eine unheilige Allianz gegen den SA-Chef ein – eine für das gesamte NS-Regime typische Konstellation. Das heißt, ab dem 20. April blieb Göring nur das Forschungsamt, um Röhm nachweisen zu können, dass er einen Putsch gegen Hitler vorbereitete. Das Amt aber war ganz zweifellos die beste Adresse für diese Aufgabe, war es doch die einzige Stelle, die zur Telefonüberwachung befugt war. Und das Belauschen von Telefongesprächen versprach in diesem Fall mit Sicherheit die besten Ergebnisse, denn sollte Röhm tatsächlich Putschgelüste gehegt haben, hätte er diese sicher nicht über den Funkverkehr oder Telegramme verbreitet. Sondern im persönlichen Gespräch oder eben am Telefon besprochen – wir dürfen nicht vergessen, dass das Bewusstsein dafür, auf diese Weise belauscht zu werden, noch nicht ausgeprägt war. Die Frage ist, ob Röhm direkt abgehört wurde oder ob Äußerungen von ihm belauscht und aufgezeichnet wurden, wenn er mit anderen Personen, die ihrerseits überwacht wurden, sprach. Das ist sehr wahrscheinlich. Jedes Telefon Röhms und seiner Anhänger sei damals abgehört worden, jeder von ihnen geschriebene Brief mitgelesen und jede Äußerung aufgezeichnet worden, beschrieb Flicke in seinem Bericht von 1945 die Situation.[44] Der Amts-Mitarbeiter Klaus von Klitzing sprach 1989 gegenüber dem Historiker David Irving ebenfalls von einer Telefonüberwachung.[45] Auch Erhard Milch erweckte in Aufzeichnungen aus der Zeit nach dem Krieg den Eindruck, Röhm sei direkt abgehört worden. Als die Briten 1946 ehemalige Mitarbeiter des Forschungsamtes befragten, kamen sie ebenfalls zu der Auffassung, dass für die Vorwürfe gegen Röhm in erster Linie die Telefonüberwachung verantwortlich sei.[46]

Flicke behauptete in seinem Bericht aus dem Jahr 1945 sogar, dass Röhm auch mit Wanzen überwacht worden sei.[47] Bei vielen seiner Mitarbeiter seien die privaten Räume mit Mikrofonen ausgestattet worden, die in den Telefonen, Tischlampen, Kerzenleuchtern, Uhren oder anderswo versteckt wurden. Dagegen gibt es auch mindestens eine Aussage, die dem widerspricht.[48] Möglich ist es, dass Röhm sowohl direkt abgehört als auch indirekt über das Anzapfen von Hitler-Kritikern aus den eigenen Reihen. Der Gedanke, dass Röhm schon deshalb nicht direkt abgehört worden sei, weil das ja offiziell verboten gewesen war, erscheint abwegig vor dem Hintergrund, wie Hitler ihn schließlich beseitigte. Sollte der »Führer« tatsächlich Komplexe gehabt haben, seine Telefonapparate anzuzapfen, ihn aber kurz danach umbringen lassen?

Dass Röhm tatsächlich einen Putsch plante, ist zumindest mit Blick auf den 30. Juni, unwahrscheinlich. An diesem Tag stürmte Hitler mit seiner Gefolgschaft das Hotel in Bad Wiessee, in dem Röhm und einige seiner Männer übernachtet hatten. Hitler hatte Röhm zuvor beauftragt, zu einem Treffen zu erscheinen und Röhm war der Aufforderung nichts Böses ahnend gefolgt. An diesem und den nächsten Tagen wurden im Zuge des sogenannten Röhm-Putsches, der tatsächlich nie stattfand, 90 Personen aus den eigenen Reihen und der konservativen Opposition umgebracht. Darunter waren der letzte Kanzler der Weimarer Republik, Kurt von Schleicher und seine Frau ebenso wie Röhm selbst.

Führende Historiker sind der Auffassung, dass Hitler sich in den letzten Stunden vor der Nacht- und Nebelaktion von Bad Wiessee in eine Art autosuggestiven Rausch gesteigert habe und geradezu hysterisch geworden sei. Er habe selbst die absurdesten Verschwörungstheorien zum Beweis von Röhm-Putsch-Plänen angeführt. Goebbels berichtete in seinem Tagebuch davon, dass Hitler ihm gegenüber behauptet habe, es gäbe »Beweise, dass Röhm mit François-Poncet, Schleicher und Strasser konspirierte«.[49] Tatsächlich ist die Rolle Schleichers und seine Beziehung zu Röhm nicht geklärt. Die offizielle Lesart war – auffälligerweise erst – am 3. Juli im *Völkischen Beobachter* (Nordausgabe) zu lesen: »In den letzten Wochen wurde festgestellt, dass der frühere Reichswehrminister, General a. D. von Schleicher, mit den staatsfeindlichen Kreisen der SA-Führung und mit auswärtigen Mächten staatsgefährdende Verbindungen unterhalten hat. Damit war bewiesen, dass er sich in Worten und Wirken gegen diesen Staat und seine Führung betätigt hat. Diese Tatsache machte seine Verhaftung im Zusammenhang mit der gesamten Säuberungsaktion notwendig.«[50] Bei einem Schusswechsel sei von Schleicher dann ums Leben gekommen.

Dass Schleichers Telefon abgehört wurde berichtete schon 1952 auch der ehemalige Gerichtsassessor Dr. Grützner aus Potsdam, der den Mordfall pflichtgemäß untersuchen wollte, daran aber von der SS unter Druck – sehr wahrscheinlich auf Himmlers persönliche Veranlassung – gehindert wurde. Er schrieb: »Ich wusste zu diesem Zeitpunkt (am Nachmittag des 30. Juni; A. F.), dass die Telefonleitung aus dem Hause Schleicher von der SS überwacht wurde, und zwar hatte mir dies meiner Erinnerung nach der zuständige Polizeibeamte von Neu-Babelsberg gleich bei seinem Sachvortrag erzählt.«[51] Grützner ging sicher davon aus, dass die SS die Telefonüberwachung vorgenommen hatte, da er ja zu Himmler gerufen wurde; dass die SS dazu nicht befugt war, war ihm sehr wahrscheinlich nicht bekannt. Wenn jemand abhörte, dann war es das FA, und somit ist mehr als wahrscheinlich, dass das Forschungsamt Gespräche Schleichers mit Röhm abfing und daraus seine Schlüsse zog. Grützner, der schon kurz nach der Ermordung von Schleichers am Tatort gewesen war, hatte kurz darauf am Telefon einem Gesprächspartner gegenüber gesagt, Schleicher sei aus politischen Gründen erschossen worden. Das hatte Himmlers Zorn erregt, denn er hatte zweifelsohne die Braunen Blätter über die Gespräche zu lesen bekommen. Grützner wurde zum Justizstaatssekretär Roland Freisler zitiert, der ihm hinlänglich klarmachte, dass staatsanwaltschaftliche Ermittlungen nicht erwünscht seien. Aus diesem Gespräch nahm Grützner die Erkenntnis mit, dass auch sein Telefon abgehört wurde und die Berichte Himmler vorgelegt wurden, der sich bei Hitler und Göring darüber beschwerte, dass ein Mann der Justiz die Aktionen seiner SS störe.

Der französische Botschafter solle, so wurde offenbar in den Abhörberichten behauptet, Röhm eine Summe von zwölf Millionen Mark geboten haben, wenn er Hitler beseitigen würde. Wir wissen aus einer anderen Begebenheit, über die noch zu berichten sein wird, dass der Anschluss François-Poncets zumindest im Jahr 1934 ganz definitiv abgehört wurde. Auch in dieser frühen Phase des Dritten Reichs war der französische Botschafter sicher eine erste Adresse für Lausch-Aktivitäten. François-Poncet war über interne Dinge aus dem Innenleben des Regimes erstaunlich gut unterrichtet. Eine chaotische Lage, die es zweifellos nach einem Putsch Röhms in Deutschland gegeben hätte, wäre ganz gewiss im Sinne Frankreichs gewesen.

Schleicher wiederum war allerdings ein konservativer Kritiker Hitlers, kam also von der ganz anderen Ecke als Röhm. Und doch ist es nicht auszuschließen, dass beide angesichts der gemeinsamen Gegnerschaft zu Hitler durchaus auch an einem Punkt gemeinsame Sache machen konnten.

Keine Frage, das alles bleibt Spekulation. Wenn man sich aber vor Augen ruft, welchen guten Ruf das Forschungsamt genoss und dass seine Berichte ja – zumindest den Vorgaben nach – objektiv zu sein hatten, sollte man sie nicht von vornherein als völlig absurd abtun. Und schließlich kommt der weiter oben bereits erwähnte Befund hinzu, dass die Nachkriegszeugen eigentlich keine Veranlassung hatten, das Forschungsamt mit den Ereignissen der »Nacht der langen Messer« in Verbindung zu bringen, weil sie einen positiven Nutzen daraus nicht saugen konnten. Eine andere Möglichkeit besteht natürlich noch darin, dass Hitler einfach Dinge in die Berichte hineinlas, die dort gar nicht drinstanden. Aber ganz gleich, ob die Berichte den kolportierten Inhalt hatten oder nicht oder ob Hitler sie »falsch« las oder auch einfach als Vorwand nutzte, um gegen Röhm vorzugehen: das Forschungsamt spielte eine Rolle bei der Vorbereitung der »Nacht der langen Messer«, die bislang unterschätzt wurde.

Der Tod des ersten Amtsleiters

Einer profitierte von den Ereignissen rund um den »Röhm-Putsch« ganz besonders: Hans Schimpf. Sein Amt hatte sich als mächtige Waffe in den Händen Görings und Hitlers bewiesen, und so stiegen sein Ansehen und seine eigene Macht. Aber zugleich stieg damit auch die Zahl seiner Feinde im NS-Machtapparat. »Schimpf … sicherte sich durch diese Aktion eine Position mit großer Macht, aber auch eine Zahl von ernstzunehmenden Feinden«, konstatierte auch Flicke.[52] Das sollte Schimpf zum Verhängnis werden.

Im April 1935 verschwand der FA-Chef plötzlich von der Bildfläche, und niemand schien zu wissen, wo er sich aufhielt. Die offizielle Verlautbarung besagte, er habe sich für eine unbestimmte Zeit zurückgezogen. Doch im Forschungsamt glaubte niemand an diese Version, denn Schimpf war bis dahin ein engagierter Chef gewesen, der nahezu rund um die Uhr telefonisch erreichbar war. Die Gerüchteküche brodelte, und schließlich stand Mitte April fest, dass Schimpf tot war. Was von Anfang an auffiel, war die chaotische Berichterstattung der Propaganda. Schon deshalb konnte gar nicht ausbleiben, dass sich bald viele Gerüchte um den Tod rankten. Die offizielle Version der Umstände seines Todes lautete schließlich, er sei bei einem Verkehrsunfall in Breslau umgekommen. Vorher waren mehrere andere Varianten in Umlauf gesetzt worden. Doch diese Lüge war denkbar schlecht gewählt, denn die Stelle, an der der Unfall angeblich stattgefunden haben sollte, war ein großer, breiter Platz ohne nennenswerten Autoverkehr. Zumal auch andere Städte, nämlich Berlin und Königsberg, als Ort des angeblichen Unglücks genannt wurden. Dann hieß es, Schimpf habe Selbstmord begangen. Angeblich hätten Himmler und Heydrich ihn aus Rache dafür, dass er sich nicht mit ihnen hatte zusammentun wollen, in den Selbstmord getrieben, indem sie ihn mit ihrem Wissen erpresst hatten. Doch warum erst jetzt, zwei Jahre nach ihrem Vorstoß? Angeblich habe Schimpf neben seiner Gattin viel Zeit mit einer Geliebten verbracht, einer Frau eines SS-Offiziers. Das habe ihn nun in Bedrängnis gebracht, vor allem, als Himmler und Heydrich begonnen hätten, ihn damit zu erpressen. Tatsächlich beschrieb die Angelegenheit der Journalist Friedrich Hugk, der für eine Artikelserie in der Zeitschrift *Quick* im Herbst 1950 mit – allerdings ungenannten – Zeitzeugen gesprochen hatte, Schimpf als einen aufrechten, ehrlichen Mann (wobei nicht vergessen werden darf, dass er Nationalsozialist war und sich einem durch und durch verbrecherischen System zur Verfügung gestellt hatte), der sich grämte, weil seine

Frau etwas von seiner Geliebten mitbekommen hatte. Aber ist es glaubwürdig, dass man sich gleich umbringt, weil die Ehefrau dem Ehebruch auf die Spur gekommen ist?

Kann die Variante mit dem Erpressungsversuch Heydrichs und Himmlers stimmen? Tatsächlich hatten beide Schimpf schon seit 1933 im Visier, als zweimal der Versuch vereitelt wurde, ihn auf ihre Seite zu ziehen. Im Sommer dieses Jahres, also wenige Monate nach der »Machtergreifung«, bekam Heydrich, damals stellvertretender Chef der bayerischen Polizei von Himmler den Auftrag, für die SS eine Institution zur Überwachung des gesamten Fernsprechverkehrs innerhalb Deutschlands aufzubauen. Er suchte daher den Staatssekretär im Reichspostministerium Wilhelm Ohnesorge auf, der für den technischen Bereich seiner Behörde zuständig war. Heydrich kam nicht allein, sondern hatte sich mit dem Gauleiter von Hessen-Nassau, Jakob Sprenger, der zugleich auch Reichsstatthalter von Hessen war, Verstärkung mitgebracht. Anders als Heydrich, der keine Ahnung von den technischen Fragen hatte, war Sprenger Experte. Er hatte Jahrzehnte bei der Reichspost gearbeitet. Die Tatsache, dass Heydrich ihn zu dem Gespräch mitbrachte ist ein deutliches Zeichen dafür, dass er mit Himmler schon intensiver über den Plan, eine Telefonüberwachung aufzuziehen, gesprochen hatte.

Himmler hatte die beiden instruiert, sich mit Ohnesorge zusammenzusetzen und ihn um technische Hilfestellung und die Abstellung der besten Männer, die das Postministerium für diese Aufgabe hatte, zu bewilligen. Nun saßen sie Ohnesorge also gegenuber. Über das Gespräch berichtete der Journalist Hugk in der *Quick* ausführlich und zum Teil mit Zitaten.[53] Eine Quelle nannte er jedoch nicht. Sollte die Darstellung nicht frei erfunden sein (zwar finden sich in seiner Artikelserie verschiedene Fehler, aber dafür gibt es keinen Hinweis), dann kann nur ein Mann als Zeuge zur Verfügung gestanden haben: Wilhelm Ohnesorge. Denn er war der einzige der drei Gesprächsteilnehmer, der im Herbst 1950 noch lebte. Heydrich war im Mai 1942 bei einem Attentat ums Leben gekommen, Sprenger hatte sich am 7. Mai 1945 auf der Flucht vor der US-Armee gemeinsam mit seiner Frau das Leben genommen. Ohnesorge, der 1937 zum Reichspostminister aufstieg und als einer der treibenden Kräfte bei der Entwicklung einer deutschen Atombombe gilt, starb erst 1962.

Nach Hugks Bericht leitete Sprenger das Gespräch ein: »Mein heutiger Besuch erfolgt nicht als Beauftragter der nationalsozialistischen Postbeamten, sondern sozusagen als technischer Berater der SS.« Sprenger diente ersichtlich als Türöffner und wahrscheinlich sollte seine Anwesenheit auch einschüchternd wirken. Denn während Heydrich zu diesem Zeitpunkt noch völlig unbekannt war und Ohnesorge ihn nicht kannte, galt Sprenger als knallharter Nazi, der schon 1922 und dann nach dem Verbot und der Wiederzulassung 1925 erneut der Partei beigetreten war. »Aus dem Kreise der Treuesten hat der Führer den Reichsführer SS mit der Aufstellung einer politischen Polizei innerhalb der Partei beauftragt. Schon vor der Machtübernahme hat dieser die SS, eine Spezialorganisation aus freiwilligen ehrenamtlichen Mitarbeitern aufgebaut, den SD, Sicherheitsdienst. Er schützt heute Hitler und die NSDAP, morgen den nationalsozialistischen Staat«, setzte Heydrich umständlich an. Ohnesorge erwiderte nichtssagend, das sei doch eine ehrenvolle Aufgabe, er könne Heydrich dazu nur beglückwünschen. »Und Sie, Herr Staatssekretär, und Ihre Organisation können und müssen mithelfen, diesen Staatsschutzapparat schlagkräftig auszubauen«, fuhr Heydrich fort. Ohnesorge war über diese Mitteilung nur scheinbar überrascht. Sprenger griff nun ein und redet mit ihm quasi unter Kollegen über technische Dinge. Schließlich rückte Heydrich mit seinem Anliegen heraus: In München soll ein Technisches Amt entstehen, dass eines Tages alle wichtigen und interessanten Telefongespräche abhören kann. Eine Ermächtigung Hitlers liege bereits vor.

Nun war die Reihe an Ohnesorge, der seinen Besuchern eröffnete, das ein solches Amt bereits bestehe. Mit dieser Mitteilung löste er dem Bericht zufolge größtes Erstaunen bei seinen Besuchern aus. An diesem Bericht sind zwei Dinge auffällig, die entweder falsch sind oder auf der Taktik Heydrichs und Himmlers beruhten. Denn dass Himmler im Sommer 1933 völlig ahnungslos war, was das Forschungsamt betraf, dass ihm niemand Informationen darüber zugespielt hatte, ist nicht unbedingt glaubwürdig, allerdings bei der allerhöchsten Geheimhaltungsstufe, die Göring allen Beteiligten verordnet hatte, auch nicht zwangsläufig falsch. Man darf allerdings nicht vergessen, dass Himmler und Heydrich zu dieser Zeit noch längst nicht so mächtig waren wie in späteren Zeiten. Die andere Möglichkeit wäre, dass er tatsächlich etwas läuten gehört hatte, aber Heydrich und Sprenger sich bewusst unwissend gestellt hatten. Der andere interessante Punkt ist die Behauptung Heydrichs, Hitler selbst habe die Gründung des geplanten Amtes genehmigt. Denn Hitler wusste natürlich von der Existenz des Forschungsamtes. Spielte der »Führer« also mal wieder zwei Untergebene gegeneinander aus, um nach dem Motto »Teile und Herrsche« deren Konkurrenzverhältnis anzustacheln? Oder log Heydrich ganz einfach, um Ohnesorge dazu zu bewegen, seinen Forderungen nachzukommen?

Wie auch immer – Heydrich und Sprenger mussten unverrichteter Dinge wieder abziehen und Himmler hatte eine Niederlage eingesteckt. Göring war viel gewitzter gewesen und hatte das Potenzial einer neuen Institution zur Überwachung des Telefon- und Funkverkehrs eher entdeckt. Aber Himmler und Heydrich gaben noch nicht auf. Und nun kommt Hans Schimpf ins Spiel. Denn wenige Tage später begab Heydrich sich zum Forschungsamt und versuchte, Schimpf zu überreden, künftig für Himmler zu arbeiten. Schimpf lehnte ab. Ob er Göring über diesen Abwerbeversuch informierte, ist unbekannt, aber doch wahrscheinlich. Auf jeden Fall konnte er sich denken, dass Heydrich und Himmler nicht lockerlassen würden, vor allem, nachdem Himmler im April 1934 die Gestapo von Göring übernahm. Im Frühjahr 1935 soll Heydrich Briefe in die Hände bekommen haben, die sich Schimpf und seine Geliebte geschrieben hatten. Es gibt verschiedene Aussagen von Zeitzeugen, wer diese Frau gewesen sein soll: die einen behaupteten, sie sei die Gattin eines SS-Mann gewesen, die anderen, sie habe als Spionin für das Ausland gearbeitet. Ein ehemaliger Forschungsamt-Mitarbeiter sagte nach dem Krieg aus, der Ehemann sei nicht nur SS-Mann, sondern auch Regierungsrat gewesen und habe den Namen Brenneisen getragen. Heydrich versuchte, so glauben die einen, Schimpf mit seiner Affäre zu erpressen, bis dieser keinen Ausweg mehr gesehen und sich selbst umgebracht habe. Die anderen wiederum glauben, dass Heydrich die Gelegenheit genutzt habe, Schimpf beseitigen zu lassen.[54]

Zuzutrauen wäre Heydrich ein solches Vorgehen auf jeden Fall. So neigten auch die Historiker Irving und Gellermann zu dieser Variante. Aber wahrscheinlich hatte Heydrich doch mit der ganzen Sache nichts zu tun, ganz gleich, ob er nun einen Groll gegen Schimpf hegte oder nicht. Der Auftraggeber ist wahrscheinlich jemand ganz anderes: Hermann Göring. Diese Variante geht auf Flicke zurück, und er war eine Quelle, die Irving und Gellermann noch gar nicht zur Verfügung stand.[55] Warum aber sollte Göring seinen eigenen Mann beseitigen?

Im März 1935, also wenige Monate vor dem Tod Schimpfs, war es zu einem Zwischenfall gekommen, der bei der Reichswehrführung größte Empörung auslöste. Das Forschungsamt hatte zu dieser Zeit eine Reihe von Agenten in das Ministerium eingeschmuggelt, und einer von ihnen hatte sehr wichtige Papiere entwendet und zum Kopieren ins Forschungsamt mitgenommen. Das schien nicht sehr gefährlich, denn das Osterfest stand vor der Tür und die Gefahr, dass die Papiere gebraucht würden und dabei ihr Verschwinden auffiel, schien sehr gering.

Doch genau das passierte. Die Dokumente wurden gebraucht und waren nicht aufzufinden. Minister Blomberg ließ sofort interne Ermittlungen starten und bald kam heraus, wer sie entwendet hatte. Blomberg stand ohnehin mit Göring und Schimpf auf dem Kriegsfuß, war das Forschungsamt doch eine direkte Konkurrenz zu seinem eigenen Nachrichtendienst. Er nutzte die Gelegenheit und schwärzte Schimpf und das Forschungsamt bei Hitler an. Der sah sich gezwungen, Schimpf fallen zu lassen. Göring, ebenso wütend über den Fehler wie peinlich berührt von der Intervention Hitlers, wollte seinen Mann Hans Schimpf loswerden. Ihn einfach zu entlassen, war kaum möglich – dazu kannte Schimpf viel zu viel Geheimnisse, die sein Amt aufgedeckt hatte. Er war eine Gefahr. Aus Sicht des brutalen Machtstrategen Göring blieb nur eine Möglichkeit: Schimpf musste beseitigt werden. So geschah es – sehr wahrscheinlich im Auftrag seines eigenen Chefs Hermann Göring. Tatsächlich wurde Schimpf auch nicht in einem Hotel in Breslau tot aufgefunden, sondern mitten im Berliner Grunewald. Er hatte eine Kugel im Kopf. Am Tag zuvor hatte Göring mit großem Pomp in Berlin die Hochzeit mit seiner zweiten Frau, der Schauspielerin Emmy Sonnemann, gefeiert. Gut möglich, dass er am Rande dieser Feierlichkeiten den Befehl zur Ermordung seines engen Vertrauten gab.

Den Tod Schimpfs nutzte die NS-Propaganda zu einem großen Auftritt. Schimpfs Leiche wurde im Krematorium in Berlin-Wilmersdorf eingeäschert. Das hatte den Vorteil, dass keine nachträgliche Obduktion jemals die wahre Todesursache an den Tag bringen konnte. Ein gigantischer Lorbeerkranz, mit der Aufschrift »Für meinen treuen Mitarbeiter Hans Schimpf. In Dankbarkeit Hermann Göring« sollte seine Betroffenheit öffentlich zeigen. Die Rede hielt Staatssekretär Milch aus dem Luftfahrtministerium, denn zu diesem gehörte das Forschungsamt ja offiziell. Dann folgte eine Ehrensalve. Im *Völkischen Beobachter* erschien ein glorifizierender Artikel über den unermüdlichen Alten Kämpfer der nationalsozialistischen Bewegung und treuen Mitarbeiter am Aufbau des Dritten Reiches. Bei der Propaganda-Zeremonie hielt sich auffälligerweise eine Institution völlig fern: das Reichswehrministerium. Es hatte keinen Vertreter geschickt. Flicke nannte zwar für seine Version des Hergangs keine belastbaren Zeugen. Aber im Gegensatz zu den Zeugen, die sich gegenüber den alliierten Ermittlungsbehörden direkt nach dem Krieg oder auch später in Gesprächen mit Irving und Gellermann äußerten, scheint er der einzige gewesen zu sein, dem es nicht darum ging, das Forschungsamt in einer Weise darzustellen, dass es niemals an verbrecherischen Aktivitäten involviert gewesen sei. Die Darstellung der Anderen musste in diesem Punkt immer auch Göring als obersten Chef mit einbeziehen, denn ausgerechnet in einem so sensiblen Bereich wie dem Forschungsamt wäre es völlig unglaubwürdig gewesen, zu behaupten, Göring hätte von all den Vorgängen nichts gewusst.

KAPITEL 6

Der Nachfolger: Prinz Christoph von Hessen

Als Göring und Emmy Sonnemann, die bisherige »Staatsschauspielerin«, am 10. April 1935 heirateten, saß ein Mann an Görings Tisch, den man dort sicher nicht unbedingt erwartet hätte: Christoph Prinz von Hessen. Seine Frau Sophie wurde sogar direkt gegenüber von Hitler platziert. Wie gelangte dieser Adlige an diese herausgehobene Stelle? Welche Rolle spielte er in Görings Machtgeflecht?

Göring hatte sich bereits seit den 20er Jahren um Kontakte zu adligen Kreisen bemüht. Sein Ziel war es, die Nationalsozialisten und besonders Hitler über diese Kreise für die »bessere« Gesellschaft akzeptabel oder »salonfähig« zu machen. Das lag sehr in Hitlers Interesse, der verstanden hatte, dass er auch sie brauchte, um an die Macht zu gelangen – auch wenn er sie tatsächlich verachtete. Das Unterfangen war schwierig genug angesichts des rabaukenhaften Auftretens des Nazis-Mobs, über das gerade viele Adlige die Nase rümpften. Pöbelnde SA-Trupps passten eben nicht zu einem »Führer«, der in den feinen Kreisen dinierte. Göring war immerhin eine gute Wahl für die Anbahnung von Kontakten, er hatte gute Umgangsformen und zugleich ein joviales Auftreten, und er kannte sich aus in diesen Kreisen. Er suchte sich auch gezielt nicht-adlige, aber wichtige Personen aus, die ihm nützlich sein konnten. Ein bekanntes Beispiel ist der halbjüdische Lufthansa-Vorstand Erhard Milch, zu dem der Kontakt seit Anfang der dreißiger Jahre immer enger wurde. Milch sollte schließlich eine große Karriere im Dritten

Reich hinlegen, bis er zeitweilig faktisch zum dritthöchsten Militär aufstieg.[56]

Gezielt suchte Göring auch den Kontakt zum Haus Hessen-Kassel, und man muss sagen, dass auch Vertreter dieses Hauses ihrerseits schon frühzeitig auf die Nazis setzten. Prinz Philipp, der älteste lebende Sohn (zwei zuvor geborene Brüder waren im Ersten Weltkrieg gefallen) heiratete 1925 Prinzessin Mafalda von Savoyen, die Tochter des italienischen Königs Victor Emmanuel III. Das brachte automatisch enge Beziehungen zum Königshaus, die Philipp noch dadurch unterstrich, dass er mit seiner Familie in Rom lebte. Philipp wurde schon frühzeitig zum Nationalsozialisten, er trat 1930 in die NSDAP und ein Jahr später in die SA ein. Spätestens zu dieser Zeit lernte er auch Hermann Göring kennen, und beide erkannten die Nützlichkeit des Anderen für ihre eigenen Ambitionen. Der Lohn sollte nach der »Machtergreifung« folgen, als Göring ihn zum Oberpräsidenten von Hessen-Nassau ernannte. Allerdings schien Philipp schon nach relativ kurzer Zeit den Posten eher als Belastung empfunden zu haben. Er zog sich jedenfalls zunehmend wieder nach Italien zurück, wo er, seine Frau und seine vier Kinder lieber wohnten als in Deutschland. Aber auch in Italien spielte er eine wichtige Rolle für die Nazis. Er setzte sich erfolgreich beim König dafür ein, dass dieser bei Mussolini um ein Treffen mit Hitler warb. Denn der Duce stand dem »Führer« zunächst skeptisch gegenüber. In den dreißiger Jahren beauftragte Hitler Philipp mehrmals mit heiklen diplomatischen Aufgaben in Italien und ging damit über das Auswärtige Amt hinweg. 1939 war es Philipp, der Mussolini Ende August über den bevorstehenden Überfall der Wehrmacht auf Polen informierte. Ebenso besorgte er Kunstgegenstände für das von Hitler geplante Museum in Linz. Später allerdings sollte Philipp zunehmend auf Distanz zum NS-Regime gehen. Nachdem der König Mussolini 1943 hatte gefangen nehmen lassen, ließ Hitler Philipp und seine Frau ins Konzentrationslager verschleppen. Mafalda starb 1944 im KZ Buchenwald, ihr Mann überlebte. Er wurde zunächst von den Alliierten verhaftet, aber 1947 freigelassen.[57]

Auch sein fünf Jahre jüngerer Bruder Christoph hatte für Hitler und Göring höchst interessante verwandtschaftliche Beziehungen, und zwar über seine Frau Prinzessin Sohie von Griechenland in britische Adelskreise. Göring und Christoph hatten sich viele Jahre zuvor in einer Kadettenanstalt kennengelernt und knüpften um 1930 herum an ihre alte Bekanntschaft wieder an. Christoph trat im folgenden Jahr in die NSDAP und wiederum ein Jahr später in die SS ein. Er stieg 1939 bis zum SS-Oberführer auf. Auch über Christoph und seine Frau Sophie erhoffte sich Göring Zugänge zu Adelskreisen. Die beiden Ehepaare verstanden sich aber offenbar auch privat gut, jedenfalls unternahmen sie beispielsweise gemeinsame Opern-Besuche.

Göring machte Christoph im Mai 1933 zum Oberregierungsrat im preußischen Staatsministerium. Offiziell war seine Aufgabe die eines persönlichen Referenten von Staatssekretär Körner. Dahinter verbarg sich sehr wahrscheinlich von Beginn an eine intensive Tätigkeit für das Forschungsamt, wie auch sein Sohn Rainer glaubte.[58] Als Göring im April 1935 seinen bisherigen Vertrauten Schimpf abrupt fallen ließ, musste rasch Ersatz her. Dafür scheinen nur zwei Personen in Frage gekommen zu sein: Gottfried Schapper und eben Prinz Christoph. Für Schapper sprach, dass er das Amt sehr gut von innen kannte. Aber entweder traute Göring ihm eine Führungsaufgabe an so herausgehobener Stelle als Chef nicht zu, oder er war der Ansicht, dass Schapper just wegen seiner detaillierten Kenntnisse im operativen Geschäft gerade nach dem Abgang Schimpfs unersetzbar sei. Jedenfalls entschied er sich für Christoph als neuen Leiter des Forschungsamtes. Auch der kannte sich ja nach zwei Jahren gut aus, wenn auch wohl eher auf der verwaltungstechnischen Ebene. Er war ein enger Vertrauter Görings und wusste durch den regelmäßigen, engen beruflichen und privaten Kontakt, was dieser forderte und dachte. Die Frage, wer in den kommenden Jahren tatsächlich der starke Mann im Amt – Prinz Christoph oder Gottfried Schapper – war, lässt sich leider nicht beantworten. Aber was die operative Seite betraf, stand der Prinz sicher in einer gewissen Abhängigkeit von dem seit Jahrzehnten mit der Materie befassten, sehr erfahrenen Schapper. Die Tatsache, dass in der Zentrale in der Schillerstraße die Gerüchte über die wahre Ursache von Schimpfs Tod durch die Flure schwirrten, mag Christophs Start und das Verhältnis zu den Mitarbeitern erschwert haben. Denn auch im Amt musste auffallen, wie bruchlos Göring nach dem Bekanntwerden von Schimpfs Tod den neuen Chef installierte. Und wer es bislang noch nicht gewusst hatte, der erfuhr jetzt mit Sicherheit etwas von der engen Bindung Görings und Christophs und auch von der Tatsache, dass dieser bei Görings Hochzeit einen Tag vor seiner offiziellen Berufung – und einen Tag vor dem Bekanntwerden von Schimpfs Tod – an seinem Tisch gesessen hatte. Übrigens genauso wie Hitler.

Christoph hatte zudem noch einen weiteren Vorteil für Göring: Er hatte keine Ambitionen auf einen weiteren persönlichen Aufstieg im Forschungsamt. Eigentlich nämlich zog es ihn zur Luftwaffe. Im Herbst 1935, also nur wenige Monate nach seiner Amtsübernahme, absolvierte er in der neugegründeten Luftwaffe eine Ausbildung zum Reserveoffizier. Von nun an nahm er jedes Jahr an einer Übung teil, bis er 1939 endlich zum Leutnant ernannt wurde. Er trug häufig die Uniform – damit wollte er nicht nur seine Loyalität zu seinem Chef unter Beweis stellen, sondern, wie seine Frau Sophie nach dem Krieg aussagte, vor allem seine Ambitionen auf eine dauerhafte Betätigung in der Luftwaffe.[59] Viel Zeit verbrachte Christoph auch mit sportlichen Aktivitäten, vor allem dem Reiten. Ebenso zählten Autorennen zu seinen Leidenschaften.

Eine Frage stellt sich: Was wusste Christoph über die Hintergründe von Schimpfs Tod? War er vorher von Göring eingeweiht worden oder wurde er es danach? Hatte es eine Bedeutung, gab es einen anderen Grund als die engen persönlichen Beziehungen, dass er bei Görings Hochzeit so herausgehoben platziert wurde? Denn auf jeden Fall stieg der Prinz mit seiner Ernennung zum Leiter des Forschungsamts in eine sehr wichtige, bis heute unterschätzte Position in Görings Machtgefüge auf. Wollte Göring das zur Schau stellen? Und falls Christoph über die Hintergründe Bescheid wusste – lag hier schon ein erster Grund für die Distanz, die er in den kommenden Jahren zu Göring aufbauen sollte (dazu später), weil er solche Methoden ablehnte? Klar scheint zu sein, dass Christoph nicht mit fliegenden Fahnen direkt in das Amt wechselte. Bei einem Mittagessen mit Göring besprach er die Einzelheiten des Wechsels und seine zukünftigen Aufgaben. Vermutlich fand dieses Essen am 12. April statt, jedenfalls schrieb Sophie an diesem Tag einen Brief an Christophs Mutter, in dem sie von dessen Bedenken berichtete. Er könne eigentlich den neuen Posten gar nicht antreten, weil damit alle Pläne, die das Paar sich für die Zukunft ausgedacht habe, unmöglich würden. Doch solche persönlichen Gründe konnte Christoph kaum gegen den machtbewussten und dominanten Göring ins Feld führen. Dessen Vertrauen und Erwartungen zu enttäuschen konnte gefährlich sein oder sogar tödlich – das hatte Christoph gerade mit dem Schicksal Schimpfs brutal lernen müssen, wenn er es nicht ohnehin schon wusste. Möglicherweise sind auch die privaten Gründe, die Sophie in dem Brief anführte gar nicht der entscheidende Grund für das Missbehagen ihres Mannes gewesen. Denn auch Sophie hatte wahrscheinlich etwas gelernt: dass die Kommunikation wichtiger Leute selbst aus dem engsten Umfeld Görings nicht sicher war vor einer Überwachung. Hätte sie kritische Gedanken Christophs in einem Brief aufgeschrieben, wären diese wahrscheinlich direkt bei Göring auf dem Schreibtisch gelandet, und die Folgen hätten sehr ungut sein können. Wie ein weiterer Bruder Christophs, Prinz Wolfgang, berichtete, war dieser selbst im privaten Kreis äußerst vorsichtig – wohl, um sich selbst, aber vor allem auch um seine Familie zu schützen: »Seit mein Bruder, wie alle Mitarbeiter des Amtes, gebunden war an ein Schweigegelöbnis, sprach er im Familienkreis niemals über seine Aktivitäten.«[60]

Später sollte Christoph seine Familie sogar ausdrücklich davor warnen, dass das Forschungsamt auch sein Ohr auf sie gerichtet haben könnte. »Ich musste extrem vorsichtig und diskret mit meinen Meinungen sein, denn wie alle ausländischen Ehefrauen wurde ich überwacht und beschattet. Er riet mir sogar, über Politik mit meinen Schwestern nur zu sprechen, wenn wir draußen und außerhalb der Hörweite anderer Personen waren«, berichtete Sophie. Christoph hatte gute Gründe für diese Vorsicht, denn sein eigener Bruder Philipp wurde vom Amt abgehört, wenn er von Rom nach Deutschland telefonierte. Christoph leitete also eine Überwachungsbehörde, die seiner eigenen Familie gefährlich werden konnte.

Heikel war seine Mitgliedschaft in der SS Heinrich Himmlers. Denn damit hatte der Reichsführer SS, der ja ein Auge auf Görings Forschungsamt geworfen hatte, an einer ganz entscheidenden Position einen Fuß in der Tür zur Schillerstraße. Himmler versuchte daher auch, den Prinzen eng an sich zu binden. Er hatte ihn schon 1934 in seinen persönlichen Stab geholt, damit er trotz seiner herausgehobenen Position im Forschungsamt auch in der SS tätig sein konnte. Und Himmler versuchte auch, Christoph durch Geschenke an sich zu ziehen, zum Beispiel mit einem Julleuchter und einem Dolch, die er ihm persönlich überreichte. Dass Christoph sich davon sehr beeindrucken ließ, ist eher unwahrscheinlich. Wahrscheinlicher ist, dass er sich diesen Annäherungsversuchen nur schlecht entziehen konnte. Er hätte eventuell eine Möglichkeit gehabt, sich einigermaßen elegant aus der Affäre zu ziehen. Denn der Prinz war Mitglied des Lebensborns und gab damit eigentlich seiner Auffassung einer Überlegenheit der deutschen Rasse genügend Ausdruck. Er hätte somit aus der SS austreten können, zumal nur 8000 der 238 000 männlichen Lebensborn-Mitglieder zugleich in der SS Mitglied waren.[61] Doch diesen Weg nutzte Christoph nicht. Himmler hätte das gewiss als Affront verstehen müssen, aber anzunehmen ist auch, dass Christoph in der SS blieb, um Himmler und Heydrich besser bei ihren Ambitionen auf das Forschungsamt in Schach zu halten. Denn obwohl Göring einerseits diese Bindung an seinen Widersacher nicht gefallen konnte, erhoffte er sich sicher, gerade durch diese Nähe seines Amtsleiters zu Himmler, Einblick in dessen Denken und Planungen zu bekommen.

Christoph kam wohl in eine machtvolle Position, die er selbst gar nicht angestrebt hatte – ein eher seltener Fall im Dritten Reich. Er hielt Macht in den Händen – mehr, als die Geschichtswissenschaft ihm bis heute zubilligt. Er begab sich aber auch in eine gewisse Gefahr, und die wuchs, umso größer seine Distanz zu Göring wurde. Somit befand er sich in einer doppelten Abhängigkeit von seinem Chef, den letztlich nur eins interessierte: Wie konnte er seine Macht immer weiter ausbauen und wer konnte ihm dabei helfen? Wer ihm half, wurde gefördert und befördert. Wer sich ihm entgegenstellte oder die Erwartungen nicht erfüllte, wurde beseitigt.

Das wusste Christoph. Es gibt dennoch unübersehbare Anzeichen dafür, dass er sich im Laufe der dreißiger Jahre vom Nationalsozialismus ein Stück weit absetzte und seine beiden Gönner Göring und Himmler kritischer sah. Es ist keine Frage, dass der Hessen-Prinz ein Nationalist und ein strammer Antikommunist war und ein großes Faible für das Militär hatte. Er war ein Anhänger der Vorstellungen Hitlers, nach denen Deutschland und England – zu dem er ja verwandtschaftliche Beziehungen hatte – sich ihre Einflusssphären gegenseitig zugestehen sollten: Deutschland in der Tiefe Osteuropas und der Sowjetunion, England in den Kolonien. Er gab seinem ersten Sohn entgegen den Traditionen seines Hauses als dritten Vornamen Adolf. Aber er bekam zugleich zusehends Einsichten in die Methoden des NS-Regimes, und da schien ihm vieles nicht zu gefallen. Wie schon gesehen, traute er dem eigenen Amt zu, seine eigene Familie zu überwachen und riet dieser, sich dementsprechend vorsichtig zu verhalten. Daran, dass sein Bruder Philipp vom Forschungsamt belauscht wurde, konnte er keinen Zweifel haben. Sein Sohn Rainer vermutete später, Christoph habe bereits ab 1934 versucht, sich von der SS abzusetzen. Die Geschenke beispielsweise, die wie erwähnt Himmler ihm machte, habe er niemals mit nach Hause gebracht. Man schrieb sich Glückwunschkarten zum Geburtstag oder zu Weihnachten, doch was bedeutete das schon? Der Historiker Jonathan Petropoulos vertritt die Ansicht, der Prinz sei seit Mitte der dreißiger Jahre immer stärker in einen inneren Konflikt geraten, was seine SS-Mitgliedschaft betraf. Darüber, ob es ganz konkrete Gründe für diese wachsende Distanz gab, kann man nur spekulieren. Himmler und Heydrich zogen den Ring ihrer Überwachung immer rigider zusammen, die Methoden und Mittel wurden brutaler. Christoph litt zunehmend an Krankheiten, die seelische Ursachen haben konnten, ebenso traten Phasen von Depressionen auf. Im März 1936 schrieb seine Frau Sophia, »Chri{stoph} hat einen starken Rücken … aber mental ist er nicht der, der er sein sollte. Er bekommt Anfälle von Depressionen & dann von Rastlosigkeit & und er macht sich Sorgen darum & und er kann nicht verstehen, dass seine Nerven sich nicht schneller erholen … Dr. Krüger warnt uns, nicht über irgendetwas überrascht zu sein, wenn man bedenkt, dass er sich von einem Nervenzusammenbruch erholt.«[62] Sein Versuch, sich sowohl von der SS als auch vom Forschungsamt zu entfernen, mündete schließlich in dem von Göring genehmigten Antrag, in den Dienst der Luftwaffe zu wechseln, als im September 1939 die Wehrmacht in Polen einmarschierte.

KAPITEL 7
Das Forschungsamt spielt mit

Das Forschungsamt etablierte sich zusehends und stieg sicher auch im Laufe der dreißiger Jahre im Ansehen Hitlers. Nach Aussagen ehemaliger Mitarbeiter des Amtes bei den Verhören nach dem Krieg stufte Hitler die Braunen Blätter als verlässliche Informationsquellen ein. Er legte großen Wert auf die Neutralität der Berichte; nur Fakten sollten ihm vorgelegt werden, ohne Einschätzungen des jeweiligen Erfassers oder Auswerters. Wenn eine Stelle unklar war, musste das deutlich durch das Setzen von Punkten gekennzeichnet werden. Nur an diesen Stellen durfte es eine Bewertung geben, die als solche klar erkennbar sein musste. Während seiner Vernehmungen behauptete Göring, Hitler habe die Informationen hochgeschätzt: »Hitlers Sicht auf die Produkte des Forschungsamts war, dass sie sehr verlässlich seien.« Allerdings bezog er sich mit dieser Aussage nur auf die Ergebnisse der Telefonüberwachung, die ja ausschließlich in seiner Hand gelegen hatte.[63] Ulrich Kittel sah das in seinem Nachkriegsbericht anders. Er ging davon aus, dass Hitler, der das Amt zu keiner Zeit in irgendeiner Weise gefördert habe, dessen Arbeit nicht positiv sah. Er glaubte, dass es sich dabei auch um persönliche Vorbehalte gehandelt haben könnte. So habe ihn – wie Äußerungen seines persönlichen Adjutanten Schaub zu entnehmen gewesen sei – zwar eine gewisse Neutralität des Amtes nicht gestört, aber sei es ihm gleichwohl nicht stark genug an den Parteiapparat angebunden gewesen. Die gleiche Haltung habe auch Bormann gehabt. Dieser habe das Amt ohnedies grundsätzlich abgelehnt, weil er darin ein Machtinstrument Görings gesehen habe. Kittel: »Zusammenfassend lässt sich sagen, dass wohl kaum ein anderer Abnehmer des FA-Materials so wenig auf die Ergebnisse eingegangen ist wie Hitler, der sie sogar zu gewissen Zeiten rundweg ablehnte.«[64] So habe er beispielsweise während der »Polen-Krise«, also in den letzten Tagen vor dem Überfall auf Polen, als den FA-Meldungen immer wieder zu entnehmen gewesen sei, dass eine weitere Forcierung der deutschen Außenpolitik ein Eingreifen der Westmächte nach sich ziehen würde, solche Meldungen immer wieder als zu pessimistisch abgelehnt. Es habe ihn in seinen Intuitionen gestört und er habe keine Meldungen gewünscht, die ihn von einer bereits gefassten Meinung habe abbringen können.[65] Gleichwohl nutzte Hitler die Braunen Blätter zumindest in den Jahren 1938/39 auch gezielt aus, wenn sich das anbot.

Bei seinen Vernehmungen durch die Alliierten behauptete auch Joachim von Ribbentrop, dass Hitler das Material kritisch gesehen habe. Der Wert sei nicht sehr hoch gewesen, Hitler habe einen kritischen, sehr besonderen Blick darauf gehabt – er habe diesen Typus von Meldungen nicht sehr gemocht und gesagt, sie seien unbrauchbar und oftmals irreführend. Es sei besser, seinen eigenen gesunden Menschenverstand zu benutzen. Ribbentrop behauptete zwar auch, dass es hin und wieder einen wertvollen Hinweis vom Forschungsamt gegeben habe, aber selbst, als die amerikanischen Vernehmer Druck auf ihn ausübten, konnte er sich nicht an ein einziges Beispiel erinnern. Oder wollte er sich nicht erinnern? Ribbentrop führte seinen Konkurrenzkampf mit Göring auch in Gefangenschaft weiter. Die Ermittler beschrieben ihn als unkommunikativ und höchst verdächtig. Und er wollte selbst noch während der Verhöre seinem alten Rivalen keinen Erfolg gönnen.

Hitler wurden die Berichte durch einen eigens eingerichteten Kurierdienst des Forschungsamtes geliefert. Die Kuriere mussten ausschließlich für den Transport bestimmte Wagen nutzen, jeder Transport per Zug war strikt untersagt. Die braunen Blätter wurden dabei in speziellen verschlossenen Kartons transportiert, zu denen nur drei Personen einen Schlüssel besaßen: Hitler, Göring und Ribbentrop. Immer mussten die Berichte nach einer gewissen Zeit auf demselben Weg zurückgesandt werden, und zwar vollständig. Hier gab es immer wieder Probleme, die zu scharfen Nachfragen selbst in Hitlers Vorzimmer führen konnten.

Ein Botschafter stirbt

Die Frage ist, inwieweit sich die Erkenntnis, dass das NS-Regime über ein derart effektives Instrument zur Überwachung des eigenen Apparates, der eigenen Bevölkerung, der eigenen Wirtschaft und der ausländischen Diplomaten verfügte, bekannt war beziehungsweise sich bei denen, die davon wussten, in den Köpfen festsetzte. Wenn Privatpersonen abgehört wurden, waren sich diese vermutlich oftmals nicht bewusst, dass es überhaupt so etwas gab. Schließlich war ja die tatsächliche Aufgabe des Amtes nach außen unbekannt. Im weiteren NS-Apparat war es vermutlich so wie immer: Es kam jeweils auf die Person oder auch auf die Institution an. Wir haben bereits gesehen, dass die Spitze des Reichswehrministeriums ausdrücklich vor einem Abhören warnte, also ganz genau wusste, was Görings Horchposten taten.

Doch zunächst ein Beispiel aus dem Bereich des Auswärtigen Amtes – nämlich aus der deutschen Botschaft in Paris. Dort hatte noch im November 1932, also kurz vor Hitlers Machtübernahme, Roland Köster das Amt als Botschafter angetreten. Köster hatte sich eher schweren Herzens mit der Weimarer Republik versöhnt, er war kein Anhänger der Verständigungspolitik Gustav Stresemanns in der zweiten Hälfte der zwanziger Jahre gewesen. Als ein persönlicher Bekannter und Anhänger des greisen Reichspräsidenten Hindenburg hoffte er auf ein starkes Auftreten Deutschlands, das auf seine revisionistischen Ziele nicht verzichten sollte; selbst Hitlers Außenpolitik erschien ihm kurz nach dessen Machtantritt zu freundlich gegenüber Frankreich. In der Innenpolitik aber stand er den Nationalsozialisten von Anfang an skeptisch gegenüber. Und diese Skepsis sollte mit zunehmender Dauer der Nazi-Herrschaft wachsen. Köster machte daraus auch gar kein großes Geheimnis. So lud er am 1. Mai 1933 den gerade nach Paris geflohenen SPD-Politiker Rudolf Breitscheid ebenso demonstrativ zu einem Botschafterempfang ein wie einige deutsche Juden. Als der Leiter der Auslandsorganisation (AO) der NSDAP in Frankreich, Werner Spieker, Köster bespitzelte, sorgte dieser dafür, dass die französische Regierung ihn als unerwünschte Person auswies.[66]

Das konnte Hitler natürlich nicht billigen und sein Zorn wuchs. Er begann mit Hilfe des späteren Außenministers von Ribbentrop Frankreich-Politik am deutschen Botschafter vorbei zu machen. Kösters Einfluss schwand zusehends, aber er durfte darauf hoffen, dass er nicht aus dem Amt gejagt werden würde, so lange Hindenburg noch lebte. Doch der Reichspräsident starb am 2. August 1934, und von nun an wurde Kösters Position immer unhaltbarer. Den Spitzel-Angriff Spiekers hatte er abwehren können, doch das Regime hatte ja ein anderes Mittel zur Überwachung: das Forschungsamt. Köster war sich ganz sicher, dass sein Büro in der Botschaft in der Pariser Rue de Lille verwanzt sei und sein Telefon abgehört würde, wie der damalige Botschaftsmitarbeiter Robert Lorz berichtete.[67] Wenn er vertrauliche Gespräche mit Mitarbeitern führen wollte, ging er mit ihnen im Bois de Boulogne spazieren. So hielt er es auch mit seinem Neffen Ernst vom Rath, der 1935 eine Ausbildung an der Pariser Botschaft absolvierte und praktisch als Kösters Sekretär tätig war. Vom Rath sollte drei Jahre später berühmt werden, als er unter bis heute nicht ganz geklärten Umständen einem Attentat des jungen polnisch stämmigen, aus Deutschland geflohenen Juden Herschel Grynszpan zum Opfer fiel und zwei Tage später, am 9. November 1938, starb. Es war der Anlass, den Propagandaminister Joseph Goebbels brauchte und inszenierte, um gegen die Juden in Deutschland losschlagen zu können – was folgte war die sogenannte Reichskristallnacht.[68]

Köster sollte schließlich am letzten Tag des Jahres 1935 unter mysteriösen Umständen sterben. Offiziell lautete die Todesursache auf Lungenentzündung, doch Regimekritiker glaubten keine Sekunde daran. Zumal noch etwas merkwürdig war: Köster hatte mit dem Gedanken gespielt, von seinem Amt abzutreten, um auf diese Weise ein Zeichen gegen Hitler zu setzen. Möglicherweise gab es Absprachen mit dem Botschafter in Washington, Georg von Prittwitz und Gaffron, mit dem Kollegen in London Leopold von Hoesch sowie mit dem Staatssekretär im Auswärtigen Amt, Bernhard von Bülow. Tatsächlich trat nur von Prittwitz zurück, doch als binnen weniger Monate alle vier Männer überraschend starben, mochten viele nicht daran glauben, dass es sich hierbei um einen Zufall gehandelt habe.[69]

Ein Botschafter passt auf

Das galt auch für den französischen Botschafter in Berlin, André François-Poncet. Er fragte sogar bei einem diplomatischen Empfang einen deutschen Gesprächspartner ganz offen, warum die Deutschen ausgerechnet ihre besten Männer umbringen würden. Kösters französischer Counterpart in Berlin war ein Mann, dessen außergewöhnlich gute Verbindungen in der Reichshauptstadt dem Regime nicht verborgen blieben. 1937 legte er dafür einen Beweis ab, der Hitler beunruhigen musste. Zugleich aber zeigte auch das Forschungsamt, dass es auf der Hut war.

Am späten Nachmittag des 5. November 1937, einem düsteren Herbsttag, lud Hitler einige hochrangige Militärführer und

Politiker zu einem Gespräch in die Reichskanzlei. Hintergrund waren Beschwerden von Admiral Erich Raeder, dem Oberbefehlshaber der Kriegsmarine, der sich über eine in seinen Augen ungerechte Verteilung der Stahlkontingente zugunsten von Görings Luftwaffe beklagte (was nicht sehr verwunderlich ist, da Göring als Chef der Planungen für den Vierjahresplan selbst über die Verteilung entschied und somit in einer günstigen Lage war, um seine eigene Luftwaffe systematisch zu bevorzugen). Wenn es zu keiner Änderung komme, werde der geplante Aufbau der Reichsmarine nicht möglich sein, urteilte Raeder. Als Kriegsminister Werner von Blomberg sowie die Oberbefehlshaber von Heer, Marine und Luftwaffe, Werner von Fritsch, Erich Raeder und Hermann Göring Hitlers Arbeitszimmer betraten, waren bereits Außenminister Konstantin von Neurath und Hitlers Wehrmachts-Adjutant Oberst Friedrich Hoßbach anwesend. Der Kreis war also ebenso klein wie erlesen. Das in den Augen Raeders wichtige Thema der Verteilung von Stahlkontingenten wurde erst nach mehr als zwei Stunden besprochen und dann sehr rasch abgehandelt. Hitler nämlich hatte etwas ganz Anderes im Sinn, und er nutzte die Gelegenheit, um die Wehrmachtsspitze über seine Pläne in Kenntnis zu setzen. Erhalten geblieben sind uns seine Ausführungen stichpunktartig, weil Hoßbach sich Notizen machte und diese später an die Beteiligten weiterreichte. Sie wurden später als »Hoßbach-Niederschrift« berühmt.[70]

Hitler sprach zwei Stunden und hatte sich gut auf das Treffen vorbereitet. Sein Thema war die in seinen Augen so dringend notwendige Expansion Deutschlands – für die er in den kommenden Jahren den Einsatz von militärischen Maßnahmen in Aussicht stellte. Der Führer sprach darüber, dass Deutschland seinen »Lebensraum« im Osten erweitern müsse, um eine ökonomisch gesicherte und unabhängige Position erreichen zu können. Da aber Deutschlands »Hauptgegner« Frankreich und Großbritannien dem Reich entgegenstünden, werde es zu einem

Krieg gegen die beiden Westmächte spätestens 1943/45 kommen müssen. Andernfalls sei Deutschlands Rüstung veraltet und die anderen Mächte würden auf einen deutschen Angriff vorbereitet sein. Schließlich seien auch fallende Geburtenraten, ein sinkender Lebensstandard und eine Überalterung der NS-Führungselite eine Bedrohung. Ebenfalls stellte Hitler Schritte gegen Österreich und die Tschechoslowakei in Aussicht, gegebenenfalls sogar schon für 1938. Außenminister Neurath und die Militärführer waren überrascht und höchst beunruhigt. Sie hatten an sich keine Probleme mit den Zielen Hitlers, wohl aber mit seinem offen aggressiven Kurs gegen Frankreich und Großbritannien, der in ihren Augen höchst gefährlich war.[71]

Der Kreis der Teilnehmer des Treffens war wie gesehen klein. Natürlich war Hitler bewusst, dass seine Aussagen, die er zuvor auch schon vor anderen Parteiführern wie Goebbels getätigt hatte, nicht in diesem kleinen Kreis bleiben würden. Dass in den Zeitungen über ein solches Treffen keine Zeile zu lesen war, versteht sich von selbst. Als Hitler dann aber von Göring kurz darauf ein dechiffriertes Telegramm des französischen Botschafters François-Poncet vorgelegt bekam, musste er alarmiert sein. Das Telegramm an das Pariser Außenministerium, abgeschickt am 6. November, also einen Tag nach dem Treffen in der Reichskanzlei, abends um 19 Uhr, hatte folgenden Wortlaut: »Gestern Nachmittag fand in der Reichskanzlei eine große Konferenz statt, an der eine große Zahl Generäle und Admiräle teilnahmen, Marschall von Blomberg, Admiral Raeder, Herr von Neurath und General Göring. Die Presse hat darüber kein Wort verlauten lassen, und es ist schwer zu sagen, welches das Thema dieser Geheimversammlung, die ziemlich lange dauerte, war. Man hat mir berichtet, es sei um die Frage des Problems der Rohstoffe und Schwierigkeiten gegangen, die der Mangel an Stahl und Eisen für die Wiederbewaffnung bedeutet. Admiral Raeder soll eine Erhöhung des Stahlkontingents erhalten haben, und zwar für den Schiffsbau. Es soll ebenfalls angekündigt worden sein, dass Deutschland in elf Monaten seinen Gesamtbedarf an Treibstoff selbst decken würde. Aber es bleibt erstaunlich, dass man, wenn man nur davon gesprochen hat, so viele Offiziere im Generalsrang in die Reichskanzlei beordert hat.«[72]

Woher François-Poncet seine Informationen hatte, ist unbekannt. Vielleicht ging die Quelle sogar aus den Erkenntnissen des Forschungsamtes hervor, aber die Unterlagen sind ja leider vernichtet. Auch eine andere Frage ist interessant: Warum erwähnte der Botschafter nur das vergleichsweise unwichtigere Thema der Stahl-Verteilung, aber nicht Hitlers weitreichende, Frankreich direkt betreffende strategische Planungen? Wusste er davon nichts, waren seine Informationen also unvollständig? Oder wusste er mehr, war sich aber über die Gefahr bewusst, dass er abgeschöpft werden könnte und hielt sich daher auf dem Wege der elektronischen Kommunikation nach Paris damit zurück? Auch das wissen wir leider nicht. Aber selbst, wenn sein Wissensstand unvollständig war, so ist doch die Tatsache, dass er überhaupt über das hochgeheime Treffen in Hitlers Regierungszentrale Bescheid wusste und auch mindestens ein Thema kannte, bemerkenswert. Aber so alarmierend ein solches Leck im eigenen Apparat für Hitlers sein musste, so zeigte die ganze Angelegenheit auch, dass Görings Forschungsamt funktionierte. Denn ohne die Arbeit in der Schillerstraße wäre Hitler und Göring nicht einmal bewusst gewesen, wie gut die Quellen des Franzosen waren. Und nur, wer dieses Wissen hatte, konnte auch reagieren und mögliche Lecks stopfen. Die Abschöpfung der Franzosen ging nach Erkenntnissen der ASA-Ermittler noch viel weiter. Sie schätzten, dass das Amt den kompletten Verkehr des französischen Außenministeriums an sämtliche französische Ministerien abgefangen habe. Denn die Franzosen gehörten selbstredend zu den wichtigsten Abhörobjekten. Allerdings sei es wahrscheinlich, dass die Nachrichten nicht durchgehend gelesen worden seien.[73]

Sex-Gerüchte und Schiebereien: Julius Streicher

Zu den Gauleitern hatte Hitler immer ein besonders enges Verhältnis. Ihnen traute er wie kaum einer anderen Personengruppe, und ihnen ließ er auch so manches durchgehen, insbesondere auch Korruptionsaffären und moralische Verfehlungen.[74] In wie vielen Fällen er dennoch Gauleiter überwachen ließ, ist völlig unbekannt. Bekannt sind drei Fälle: Wilhelm Kube, Julius Streicher und Joseph Goebbels – wobei der letztere nicht aufgrund seiner Funktion als Gauleiter ins Visier von Görings Lauschern geriet, sondern aufgrund seiner herausgehobenen Rolle, die er für das Dritte Reich und Hitler persönlich als Leiter der Propaganda und Vertrauter aus dem engsten Umfeld hatte. Streicher, fränkischer Gauleiter aus Nürnberg und einer der widerwärtigsten und korruptesten Nazi-Funktionäre überhaupt, war aufgrund zahlreicher Eskapaden, aber auch aufgrund seiner Rolle als Herausgeber der antisemitischen und oftmals schlicht pornographisch gestalteten Zeitschrift *Der Stürmer* selbst vielen Nationalsozialisten ein Dorn im Auge.

Und das galt auch für Göring persönlich. Nach amerikanischen Aufzeichnungen aus der Nachkriegszeit ließ Göring Streichers Telefone überwachen[75]; dies tat er im Auftrag Hitlers. Streicher, der selbst recht außergewöhnliche und exaltierte sexuelle Fantasien hatte, polterte gerne auch über das Sexualleben anderer Nazi-Größen und machte sich darüber lustig, dass diese mit seinen »Leistungen« nicht mithalten könnten. In diesem Zusammenhang behauptete er auch, Göring sei impotent und seine Tochter Edda das Produkt einer künstlichen Befruchtung. Göring, der ja sonst herzlich über Witze auf seine Kosten lachen konnte, verstand diesmal überhaupt keinen Spaß. Da selbst der rücksichtlose Streicher solche Gerüchte aber nicht öffentlich in die Welt setzen konnte, darf vermutet werden, dass er sie unter anderem in Telefongesprächen mit Vertrauten verbreitete. Und da sie Göring bekannt wurden, kann davon ausgegangen werden, dass Streichers Anschlüsse überwacht wurden. Vor solchen Gerüchten unterhalb der Gürtellinie waren auch andere NS-Größen nicht sicher, und Göring ließ sie sicher gerne an seinen Erkenntnissen darüber teilhaben. Die Folge war, dass die Kritik an Streicher ständig wuchs – bis sie ein Ausmaß erreicht hatte, das auch Hitler sie nicht mehr ignorieren konnte.

Streicher hatte eine Schwäche, die ihm zum Verhängnis wurde: Er war notorisch korrupt. Kurz nach der Pogromnacht vom 9./10. November 1938 geriet er ins Visier der Parteijustiz, denn Streicher hatte die Ereignisse einmal mehr genutzt, um sich und führende Parteigenossen aus Franken schamlos zu bereichern. Auch Göring konnte das keinesfalls akzeptieren, hatte er doch als Beauftragter für den Vierjahresplan, mit dem Deutschland auf den kommenden Krieg vorbereitet werden sollte, das größte Interesse daran, dass alle Werte ausgewanderter Juden an den Staat fielen. Dabei störte natürlich nicht die Tatsache, dass die Leidtragenden Juden waren, sondern dass die, die sich selbst begünstigt hatten, in den Augen der NS-Führung dazu nicht berechtigt waren. Eine interne Untersuchung stieß auf ein »Wespennest von Korruption«.[76] Um Streicher auf die Schliche zu kommen, gab Hitler an Göring den Befehl, Streichers Telefone anzapfen zu lassen.[77] Auch mit den aus dieser Überwachung gewonnenen Erkenntnissen wurde Streicher schließlich im Auftrag Hitlers aus seinem Amt entfernt, wiewohl er offiziell den Titel Gauleiter behalten durfte.

Liebestoll: Die Affäre des Joseph Goebbels

Eine viel größere Nummer aber war ein anderer Mann: Joseph Goebbels. Er war einer der engsten Vertrauten Hitlers und hatte mit der Propaganda eine der wichtigsten Funktionen im Nazi-Reich inne. Zugleich galt seine Frau Magda, die Hitler persönlich sehr schätzte, quasi als First Lady des Dritten Reiches, weil

Hitler selbst ja nicht verheiratet war und seine Geliebte Eva Braun vor der Öffentlichkeit verbarg. Zugleich galt das Ehepaar Goebbels mit seinen damals drei Kindern (es sollten insgesamt sechs werden) als Vorzeigepaar der Nazis. Tatsächlich aber kriselte die Ehe mehrfach. Erheblich erschwert wurde die Sache noch dadurch, dass Goebbels sich in die tschechische Schauspielerin Lida Baarová verliebt hatte. Sie hatte, zunächst ohne seine Protektion, eine Filmkarriere in Deutschland gestartet und war mit dem Kollegen Gustav Fröhlich liiert. Beide lebten in Nachbarschaft der Goebbels auf der Insel Schwanenwerder. Goebbels saß in der Klemme, denn Hitler bestand auf einer Fortführung der Ehe mit Magda. Am Abend des 15. August 1938 hatte die betrogene Ehefrau ein langes Gespräch mit Hitler, zu dem sie großes Vertrauen hatte. Anschließend sprach der »Führer« mit seinem Minister und forderte ihn kategorisch auf, sich von seiner Geliebten zu trennen. Goebbels hatte unterschätzt, dass auch die enge Beziehung Hitlers zu Magda eine Voraussetzung für seine eigene hervorgehobene Stellung bei Hitler war.[78] Goebbels war am Boden, versprach aber, dem Willen seines Chefs zu folgen. »Ich fasse sehr schwere Entschlüsse. Aber sie sind endgültig. Ich fahre eine Stunde im Auto heraus. Ganz weit und ohne Ziel. Ich lebe fast wie im Traum. Das Leben ist so hart und grausam … Aber die Pflicht steht über allem«, notierte Goebbels in seinem Tagebuch.[79]

Anschließend telefonierte er mit seiner Geliebten. Es sei, so schrieb er weiter, ein sehr langes und sehr trauriges Gespräch gewesen. »Aber ich bleibe hart, wenn mir das Herz auch zu brechen droht. Und nun fängt ein neues Leben an. Ein hartes, grausames, nur der Pflicht ergebenes. Die Jugend ist nun zu Ende«, fügte er melodramatisch hinzu. Was Goebbels nicht ahnte: Dieses Telefongespräch wurde wie viele andere, die er mit seiner Geliebten führte, vom Forschungsamt mitgehört, in einem Bericht aufgeschrieben und Göring vorgelegt. Und der reichte es mit an Sicherheit grenzender Wahrscheinlichkeit an Hitler weiter. So war auch dieser also über all die Intimitäten, die das Liebespaar am Telefon austauschte, vollkommen im Bilde. Baarovás Telefon wurde rund um die Uhr belauscht. Das hatte neben ihrer Liebesaffäre mit Goebbels noch einen weiteren Grund: Sie stand unter dem Verdacht, eine tschechische Spionin zu sein. Um die Schauspielerin dauerhaft überwachen zu können, ließ Göring eigens drei Lauscher nur auf sie ansetzen, die in einem eigenen Raum untergebracht wurden, zu dem die anderen Angestellten des Amts keinen Zugang hatten.[80] Denn die Möglichkeit, dass ausgerechnet der für die Propaganda zuständige Mann des Dritten Reiches in seinem Liebesrausch Staatsgeheimnisse an ein anderes Land, nämlich die Tschechoslowakai, verriet, das zudem zu dieser Zeit von Hitler bereits ins Visier genommen worden war, musste unbedingt in einem so kleinen Kreis wie möglich verbleiben. Allerhöchste Geheimhaltung war also angesagt. Der Verdacht gegen Baarová bestätigte sich übrigens nicht.

Auch zu Goebbels liegen heute keine Gesprächsprotokolle beziehungsweise braune Blätter mehr vor. Aber einer der drei Lauscher im Forschungsamt erinnerte sich später noch an einige Passagen aus den Gesprächen. So habe er seiner Geliebten einmal mitgeteilt, »ich wäre jetzt lieber bei dir im Bett als auf einer langweiligen Parteikundgebung«. Baarová habe oft am Telefon geweint, weil sie Goebbels tatsächlich sehr geliebt habe und verzweifelt war, weil dieser sich nicht von seiner Frau habe scheiden lassen wollen. Man muss natürlich solchen Wortlautzitaten, die aus der Erinnerung heraus viele Jahre nach dem Ereignis weitergegeben wurden, stets mit einer gesunden Portion Misstrauen gegenübertreten. Aber gerade in diesem Fall müssen sie nicht falsch erinnert sein. Denn es gehörte nicht zum Alltag normaler FA-Mitarbeiter, dass sie die nächtlichen, höchst intimen Liebesgespräche eines der mächtigsten Männer des Dritten Reiches belauschen konnten, und das auch noch in ganz offiziellem Auftrag. Daher ist es durchaus glaubwürdig, dass sie sich später noch gut daran erinnern konnten.

Die sicher häufig schlüpfrigen Gespräche des Ministers und seiner Geliebten lagen also Göring vor und ebenso Hitler. Goebbels selbst, sonst ein so ausgebuffter Mann wie nur wenige in der NS-Elite, war in diesem Fall völlig naiv. Er konnte sich offenbar überhaupt nicht vorstellen, dass sein »Führer« den Inhalt der Gespräche detailliert kannte, und – fast noch merkwürdiger – scheint er sich auch keine Gedanken darüber gemacht zu haben, welche Rolle Göring eigentlich spielte. Dieser, so glaubte der liebestolle Goebbels, zeige sich als ein echter Freund in dieser Affäre. Als Goebbels ihn in seinem Haus in der Schorfheide besuchte, notierte er anschließend in seinem Tagebuch: »Er ist auf das Tiefste ergriffen davon und zu mir von einer rührenden Menschlichkeit. Das werde ich ihm nie vergessen. Er schlägt radikale Lösungen vor. Er will nun zum Führer gehen und ganz reinen Wein einschenken … Wir scheiden als wahre Freunde.«[81] Goebbels schöpfte nicht einmal Verdacht, als Baarová ihm am Telefon berichtete, sie sei von zwei Personenkraftwagen verfolgt worden, »ich bin daher ständig im Kreis gefahren«. In der Affäre Goebbels-Baarová wurde übrigens auch Hitler selbst mindestens einmal am Telefon belauscht, als er nämlich eines Abends, sicher im Herbst 1938, spät bei der Schauspielerin anrief und sie in barschem Ton aufgefordert habe, das Verhältnis mit Goebbels sofort zu beenden.

Nicht nur sein Biograph Peter Longerich empfindet Goebbels Verhalten als schwer verständlich. Er, der sein Privatleben stets systematisch vor anderen geheim gehalten hatte, offenbarte nun seine tiefsten intimen Geheimnisse anderen Personen; nämlich nicht nur Göring, sondern auch seinem eigenen Staatssekretär Karl Hanke, Reichswirtschaftsminister Walther Funk und seinem Freund, dem Berliner Polizeipräsidenten Wolf-Heinrich Graf von Helldorf. »Wer ihm in diesen Tagen zuhörte, den schloss er gleich als Freund in seine Arme. Das Bedürfnis nach Zuspruch war übermächtig und schob alle anderen Überlegungen beiseite«, so Longerich.[82] Wobei man eben hinzufügen muss, dass das nur auf die Personen zutraf, von denen Goebbels wusste, dass sie ihm zuhörten – nicht also beispielsweise auf die drei Mitarbeiter des Forschungsamtes in ihrem abgeschlossenen Raum in der Berliner Schillerstraße. Dass Hanke die braunen Blätter vorgelegt wurden, ist eher unwahrscheinlich. Aber auch in ihm sollte Goebbels sich mächtig täuschen, musste er doch alsbald herausfinden, dass ausgerechnet einer der Männer, denen er sich anvertraut hatte, mit seiner Frau ein Verhältnis hatte. Goebbels musste sich am Ende von Baarová trennen. Die Schauspielerin durfte Deutschland zunächst nicht verlassen und wurde mit Drehverbot belegt. 1939 ging sie nach Prag, wo sie sehr erfolgreiche Filme drehte, später nach Italien. Joseph und Magda Goebbels rauften sich wieder zusammen und bekamen noch drei weitere Kinder. Ein Foto, das auf Druck Hitlers für die Presse arrangiert wurde, sollte die Bevölkerung glauben machen, dass alles wieder im Lot sei.

Hitlers englische Freundin: Unity Mitford

Baarová war nach Aussagen eines ehemaligen FA-Mannes keineswegs der einzige Filmstar, den Göring gezielt belauschen ließ. Darunter seien auch Zarah Leander und Ilse Werner gewesen. Warum hätte das Forschungsamt diese beiden in Deutschland sehr beliebten Stars, die sich durchaus für die Nazi-Propaganda zur Verfügung stellten, abhören sollen? Tatsächlich gilt Leander vielen als »Nazi-Diva«, aber Tatsache ist laut Akten des schwedischen Geheimdienstes auch, dass sie im August 1935 zwei Wochen mit einer skandinavischen Delegation nach Moskau fuhr und dort auch zu einer offiziellen Audienz im Kreml eingeladen war. Seitdem waren die Gerüchte, sie sei eine Spionin Moskaus gewesen, nie ganz tot zu kriegen gewesen. Bei Ilse Werner, die in mehreren berühmten Filmen während des Dritten Reiches mitspielte ist ein möglicher Grund dagegen nicht ersichtlich.

Auch eine Frau, mit der Hitler selbst eng verkehrte, geriet in das Visier der NS-Sicherheitsbehörden: Unity Mitford. Die junge Frau entstammte einer alteingesessenen britischen Adelsfamilie. Ihr Vater war Lord Redesdale, der Freund ihrer Schwester Diana hieß Oswald Mosley und war der Leader der britischen Faschisten. Und sie war mit Winston Churchill, der Hitler im Krieg Paroli bieten sollte, verwandt. Die meisten Mitglieder der großen und weitverzweigten Familie galten als exzentrisch und stellten beliebte Objekte der britischen Klatschpresse dar. Über ihren Schwager Mosley kam Unity zur Politik und begeisterte sich bald für dessen Partei, die British Union of Fascists (BUF). Doch die wahren Faschisten gab es für Mitford, deren zweiter Vorname Valkyrie lautete, woanders: in Deutschland. Hitler und seine Nationalsozialisten zogen sie an, München, die »Hauptstadt der Bewegung«, wurde zu ihrem Sehnsuchtsort. 1933 reiste sie erstmals dorthin, ein Jahr später zog sie in die bayerische Hauptstadt um, wo sie von nun an für einige Jahre ihren Lebensmittelpunkt hatte.

Und sie hatte sich fest vorgenommen, Hitler persönlich kennenzulernen. Dafür setzte sie sich über Monate immer dann, wenn Hitler sich in München aufhielt, in dessen Lieblingsrestaurant, die Osteria Bavaria. Am 9. Februar 1935 war es soweit. Die gerade einmal 21-jährige Engländerin saß auch an jenem Nachmittag an einem Tisch in dem Lokal. Hitler hatte sie tatsächlich schon bei seinen regelmäßigen Besuchen in seinem Stamm-Restaurant wahrgenommen. Kein Wunder, entsprach sie doch seinen Idealvorstellungen: groß, blond – eben »arisch«. Dass die junge Dame geschminkt und sehr modisch gekleidet war, wie es für deutsche Frauen verpönt war, störte Hitler nicht. Im Gegenteil, sein Hang zu extravaganten Frauen ist bekannt. An diesem Tag ließ Hitler sie tatsächlich an seinen Tisch bitten. »Ich bin so glücklich, dass ich am liebsten sterben möchte«, schrieb sie kurz danach an ihre Schwester Diana. Unity Mitford sollte Hitler bis zum Ausbruch des Zweiten Weltkrieges rund

140 Mal treffen, mit ihm in seiner Privatwohnung speisen, sein Gast auf dem Obersalzberg sein und in seinem »Führerzug« mitreisen. Sie bewunderte ihn fanatisch – er schätzte ihre Gegenwart als angenehmen Zeitvertreib.

Die völlig kritiklose Begeisterung Unity Mitfords für Hitler und die Nazis verschlägt einem oft schlicht den Atem. So brachte beispielsweise der Röhm-Putsch die junge Engländerin nicht – wie selbst manche Nazi-Anhänger der frühen Stunde – zum Nachdenken. Sie hat zwar Mitleid, allerdings nicht mit den Mordopfern, sondern mit Hitler. »Mir tut der Führer schrecklich leid«, schrieb sie in einem Brief. Und weiter: »Armer süßer Führer, er macht gerade eine schreckliche Zeit durch …«. Verliebt war sie allerdings in Hitler wohl nicht. Sie erfuhr auch irgendwann von der Existenz Eva Brauns, Hitlers Geliebter, die er vor der Öffentlichkeit versteckt hielt. Und die ihrerseits höchst eifersüchtig auf Mitford war, die sich mit Hitler überall in der Öffentlichkeit präsentieren durfte. Bald schon nach dem Kennenlernen gehört Unity Mitford zum Stammtisch in der Osteria Bavaria, in der Hitler Mitglieder seiner Entourage versammelt, dazu.

Vor den Brutalitäten der Nazis verschloss Mitford einfach die Augen, sie existierten für sie nicht. Dafür war sie zutiefst beeindruckt, als sie als Gast am Nürnberger Reichsparteitag teilnahm. Zuhause in München wurde sie morgens durch vorbeimarschierende singende Nazis geweckt. »Das ist natürlich sehr schön, denn so wird mir schon beim Aufwachen klar, dass ich in Deutschland bin, und dann bin ich verständlicherweise sofort überglücklich«, schrieb sie ihren Eltern nach England. Mitford, die früher jüdische Freunde gehabt hatte, entwickelte sich zur überzeugten Antisemitin.

War Unity Mitford, die ihren zweiten Vornamen in Walküre eindeutschen ließ, dumm und naiv, wie viele ihre Zeitgenossen und auch die meisten späteren Beobachter glaubten? Ihre Biografin Michaela Karl findet das nicht. Sie glaubt sogar, dass die

Mitford einen gewissen politischen Einfluss auf Hitler gehabt habe. Dafür spricht die Tatsache, dass sie ins Visier des Forschungsamtes geriet. Dass die Engländerin, mit der großen Nähe zu Hitler, vom Amt belauscht wurde, geht aus dem Bericht Ulrich Kittels hervor.[83] Diese Telefonüberwachung war natürlich eine heikle Angelegenheit, konnte doch so auch Hitler selbst in die Überwachung einbezogen werden. Ob die Lauscher vom Amt in den Fällen, in denen Hitler mit Mitford telefonierte, die Überwachung des Gesprächs sofort abbrachen, wenn ihnen klar wurde, wer ihr Gesprächspartner war, oder ob sie dann weiter mithörten, ist unbekannt. Die Frage ist auch, wer sie eigentlich überwachen ließ. War es am Ende sogar Hitler selbst, weil er herausfinden wollte, inwieweit er ihr trauen konnte? War es Göring, der möglicherweise ohne Hitlers Wissen zur Tat schritt? Kam die Bitte von Himmler oder Heydrich? Wir wissen es nicht. Das einzige, was wir wissen, ist das mindestens ein Mann die Berichte zu Gesicht bekam: Hermann Göring.

Ganz nebenbei machten auch Gerüchte über ihr offensichtlich wenig keusches Sexualleben die Runde. Von Orgien mit SS-Männern war die Rede, für die Tochter des amerikanischen Botschafters, Martha Dodd, war sie die »kleine englische Schlampe«. Damit konnte sie durchaus eine Gefahrenquelle werden, denn auch liebestolle SS-Männer waren gewiss nicht immer davor gefeit, im Liebesrausch hier und da ein paar Geheimnisse auszuposaunen. Insofern machte es also durchaus Sinn, ihre Telefongespräche abhören zu lassen. Britische Diplomaten, die sie über Hitler und seine Absichten befragten, rätselten derweil, inwieweit sie ihren Äußerungen über politische Gespräche mit dem Führer trauen durften. Übrigens interessierte sich auch der britische Geheimdienst für sie. Die Briten ihrerseits fürchteten, sie sei eine Spionin der Deutschen.

Vor allem in der letzten Phase vor dem Ausbruch des Krieges am 1. September 1939 musste Unity Mitford angesichts ihrer Stellung die Aufmerksamkeit der Geheimdienste beider Seiten auf sich ziehen. Ihr größter Wunsch, so behauptete es die Engländerin immer wieder, sei die Freundschaft zwischen dem Dritten Reich und England. Das Verhältnis der beiden Länder verschlechterte sich indes vor allem nach dem Münchner Abkommen vom September 1938 zusehends. Als Hitler schließlich am 1. September 1939 Polen überfiel und England Deutschland daraufhin den Krieg erklärte, brach für Mitford eine Welt zusammen. Bis zum Schluss glaubte sie nicht daran, dass Hitler Krieg wolle. Ihre Situation wurde nun schwierig. In Deutschland konnte sie als Engländern nicht bleiben, in England drohte ihr als Nazi-Freundin das Internierungslager. Am 3. September passierte etwas, das bis heute nicht geklärt ist und vermutlich auch niemals geklärt werden wird. Unity Mitfort wurde am Rande des Englischen Gartens in München angeschossen und schwer verletzt aufgefunden. Oder war es Selbstmord, wie mehrere Zeugen, die allerdings wie bestellt wirkten, behaupteten? Mitford selbst sollte später von einem Anschlag sprechen. Wer aber hätte Interesse gehabt, sie zu beseitigen? Ihre Biografin Michaela Karl spricht sich nicht offen für diese Variante aus, aber sie neigt ihr deutlich zu. Mitford hatte an diesem Tag in einem Telefonat mit einer Freundin angekündigt, sich aus Verzweiflung über den deutsch-englischen Krieg umbringen zu wollen. Es ist sehr wahrscheinlich, dass dieses Gespräch abgehört wurde. Auch die Versuche, die ganze Sache unbedingt als Selbstmordversuch darzustellen, wirken so auffällig wie verdächtig. Wenn es sich allerdings tatsächlich um einen Anschlag handelte, wird Hitler wohl nichts davon gewusst haben. Denn er besuchte sie, nachdem sie ins Krankenhaus gebracht worden war, mindestens einmal persönlich. Erstaunlich, wenn man bedenkt, dass der »Führer« gerade einen Krieg entfesselt hat. Anfang 1940 kehrte sie nach England zurück. Sie wurde im Volk verachtet, viele Engländer fragten sich, warum sie nicht in einem Lager interniert werde, wie ihre Schwester Diana. Unity sollte sich zeitlebens nicht mehr von der Schussverletzung erholen, die Kugel im Kopf konnte nicht entfernt werden. Mit dem glamourösen Leben war es für immer vorbei. 1948 starb sie vereinsamt und verachtet. Sie wurde nur 33 Jahre alt.

Ein US-Glamour-Girl in Berlin: Martha Dodd

Neben William Edward Dodd, der von 1933 bis Ende 1937 als US-Botschafter in Berlin zweifellos unter die Telefonüberwachung fiel, kam auch dessen Tochter Martha Dodd in den zweifelhaften Genuss, zu einem besonders interessanten Objekt für das Forschungsamt zu werden. Dodd, die ja Unity Mitford als »kleine englische Schlampe« bezeichnete, zeichnete sich selbst auch durch ein sehr abwechslungsreiches Liebesleben aus. Hätte das schon Anlass genug für den stets neugierigen Göring sein können, so waren es vor allem die Personen, mit denen die junge Frau anbändelte – darunter war unter anderen sein hochrangiger Mitarbeiter aus dem Luftfahrtministerium, das berühmte Flieger-Ass Ernst Udet. Göring ging allerdings nach der verlorenen Luftschlacht gegen England immer mehr auf Distanz zu Udet, der zusehends dem Missbrauch von Alkohol und dem Aufputschmittel Pervitin verfiel. Im November 1941 beging Udet schließlich Selbstmord. Auch andere zeitweilige Liebschaften und Flirts Dodds hatten es in sich: So soll sie früh Affären mit Gestapo-Chef Rudolf Diels, Hitlers Auslandspressechef Ernst Hanfstaengl und Prinz Louis Ferdinand von Preußen, dem Enkel des Kaisers gehabt haben.

Dodd sattelte dann allerdings von den Nazis zu den Kommunisten über. Ihre tatsächliche Liebe aus ihrer Berliner Zeit, wurde der Sekretär der sowjetischen Botschaft, Boris Winogradow. Er wurde allerdings kurz nach Dodds Abgang aus Berlin nach Moskau zurückberufen und im Zuge der stalinistischen Säuberungen ermordet. Sie verkehrte auch mit deutschen Kommunisten und Kommunistinnen, wie Mildred Harnack, die 1943 als Mitglied der Roten Kapelle hingerichtet wurde. 1934 reiste sie durch die Sowjetunion und war begeistert vom dortigen politischen System. Auch deshalb musste sie naturgemäß für das Forschungsamt interessant sein.

Mit den Nazis hatte sie anders als Unity Mitford ebenso wenig am Hut wie ihr Vater William Dodd, der sich für Regime-Gegner wie Carl von Ossietzky persönlich einsetzte. Als er 1937 um eine Versetzung nach Washington bat, kündigte sie in Gesprächen mit deutschen Bekannten an, dass sie nach ihrer Rückkehr in die USA ein Buch über ihre Zeit in Berlin und ihre Bekanntschaften schreiben wolle. Göring war klar, wen Dodd alles kannte, und er musste befürchten, dass ein solches Buch einige Peinlichkeiten für das Regime mit sich bringen konnten. Um herauszufinden, was die Amerikanerin wusste, ließ er rund um die Uhr ihr Telefon überwachen (es ist aber anzunehmen, dass dies mindestens aufgrund ihrer Bekanntschaft mit Udet auch schon zuvor geschehen war). Zugleich wollte Göring auch Material sammeln, um die amerikanische Seite zu diskreditieren und so eine Veröffentlichung des Buches zu verhindern. Er ließ nach Aussagen ehemaliger FA-Mitarbeiter einen umfassenden Bericht erstellen und diesen an William Edward Dodds Nachfolger überreichen, verbunden mit dem Hinweis, dieser Bericht würde im Falle eines Erscheinens des Buches ebenfalls veröffentlicht. Martha Dodd brachte ihr Buch allerdings trotzdem Anfang 1939 in den USA und kurz darauf in England auf den Markt. Es traf auf größtes Interesse in der amerikanischen Bevölkerung und wurde beispielsweise in der New York Times breit besprochen.[84] Dort stand das Werk, das binnen kürzester Zeit drei Auflagen erlebte, wochenlang auf Platz eins der Bestseller-Liste. In Deutschland erschien das Buch in einer gekürzten Version 1946, herausgegeben von der Sowjetischen Militäradministration, die sich einen gewissen Propaganda-Effekt davon erhoffte, weil die Autorin mit den Kommunisten liebäugelte. Vollständig erschien das Buch in Deutschland erst 2005.[85]

Goebbels Radiomann und Hitlers persönlicher Adjutant

Abgehört wurde auch das Telefon eines Mannes, der führend mit an der Propaganda des Regimes beteiligt war: Hans Fritzsche. Er war im Dritten Reich vielen Deutschen durch seine regelmäßig ausgestrahlte Radiosendung *Hier spricht Hans Fritzsche* bekannt. Dabei handelte es sich um eine Propagandasendung, die im Auftrag von Goebbels produziert wurde. Der Minister war offensichtlich zufrieden mit den Leistungen seines Mitarbeiters, dessen Dienststelle das Propagandaministerium war, denn er machte ihn Anfang November 1942 zum Generalbevollmächtigten für die politische Organisation des Großdeutschen Rundfunks. Das deutet darauf hin, dass eine Überwachung von Fritzsches Telefon aus der Zeit vor dem Krieg offenbar nichts Belastendes ergeben hatte. Gegen Fritzsche gab es den Verdacht, homosexuell zu sein. Seit Mitte der dreißiger Jahre wurden unter diesem Verdacht verschiedene Funktionäre von verschiedenen Stellen des NS-Machtbereiches überwacht und entfernt.[86]

Fritz Wiedemann, Hitlers persönlicher Adjutant seit Anfang 1935, kannte genau die Abhörpraxis des Forschungsamtes – er bekam regelmäßig die Berichte, die an Hitler gingen, zu Gesicht. Es ist daher kaum davon auszugehen, dass er so unvorsichtig gewesen ist, über seine zunehmend wachsende Distanz zu Hitler freimütig am Telefon zu plaudern. Denn er musste auch wissen, dass buchstäblich niemand von der Gefahr befreit war, von Görings Lauschern überwacht zu werden.

Hitler und Wiedemann kannten sich schon seit dem Ersten Weltkrieg, als Wiedemann Hitlers Vorgesetzter gewesen war. Wiedemann hatte sich dafür eingesetzt, dass Hitler das Eiserne Kreuz 1. Klasse verliehen bekam.[87] Nach der »Machtergreifung« hatte Wiedemann zunächst im Stab von Rudolf Heß gearbeitet, ehe er auf den Posten in Hitlers engster Umgebung befördert wurde. Umso näher er dem »Führer« kam, umso mehr wuchs jedoch seine Distanz zu diesem. Wiedemann empfand Hitlers Politik als zunehmend gefährlich und unüberlegt. Er trat wiederholt als Mahner auf. So etwas kam allerdings bei seinem Chef nicht gut an, der seinen Mitarbeiter folglich immer stärker als ständig nörgelnden Pessimisten empfand. Gleichwohl betraute er ihn 1938 mit einer Reise nach England, wo er einen Besuch Hermann Görings vorbereiten sollte. Hitler hoffte auf ein Einvernehmen mit der britischen Regierung und Wiedemann erschien ihm als ein guter Kontaktmann. Denn er stand in einer Beziehung zu Stephanie Prinzessin von Hohenlohe. Die gebürtige Wienerin, die gezielt Kontakt zu führenden Nazis suchte, spielte für Hitler eine gewisse Rolle, weil sie über gute Kontakte nach England verfügte. Dass sie Jüdin war, störte ihn nicht – und auch die Prinzessin hatte keinerlei Vorbehalte, sich in der Nähe führender Nazis wie Hitler, Göring und Ribbentrop aufzuhalten. Im Juni 1938 erhielt sie von Hitler sogar das Goldene Ehrenabzeichen der NSDAP – ein Vorgang, der innerhalb der Partei für Empörung sorgte. Als sie sich um eine Annäherung zwischen Göring und dem britischen Außenminister Lord Halifax bemühte und Wiedemanns Reise nach London mit vorbereitete, stellte Hitler ihr als Anerkennung ihrer Verdienste das Schloss Leopoldskron in Salzburg zur Verfügung.

Sowohl Wiedemann als auch die Prinzessin wurden vom Forschungsamt überwacht. Ob bei Wiedemann dessen wachsende Distanz der Grund war und er selbst gezielt ein Objekt der Überwachung wurde, oder ob er ein Beifang der Überwachung seiner Freundin war, lässt sich nicht klären. Ebenso wenig, ab wann diese Überwachung eigentlich einsetzte. Anfang 1939 wurde Wiedemann als Adjutant des Führers abgesetzt und als deutscher Generalkonsul nach San Francisco versetzt. Der Ex-FA-Mitarbeiter Ulrich Kittel erwähnt aber Wiedemann als Überwachungsopfer, und es gibt keinen Grund, an seinen Angaben zu zweifeln. Zugleich ist Wiedemanns Fall aber auch ein Hinweis darauf, dass der Arm des FA nicht bis an die Westküste der USA reichte. Denn Wiedemann kontaktierte spätestens 1940 William Wiseman, einen Banker und Vertreter des britischen Geheimdienstes in den USA mit guten Kontakten zu dem britischen Politiker und zeitweiligen Außenminister Edward Halifax. Wiseman wurde allerdings von den US-Behörden nicht geschätzt. Er war ein Vertreter der Appeasement-Politik, selbst noch nach dem Ausbruch des Krieges, und hoffte auf eine Verständigung zwischen Deutschland und England. Als Wiseman mehrfach Wiedemann und die Prinzessin Hohenlohe traf, wurde das FBI hellhörig. FBI-Chef Edgar J. Hoover ordnete eine Überwachung der Treffen an, denn er sah in beiden mögliche Nazi-Spione. Dass ein so hochrangiger Mitarbeiter Hitlers auf einen drittrangigen Posten in die USA geschickt würde, fanden die Amerikaner sehr unglaubwürdig. Und das die Prinzessin kurz nach Wiedemanns Ankunft ebenfalls in den USA auftauchte, alarmierte sie vollends. Das FBI glaubte, Hitler persönlich habe sie in die USA geschickt, um gemeinsam mit Wiedemann einen deutsch-japanischen Spionagering aufzubauen. Das FBI hatte großen Respekt vor der Adligen aus Deutschland. Diese sei sehr intelligent, durchtrieben und »schlimmer als zehntausend Männer«.[88]

Ein Treffen am 27. November 1940 wurde überwacht, das Zimmer des Mark Hopkins Hotel in San Francisco, in dem dieses Treffen stattfand, verwanzt. Hoover schickte US-Präsident Roosevelt knapp zwei Monate danach einen 30-seitigen Bericht. Er gab seine Einschätzung auch an den britischen Geheimdienst MI 6 weiter, der daraufhin Wiseman vor weiteren Treffen warnte.[89] Ob Hoovers Einschätzung zutraf, ist nicht klar. Denn Wiedeman äußerte sich zu dieser Zeit sehr abschätzig Wiseman gegenüber über Hitler, wie Recherchen des Historikers Thomas Weber ergaben. Hitler habe eine gespaltene Persönlichkeit, ferner seien ihm seine Erfolge zu Kopf gestiegen. Er gehöre zu den grausamsten Menschen und glaube, er sei besser als Napoleon. Frieden mit ihm sei nicht möglich. Wiseman bot sich an, seine Einschätzung auch öffentlich in der US-Presse zu vertreten. Das lehnte Roosevelt aber ab, weil ihm zu dieser Zeit an einer Konfrontation mit Deutschland noch nicht gelegen war. Wichtig in diesem Zusammenhang ist jedenfalls eins: Hätte das Forschungsamt – oder auch die Gestapo – Zugriff auf Wiedemanns Äußerungen gehabt, hätte Hitler ihn sicher nicht weiter im diplomatischen Dienst beschäftigt. Sondern sehr wahrscheinlich beseitigt.

Dass die Prinzessin Hohenlohe die besondere Aufmerksamkeit des Forschungsamts fand, kann überhaupt nicht überraschen. Die Information darüber stammt von mehreren früheren Mitarbeitern des Amts aus der Zeit nach dem Ende des Dritten Reiches.[90] Immerhin gehörte sie als Adelige einer Personengruppe an, der Hitler grundsätzlich misstraute; zusätzlich war sie Jüdin. Hitler nutzte gerne ihre Kontakte nach England, aber er wird ihr niemals restlos vertraut haben. Inhalte der Gespräche sind leider nicht überliefert. Bis auf eine Ausnahme, die zugleich zeigt, dass bei einer Überwachung von Privatpersonen nicht nur die eigentlich beobachtete Person ins Visier geriet, sondern auch ihr Umfeld. So habe, berichtete der FA-Mitarbeiter Helmuth Ohlbrecht, die Mutter der Prinzessin einer Freundin am Telefon berichtet, ihre Tochter habe eines Abends laut geschrien: »Ich brauche einen Mann.« Worauf die Mutter loszog, und einen solchen gesucht habe. Ob Ohlbrecht sich tatsächlich viele Jahre später nur an diese Anekdote erinnern konnte, muss dahingestellt bleiben; über politische Inhalte von Hohenlohes Gesprächen am Telefon berichtete er jedenfalls nichts. Prinzessin Hohenlohe siedelte übrigens 1940 in die USA über, wo sie erneut Kontakte zu höchsten politischen Kreisen erlangte. Wiedemann wurde demgegenüber kurz nach der Schließung aller deutschen Konsulate in den USA im Juni 1941 nach China versetzt.

Es konnte durchaus auch mal zu peinlichen Fehlern kommen. So zum Beispiel 1936, als eine Sekretärin Görings einen Bericht des Forschungsamtes versehentlich an den *Amtlichen*

Preußischen Pressedienst, das Mitteilungsorgan des Preußischen Staatsministeriums für die Presse, weitergab. Darin ging es um ein Gespräch des österreichischen Gesandten in Berlin, Graf Tauschitz, und dem Staatssekretär im Wiener Auswärtigen Amt, Guido Schmidt. Der zweiseitige Bericht gab in wörtlicher Rede das Gespräch wieder, aus dem klar wurde, dass Österreichs Bundeskanzler Kurt Schuschnigg mit dem italienischen Duce Benito Mussolini abgesprochen hatte, dass die österreichische Polizei alle Flüchtlinge aus Südtirol an die Italiener ausliefen werde. Es handelte sich dabei um Deserteure, die sich weigerten, für Italien in den brutal geführten Krieg gegen Abessinien zu ziehen. Schmidt forderte Graf Tauschitz auf, diese Vereinbarung auf jeden Fall geheim zu halten und zu dementieren, sollte er danach gefragt werden. Er solle überhaupt dementieren, dass es Flüchtlinge aus Südtirol gebe. Aus einem unbekannten Grund trug der Bericht den Vermerk »Pressestelle zur Veröffentlichung« und Görings Kürzel. Tatsächlich gab der *Amtliche Preußische Pressedienst*, nachdem der Bericht in indirekte Rede umgeschrieben wurde, die Information heraus. Dass sie am nächsten Tag nur im *Berliner Tageblatt* erschien, ansonsten aber in keiner anderen Zeitung, lag daran, dass der Fehler noch vor dem Andruck der anderen Zeitungen bemerkt und der Bericht zurückgezogen wurde.[91]

Die Wirtschaft

Zu den wichtigsten Aufgaben gehörte es nach übereinstimmender Aussage mehrerer ehemalige Mitarbeiter des FA, Erkenntnisse über die Wirtschaft zu generieren. Das gilt sowohl für die Vorkriegs- als auch für die Kriegsjahre. Das kann schon deshalb nicht überraschen, weil Hermann Göring als Herr des Forschungsamts zugleich seit 1936 mit der Durchführung des Vierjahresplans von Hitler beauftragt war. Und dabei handelte es sich um eine eminent wichtige Aufgabe, sollte Deutschland doch binnen vier Jahren in den Stand gebracht werden, einen Krieg zu führen. Die Angaben zu diesem Punkt sind allerdings sehr schwach; die ehemaligen Mitarbeiter des FA konnten nur sehr lückenhafte Erinnerungen wiedergeben. Details sind nur in ganz wenigen Fällen bekannt. Auszugehen ist davon, dass Aufschlüsse über die Wirtschaft zu jeder Zeit ganz oben mit auf der Prioritätenliste der Auftraggeber standen und das Amt daher auf diesem Feld auch zu jeder Zeit aktiv war.

Das FA sammelte Nachrichten über ausländische Unternehmen wie die tschechischen Skoda-Werke, in deren Telefonverkehr es beispielsweise 1935 eindrang. Damals ging es um Geschäfte mit dem Iran und dem Irak.[92] Die Sache hatte noch einen Nebenaspekt: Exportchef der Skoda-Werke war just Görings Bruder Albert, der ein Gegner der Nationalsozialisten war und einer Reihe von Juden das Leben rettete, indem er sie bei Skoda beschäftigte.[93] Besonders erfolgreich aber waren die Lauscher vom Amt immer, wenn es in Berlin zu Wirtschaftsverhandlungen mit ausländischen Partnern kam. Diese Verhandlungen fanden oftmals in den noblen Hotels der Reichshauptstadt statt. Das Forschungsamt war dann immer dabei und belauschte die Telefone. So erfuhren die deutschen Verhandlungsführer Interna aus den anderen Delegationen und konnten diese zu ihrem Vorteil nutzen. Erleichtert wurde die Arbeit dadurch, dass die Delegationen normalerweise unverschlüsselt mit ihren Zentralen daheim kommunizierten. So sparten die Deutschen beispielsweise zwei Millionen Reichsmark, als es in Berlin zu Verhandlungen mit Dänemark über die Lieferung von Hühnereiern nach Deutschland kam. Bei deutsch-holländischen Wirtschaftsverhandlungen soll die deutsche Seite durch ihr Wissen über die interne Strategie der anderen Seite sogar 25 Millionen Mark eingespart haben – damit trug das Forschungsamt gewissermaßen seine Finanzierung selbst, denn diese Summe entsprach exakt dem Jahresetat der Schillerstraße. Auch andere Verhandlungspartner wurden erfolgreich überwacht – seien es Schweizer, belgische, schwedische oder dänische. Stark interessiert waren Göring und das Reichswirtschaftsministerium an der Entwicklung der internationalen Börsen oder den Preisen von Nahrungsmitteln, Kohle, Öl und Rohstoffen. Für ein an Devisen armes Land konnten diese Erkenntnisse sehr positive finanzielle Folgen haben.

Unter die Überwachung des FA fielen aber auch viele deutsche Unternehmen. Dazu gehörten unter anderem die Bayerischen Motorenwerke in München, die Klöckner-Werke in Duisburg und die 3-S-Werke in Schwabach. In diesem letzten Fall ist aus der Erinnerung eines ehemaligen FA-Mitarbeiters ein Grund bekannt, der zeigt, dass das FA auch als Kontrollinstrument der deutschen Wirtschaft eingesetzt wurde. Die 3-S-Werke hatten nämlich der zuständigen Wirtschaftsverwaltung mitgeteilt, dass sie aufgrund von Materialmangel der Wehrmacht nicht die bestellten 30-Milimeter-Schrauben liefern könnten. Die Forschungsstelle in Nürnberg sollte nun herausfinden, ob diese Angabe zutraf, oder ob das Unternehmen vielleicht zu einem höheren Preis einfach andere Betriebe beliefert habe. So erging es vielen Firmen, die aus wichtigen Wirtschaftsbereichen wie der Rüstung oder Nahrungsmittelindustrie kamen. Aus Bremen ist gleich eine ganze Reihe von Unternehmen oder führenden Wirtschaftsvertretern überliefert, die überwacht wurden. Dazu gehörten der Holzimporteur Louis Krages, der Generaldirektor der AG Weser Werft, Franz Stapelfeld, der Direktor der Focke Wulff Werke, Oscar Steinbach, der Autofabrikant Carl F. W. Borgward, die Bremer Lagerhausgesellschaft sowie die Weser AG und die Reedereien Neptun und Argo.[94] In Hamburg wurde die A-Stelle mit der Überwachung unter anderem der ausländischen Konsulate betraut. Selbst die Hermann-Göring-Werke ließ dessen Namensgeber überwachen. Wahrscheinlich ließ er auch hier überprüfen, ob es in den Werken zu Unregelmäßigkeiten kam.

Laut Ulrich Kittel wurde der Bereich Wirtschaft im Laufe des Krieges immer wichtiger für das Forschungsamt und nahm mengen- und wertmäßig eine führende Position ein. Im Krieg erweiterte sich der Kreis der Empfänger der Braunen Blätter, die Wirtschaftsthemen beinhalteten, stark. Mehr als einmal habe der Wirtschaftsminister dem Amt mitgeteilt, dass der Staat durch dessen Arbeit Millionen von Reichsmark eingespart habe; das scheint für die Kriegszeit noch viel mehr gegolten zu haben, als für die Vorkriegsjahre.[95]

KAPITEL 8
Das Forschungsamt als Objekt der Begehrlichkeiten

In den anderen Geheimdiensten herrschte viel Unwissen über die Tätigkeit des Forschungsamtes. Das sorgte oftmals für Neid und Missgunst; ständig waren irgendwelche Gerüchte über die Arbeit des Amtes in Umlauf. Wenn dessen Mitarbeiter nach dem Krieg bemängelten, dass die Zusammenarbeit der verschiedenen Stellen untereinander viel zu schwach ausgeprägt gewesen sei – ein Umstand, der sich sehr negativ auf die Arbeit aller Stellen ausgewirkt habe – so vergaßen sie zu erwähnen, dass auch das Amt selbst kein Interesse daran hatte, Kompetenzen abzugeben. Es gab nur einen Versuch der FA-Spitze, zu einer Zusammenlegung mehrerer Dienste zu kommen, und der sollte eine Integration dieser anderen Stellen in das Amt mit sich bringen – also das Ende der anderen Dienste. Das wurde von Außenminister Ribbentrop gestoppt und auch beim OKW kritisch gesehen. Ebenso wie ehemalige Angestellte des Forschungsamtes beklagten, dass die anderen Institutionen ihnen wenige oder keine Informationen gaben, so war auch das FA selbst keineswegs immer gewillt, die anderen, abgesehen von der Zusammenstellung der Braunen Blätter und deren Belieferung, an eigenen Erkenntnissen teilhaben zu lassen. Die Spitze des Forschungsamts wollte zudem unbedingt die Weitergabe von Material an andere Institutionen kanalisieren und diese so unter Kontrolle behalten. Sie installierte daher in jedem Reichsministerium, das mit Braunen Blättern beliefert wurde, einen

Verbindungsoffizier. Nur diese Verbindungsstelle war verantwortlich für die Übergabe des Materials und dafür, dass es nach einer bestimmten Frist wie vorgesehen wieder eingesammelt wurde.

Was diese mangelnde Zusammenarbeit betrifft, so schwankten die amerikanischen Ermittler zunächst, ob sie überhaupt den Tatsachen entsprach. Sie stellten zwar eindeutig fest, dass das Verhältnis zu allen anderen Institutionen im besten Falle neutral war, andererseits deutete die Tatsache, dass sie Erkenntnisse über Erfolge des FA in verschiedenen erhalten gebliebenen Archiven anderer Stellen fanden, daraufhin, dass die Zulieferung durch das FA – und damit auch die Zusammenarbeit – sehr rege gewesen sein muss. Richtig ist wohl, dass das gegenseitige Verhältnis im Normalfall professionell war, aber atmosphärische Störungen und das zwischen den NS-Institutionen stark ausgeprägte institutionelle wie persönliche Konkurrenzverhältnis die Arbeit erschwerten und vor allem verhinderten, dass es zur Bildung eines einzigen Dienstes kam. Durch Reibungen und Friktionen mögen so manche wichtigen Informationen tatsächlich nicht erfasst worden sein. Andererseits wurden Ressourcen vergeudet, weil manche Arbeit von zwei Diensten parallel gemacht wurde, ohne dass beide von den Aktivitäten der anderen Stelle etwas wussten.

Was das OKW angeht, so beschrieb Ulrich Kittel in seinem Bericht, dass die dortige Verbindungsstelle beim allgemeinen Wehrmachtsamt eingerichtet worden sei, weil es sich hierbei um die neutralste Stelle gehandelt habe. Der Verbindungsmann war ein gewisser Dr. Klautschke. Er stand den Kollegen von der OKW/CHI für Fragen und Probleme der Zusammenarbeit zur Verfügung.[96] Insgesamt, so beschrieb es Ulrich Kittel, sei das Verhältnis zwischen den beiden Stellen in Ordnung gewesen. Niemals habe die militärische Führung Schritte unternommen, die Existenz des FA in Frage zu stellen.[97] Allerdings darf man nicht den allgemeinen Missmut bei der Wehrmacht darüber übersehen, dass das FA überhaupt gegründet worden war und auch einige der besten Männer abgeworben hatte. Zumindest in der letzten Zeit wurden mehrere Personen aus dem militärischen Führungsbereich persönlich beliefert. Neben Keitel, dem Chef des Oberkommandos der Wehrmacht, Raeder und Dönitz habe auch Görings Luftfahrt-Staatssekretär Milch dazu gehört.[98] Keitel, der über die Arbeit des Amtes wenig gewusst haben will, sagte später aus, er habe nie die »spezielle und merkwürdige Auswahl« ergründen können, nach der ihm Braune Blätter zugesandt wurden.[99] Es sei ihm vorgekommen, als basierten sie auf einer falschen und irrationalen Grundlage. Er habe gehofft, dass es zur Bildung einer einzigen Agentur kommen würde, gestand aber zu, dass er das eigene Krypto-Büro nur ungerne darin hätte aufgehen lassen.[100] Dönitz hatte einen besseren Einblick in den eigenen Krypto-Dienst der Marine. Er bestritt aber, jemals von anderen Stellen Material bezogen zu haben. Das widersprach allerdings den Aussagen von Alfred Jodl, Chef des Führungsstabes im OKW. Er sagte aus, Kopien der Braunen Blätter empfangen zu haben, die zuvor von Keitel ausgewählt worden seien. Das FA war ihm bekannt – er beschrieb es jedoch als »Görings spezielle Sache«. Jodl erinnerte sich auch an den kryptologischen Dienst des Auswärtigen Amtes.[101]

Im Krieg gelang es dem Amt durchaus, auch militärisch wichtige Informationen zu beschaffen. So besorgte es beispielsweise nähere Angaben über die britischen Truppenbewegungen und -stellungen in Nordafrika, von denen der berühmte, von der NS-Propaganda zum »Wüstenfuchs« und Helden stilisierte General Erich Rommel profitierte. Möglicherweise handelte es sich dabei um Informationen, die ihm zu seinem überraschenden Sieg gegen die Briten im Juni 1942 bei Tobruk verholfen haben. Zuvor hatte Rommel am Rande einer Niederlage gestanden, doch gelang es ihm, das Blatt zu wenden. Besonderes Lob vom OKW bekam das FA auch für die von ihm gelieferten feindlichen Schiffsbewegungen in der Ostsee.[102] Ebenfalls hilfreich für die Wehrmacht war der teilweise Einbruch in den russischen Funkverkehr während des Krieges. Laut US-Ermittler kamen insgesamt rund ein Drittel aller Informationen, die das OKW erreichten, von Görings Forschungsamt.[103] Das war ein beträchtlicher Anteil, auf den die Militärs auf keinen Fall verzichten konnten. Als die FA-Spitze aber (zu einem unbekannten Zeitpunkt, aber sicher während des Krieges) vorschlug, die Funküberwachung des OKW zu übernehmen, stieß sie auf Ablehnung. Es war zuvor aufgefallen, dass häufig beide Stellen die selben Meldungen produzierten. Das war eine unnötige Doppelung, aber das OKW war dennoch nicht bereit, die Sache aus der Hand zu geben.

Bleibt die Frage, warum es diesen Schritt verweigerte. Das OKW war keine politische Institution und sicher stärker als diese in der Lage, ein konkurrenztypisches Verhalten ein Stück weit zurückzustellen. Aber hier spielen wohl die persönlichen Störungen eine Rolle, von denen schon die Rede war. Von Anfang an waren die Beziehungen zwischen Gottfried Schapper und dem Leiter der Hauptgruppe Kryptoanalyse in der Chiffrierabteilung der Heeresführung, Wilhelm Fenner, stark gestört. Das hatte ganz persönliche Gründe. Der gebürtige Petersburger Fenner hatte nach dem Ersten Weltkrieg gemeinsam mit dem russischen Überläufer und Krypto-Experten Peter Novopaschenny die Chiffrierstelle der Reichswehr übernommen und systematisch auf- und zu einer effektiven Abteilung von gut ausgebildeten Experten ausgebaut. Während im Fokus der Abteilung die Sowjetunion lag, knüpfte Fenner ab 1933 freundschaftliche Kontakte zu entsprechenden Einrichtungen anderer Länder wie Österreich, Ungarn, Finnland und später auch zum Beispiel Spanien an. Aber Fenners Abteilung geriet nach der Gründung des Forschungsamtes unter Druck, weil Göring seine Leute rücksichtslos bei ihr wildern ließ und viele und gute Mitarbeiter mit attraktiven Gehältern »wegkaufte«. Fenner machte dafür auch zu recht seinen früheren Untergebenen Schapper mit verantwortlich. Zwar wuchs auch die Chiffrierabteilung des OKW kontinuierlich an, konnte aber mit 200 Angestellten 1939 in keiner Weise mit dem Forschungsamt und nicht einmal mit dessen Chiffrierabteilung mithalten. Das sorgte natürlich für großen Unmut bei Fenner. Darüber berichtete er selbst während seiner Vernehmungen in der Nachkriegszeit, ebenso wie einer seiner engsten Mitarbeiter, Erich Hüttenhain, der ab 1936 Leiter der Abteilung Analytische Kryptologie in Fenners Hauptgruppe war.[104] »Das wurde nicht gut aufgenommen, weil die Leute so angesehen wurden, als verließen sie das Schiff«, konstatierte Hüttenhain.[105] Jedenfalls blieben bei führenden Kryptologen der Armee immer persönliche Animositäten bestehen, auf die natürlich auf der anderen Seite dementsprechend reagiert wurde.

Aber diese persönlichen Animositäten waren natürlich nicht der einzige Grund für die mangelnde Kooperation. OKW/CHI-Angehörige hatten vor allem auch Vorbehalte gegen solche FA-Mitarbeiter, die der SS angehörten.[106] Nur in seltenen Fällen kam es zu einer echten Zusammenarbeit – und die konnte sehr erfolgreich sein. So gelang es dem FA 1943, eine von den Sowjets verwendete Teletype-Maschine zu rekonstruieren. Dabei handelte es sich vermutlich um eine Teletype 15, eine Verschlüsselungsmaschine, die seit 1930 von dem US-amerikanischen Unternehmen Teletype Corporation hergestellt wurde. Für die US-Ermittler war dies nach dem Krieg von besonderem Interesse, weil die Teletype auch vom US-Militär im Zweiten Weltkrieg benutzt worden war und in einer neueren Version auch nach dem Krieg weiter genutzt wurde. Obwohl die Teletype 15 bereits im Krieg technisch nicht mehr auf dem neuesten Stand war, wurde sie bis 1963 produziert. Das FA arbeitete zu dieser Zeit mit der von Siemens & Halske entwickelten »Schlüsselfernschreibemaschine« T 52 (die den Alliierten bekannt war). Die FA-Experten stellten fest, dass die Maschine Ähnlichkeiten mit der deutschen T 40, dem Vorläufermodell der T 52, aufwies.[107]

Weitere Beispiele bezeugen eine gemeinsame Arbeit. Einmal schickte das FA einen Experten zur entsprechenden OKW/CHI-Stelle, um den Funkverkehr des polnischen Widerstandes zu entschlüsseln; ebenso konnten beide Stellen zusammen den türkischen diplomatischen Verkehr entschlüsseln. Offenbar gab es auch eine Kooperation mit der Luftwaffe und dem Oberkommando des Heeres, das in der Berliner Victoriastraße nach der Aussage eines Mitarbeiters der OKW/CHI eine Stelle mit Hollerith-Lochmaschinen betrieb.[108] Anderen Aussagen zufolge fand allerdings in den letzten Monaten des Krieges keinerlei Zusammenarbeit mehr statt. Das mag allerdings einen einfachen Grund gehabt haben: Die Möglichkeiten des FA waren aufgrund der Ausbombung und der Evakuierungen so stark eingeschränkt, dass es nur noch wenig Material generieren konnte. Zudem waren auch immer mehr Kommunikationsnetze durch Kriegseinwirkungen zerstört.

Besser war das Verhältnis zunächst zwischen dem FA und dem Auswärtigen Amt. Die Zusammenarbeit sei im Allgemeinen gut gewesen, berichtet Ulrich Kittel. Der Leiter der dortigen Verbindungsstelle hatte keinerlei Schwierigkeiten, seine Meldungen abzusetzen, die er persönlich dem eigens zuständigen Beamten übergab. Bis 1937 war der FA-Mann im AA Dr. Wrede, dann übernahm den Posten Bernhard Foss. Er hatte zuvor die Bibliothek des Forschungsamtes aufgebaut. Ihm gelang es, einen engen Draht zu den Kollegen vom Auswärtigen Amt zu knüpfen. Bis zum Ausbruch des Krieges wurde es ihm sogar gestattet, Einsicht in den gesamten Telegrammverkehr der deutschen Missionen im Ausland zu nehmen. In die Vorhaben und Planungen des Auswärtigen Amtes wurde er allerdings nicht eingeweiht – soweit ging der Wille zur Kooperation dann doch nicht.[109] Die Verbindungsstelle war zunächst dem Büro des Staatssekretärs Ernst von Weizsäcker, später dem von Staatssekretär Gustav Adolf Steengracht von Moyland zugeordnet. Das FA übergab Foss die für das AA bestimmten Dokumente in einem verschlossenen Umschlag. Foss übergab sie dann einem festgelegten Verteilerschlüssel folgend an den Staats- und Unterstaatssekretär, den Chef des Protokolls, den Pressechef sowie den Leiter der Politischen Abteilung. Es gab allerdings wie schon erwähnt auch Meldungen von besonderer Wichtigkeit, die nur der Minister zu lesen bekam. Walter Seifert, der Chef der Hauptabteilung V Auswertung, erinnerte sich, dass das Auswärtige Amt zu Neuraths Zeiten die Meldungen aus dem FA wertschätzte. Es habe zu den belieferten Stellen gehört, die sie am meisten nutzten: »Wenn der französische Botschafter die Weisung bekam, in irgendeiner Angelegenheit eine Demarche zu machen, dann konnten wir dem Außenminister sagen: ›Morgen kommt der französische Botschafter um die und die Zeit, er hat den und den Auftrag, er kann verhandeln bis zu dem und dem Limit.‹ Ich meine, dann kann man Politik treiben.«[110] Tatsächlich konnte solches Wissen große Vorteile mit sich bringen – und Seiferts Aussage lässt einmal mehr erahnen, welche Bedeutung das Forschungsamt gehabt haben muss. Neurath erkannte ebenso wie das OKW die wichtige Rolle des Forschungsamtes und beide waren daher offenbar bereit, bis hin zu einer Teilzusammenlegung mit diesem zusammenzuarbeiten. Es war nicht so, dass beide nicht in die Ressortkämpfe, die überall im Dritten Reich herrschten, verstrickt waren, aber sie stellten die Professionalität deshalb nicht völlig hinten an.

Das änderte sich, als Ribbentrop Hitlers neuer Außenminister wurde. Gefangen in seiner Eitelkeit und belastet durch einen starken Hang zur Selbstüberschätzung verband ihn von Anfang an eine besonders ausgeprägte gegenseitige Feindschaft zu Göring, die dieser engagiert erwiderte. Göring hatte sie gleich zu Beginn von Ribbentrops Amtszeit massiv befordert, als er bei seinen Leuten eine Ausarbeitung über die Frage, wie der Amtsantritt des neuen Außenministers im Ausland ankam, in Auftrag gab. Diese – erwartungsgemäß – ziemlich negative Auswertung, erregte einen wahren Tobsuchtsanfall Ribbentrops, der Göring unterstellte, dass in dem FA-Bericht ausschließlich die ablehnenden Reaktionen berücksichtigt und die positiven unterschlagen worden seien.[111] Wahrscheinlich ist eher, dass Göring fest mit einem deutlichen Übergewicht der Negativreaktionen rechnete und den Bericht tatsächlich gar nicht manipulieren lassen musste, da Ribbentrop ein denkbar schlechter Ruf vorauseilte. Dass er diesen Bericht in böser Absicht gleichwohl erstellen ließ, liegt wohl außerhalb jeden Zweifels.

Beide kämpften beständig um mehr Einfluss, bei Göring kam noch dessen grundsätzlicher Unmut gegenüber den Diplomaten hinzu. Ribbentrop richtete schon eine Verbindungsstelle zum FA ein, als er noch gar nicht Außenminister war, sondern Leiter des Außenpolitischen Amtes der NSDAP. Ab Februar 1938 erreichte der Sektfabrikant, der sich immer als der bessere Außenminister gesehen und Amtsinhaber Konstantin von Neurath das Leben schwergemacht hatte, wo es nur ging, sein Ziel und zog selbst als Chef ins Auswärtige Amt ein. Von diesem Tag ging es mit den Beziehungen zwischen AA und FA bergab. Ribbentrop sah die Arbeit des Forschungsamtes einzig unter dem Aspekt der Konkurrenz. Er ging sogar soweit, Berichte des FA von den Braunen Blättern auf weißes Papier abschreiben zu lassen und als Meldungen der eigenen Abteilung Pers Z auszugeben.[112] Seine Einstellung zum FA sei ausgesprochen hemmend gewesen, so Kittel: »Er war einer der schärfsten Gegner des FA und gab dem im Laufe der Zeit auch immer wieder Ausdruck.«[113] So habe er auch das FA sabotiert, wo er nur konnte, selbst, wenn das zum Schaden des Staates gewesen sei. Am schlimmsten für ihn war wohl, dass Hitler außenpolitische Meldungen des Forschungsamts geliefert bekam, die ihm vorenthalten blieben. Damit hatte der »Führer« auf Ribbentrops Kerngebiet einen Wissensvorsprung. Und viel schlimmer noch: Das traf auch auf Ribbentrops Erzrivalen Göring zu, denn dieser bekam ja jeden Bericht seiner Leute vom FA auf den Schreibtisch. Er verlangte von Göring, dass alle Meldungen mit außenpolitischem Inhalt, die für Hitler gedacht waren, zuerst ihm vorgelegt würden; doch darauf ging Göring natürlich nicht ein. Göring war schlicht am längeren Hebel und ließ grundsätzlich alle Aufträge auf eine Telefonüberwachung, die von Ribbentrop kamen, durchfallen.[114] Dass die Entschlüsselungsstelle des FA regelmäßig schneller gearbeitet habe als die seines AA, habe diesen sehr erzürnt. Als das FA zu Beginn des Krieges bei der großen Zahl von Aufträgen zur Überwachung des feindlichen Rundfunks nicht mehr nachkam, nutzte Ribbentrop die Gelegenheit, um einen eigenen entsprechenden Dienst, das sogenannte Seehaus, zu gründen. Diese Einrichtung wurde so genannt, weil ihre Dienstelle in einem mondänen Haus am Berliner Wannsee untergebracht war. Ab Oktober 1941 beteiligte sich das Propagandaministerium am Sonderdienst Seehaus. Bis 1945 wurden hier von bis zu 500 Mitarbeitern Rundfunkprogramme in 36 Sprachen abgehört und ausgewertet.[115]

Das von Anfang an mit Abstand schwierigste Verhältnis hatte das Forschungsamt aber zu Himmler und Heydrich sowie Walter Schellenberg, Leiter des Auslandsnachrichtendienstes im Reichssicherheitshauptamt (RSHA). Hier ging es von Beginn an um die Existenz des Amtes, wie schon die erste Intervention Heydrichs im Auftrag Himmlers aus dem Sommer 1933 zeigte. Dass Himmler fürs erste als Verlierer aus dem Kampf hervorging, bedeutete keineswegs, dass er seine Versuche, das Amt unter seine Kontrolle zu bekommen, aufgab. Entgegen den Behauptungen Irvings gab es sehr wohl SS-Angehörige unter den Mitarbeitern des FA, allen voran dessen zweiter Chef Prinz Philipp von Hessen und sein Nachfolger Gottfried Schapper. Die Erfolge, über den Kontakt beziehungsweise durch die Tatsache, dass Himmler der Vorgesetzte des Prinzen war, Einfluss auf das Amt zu nehmen, war allerdings wohl wie gesehen, nicht sehr groß. Aber bis 1938 gab es sogar eine eigene SS-Organisation im Forschungsamt. Welche Bedeutung sie oder überhaupt der Tatsache zukam, dass in der Schillerstraße SS-Leute, die ja alle

Himmler persönlich verpflichtet waren, arbeiteten, kann heute nicht mehr ermessen werden. Göring achtete jedenfalls mit Argusaugen auf jeden Versuch der Infiltrierung oder gar der Übernahme. »Alles in allem hat das Amt auf jeden Fall in der gesamten Dauer seines Bestehens mit der Geheimen Staatspolizei verglichen mit den anderen Behörden am meisten Schwierigkeiten gehabt«, urteilte Ulrich Kittel zurecht.[116] Er berichtete im Übrigen auch von einem Versuch des ersten Gestapo-Chefs Rudolf Diels, das Amt zu übernehmen. Auch dieser Versuch müsste also sehr früh nach dessen Gründung stattgefunden haben, weil Diels bereits im April 1934 seinen Posten endgültig verlor, nachdem er ihn bereits im Herbst des Vorjahres nach Konflikten mit Himmler vorübergehend hatte niederlegen müssen. Allerdings scheint Himmler eine Zeit lang Schellenberg bei dem Versuch, das Forschungsamt zu übernehmen, gebremst zu haben. Er schien zu der Erkenntnis gekommen zu sein, dass er sich bei Hitler ohnedies nicht durchsetzen würde, dazu war einfach Görings Stellung beim »Führer« während dieser Jahre zu stark. Das begann sich erst allmählich nach der Luftschlacht um England und dann vor allem nach der verlorenen Schlacht um Stalingrad Anfang 1943 zu ändern. So mag es kein Zufall sein, dass Schellenberg seine Bemühungen 1943 zu intensivieren begann. Im Februar 1944 erzielte er einen ersten wichtigen Erfolg, als Hitler den Befehl erließ, alle Nachrichtendienste im RSHA zusammenzulegen.[117] Im Amt war zu dieser Zeit ein Regimegegner aufgeflogen, der wenige Monate später hingerichtet wurde (dazu weiter unten). Wirkliche Folgen scheint der Beschluss allerdings zunächst nicht gehabt zu haben. Erst nach dem Attentatsversuch vom 20. Juli 1944 verstärkte sich der Druck wirklich auf das Amt. Ab nun bekam die Gestapo offenbar die Kontrolle über einige der A-Stellen des FA.[118] Als sie sich aber anschickte, endgültig das Amt zu übernehmen, schlug bereits die letzte Stunde des Dritten Reiches, so dass diese Kontrolle gar nicht mehr zum Tragen kam. Göring selbst berichtete in Nürnberg:

»Es ist richtig, dass die Polizei danach strebte, dieses Instrument in die Hand zu bekommen. Sie hat es aber nicht von mir bekommen …«. Mit der Bezeichnung »Polizei« muss er die Geheime Staatspolizei gemeint haben. Wohl habe sie einige Nebenstellen aufgemacht. »Aber die entscheidende Überwachung, die ja technisch durch das Postministerium geschaltet werden musste, die konnte nur ich anordnen.«[119]

KAPITEL 9
Die Außenpolitik rückt in den Fokus

Es mag sein, dass Hitler ein gespaltenes oder auch kritisches Verhältnis zum Forschungsamt hatte. Das hinderte ihn aber keinesfalls daran, das Amt für seine Zwecke gezielt einzusetzen. Seit der »Führer« 1936 entschied, Deutschland systematisch auf einen kommenden Krieg vorzubereiten, rückte auch die Außenpolitik immer stärker in den Fokus – und damit wurde das »normale Belauschen« des diplomatischen Verkehrs und der ausländischen Journalisten in Berlin für die Arbeit des FA immer wichtiger. Zu einem größeren Einsatz kam das Amt im Zuge des »Anschlusses« Österreichs an das Deutsche Reich im März 1938. Göring ließ systematisch seine eigenen Telefone abhören und seine Gespräche abschreiben, ebenso die zwischen den wichtigsten Berliner Stellen und NS-Vertretern in Wien. Dazu gehörten unter anderem Edmund Veesenmayer und Wilhelm Keppler. Dieser war ein Vertrauter Görings, der in Wien den »Anschluss« vorbereiten sollte. Im März 1938 wurde er dann »Reichsbeauftragter für Österreich«; Veesenmayer wurde zu Kepplers Stellvertreter ernannt. Ihm kam eine wichtige Rolle bei der Ausschaltung des österreichischen NSDAP-Landesleiters Josef Leopold zu. Veesenmayer war geschäftlich in Österreich engagiert, wurde aber schon im Sommer 1938 von Ribbentrop ins Außenministerium geholt und zum Gesandten ernannt. Später versetzte Hitler ihn auf den gleichen Posten in Ungarn. In dieser Funktion wurde er zu einem der schlimmsten Schreibtischtäter im Zusammenhang mit der Vernichtung hunderttausender ungarischer Juden. »Wie bei keinem anderen Vertreter des Auswärtigen Amtes verbanden sich in Veesenmayer menschenverachtende Ideologie und eiskalter Pragmatismus«, urteilte eine Historikerkommission, die das Wirken des Auswärtigen Amtes im Dritten Reich erforschte.[120]

Zu den Abgehörten gehörten auch Arthur Seyß-Inquart, ein österreichischer Nationalsozialist, der ebenfalls eine wichtige Rolle beim »Anschluss« spielte, sowie Odilo Globocnik, der Hitlers wichtigste Verbindung in Österreich vor dem Anschluss war. Warum Göring die Gespräche mit diesen Männern von seinen eigenen FA-Lauschern abhören ließ, ist unbekannt. Die These, die David Irving anbietet, nach der Göring diesen Schritt veranlasst habe, weil die Gespräche historisch gewesen seien, erscheint nicht glaubwürdig.[121] Bei dieser Aktion kam es nebenbei bemerkt zu einer Panne, wie Hitlers Marineadjutant Karl Jesco von Puttkammer berichtete: Später wurde nämlich festgestellt, dass die Reichspost alle diese Gespräche durch Prag hatte laufen lassen, wo sie leicht von den dortigen Sicherheitsbehörden hätten abgefangen werden können.[122] Hitler wurde über diese Panne informiert (sonst hätte von Puttkammer darüber nichts wissen können), was sicher seine Meinung über das Forschungsamt nicht hob (auch, wenn ja eigentlich die Reichspost der Schuldige war).

Aber andererseits profitierte Hitler während seiner Vorbereitungen auf den »Anschluss« nicht unwesentlich von der Arbeit des Amtes. Denn für ihn war es ungemein wichtig, die Meinung Mussolinis über sein geplantes Vorgehen zu kennen. Zu diesem Zeitpunkt waren die beiden Diktatoren noch in der Annäherungsphase, und es hatte Zeiten gegeben, da war Mussolini strikt gegen jedes deutsche Vorgehen gegen Österreich gewesen. Dass Mussolini sich nun aber zurückhalten und Berlin gewähren lassen würde, scheint aus dem Telefon- und Telegrammverkehr zwischen Rom und Wien hervorgegangen zu sein – und den fing die Forschungsstelle A in München ab. Ebenso konnte das FA zwei französische Telegramme abfangen, aus denen klar wurde, dass England und Frankreich nicht aktiv werden würden, weil die britische Regierung das verhindert habe. Göring schickte diese beiden Meldungen während der aufregenden Tage im März 1938 an Hitler, der sich schon in Wien aufhielt. Seinem Verbindungsoffizier bei Hitler, General Karl Bodenschatz, trug er auf: »Deshalb möchte ich doch etwas freundlich zu England sein. Also pass mal auf, wenn der Kurier vom Forschungsamt kommt, der soll sich melden und soll {dem Führer} sagen, ich ließe den Führer bitten, diese Meldungen zu lesen … Daran sieht der Führer am klarsten die Haltung der Mächte.«[123]

Die Geschichte des »Anschlusses« zeigt übrigens auch, wie sehr sich die verschiedenen Stellen des Sicherheitsapparates und vor allem Göring und Himmler gegenseitig beäugten und ihre Vorteile suchten. In diesem Fall ging es darum, wer zuerst die Fernsprecherfassungsstelle Wien am Schillerplatz in die Hände bekam. Damit sie nicht an Himmler und Heydrich fiel, instruierte Göring offenbar noch in der Nacht zum 13. März (Hitler war am 12. März in Wien eingetroffen) Seyß-Inquart, die Telefonstelle persönlich und sofort zu besetzen. Zwei Tage später wurde Ferdinand Niedermeyer, ein Mitarbeiter des FA, zum Leiter der neuen Forschungsleitstelle Wien ernannt.[124] Die österreichische Telefonüberwachung war offenbar im Vergleich zur deutschen schlecht ausgebaut, aber im Entschlüsseln waren die Österreicher gut gewesen.

Weniger erfolgreich war das Amt zunächst mit dem Abschöpfen der tschechoslowakischen Telefon- und Telegraphenleitungen. Als es von der Abwehr gebeten wurde, sich darum zu kümmern, musste es passen. Aber Hitler hatte mit dem Sudetenland längst sein nächstes Ziel im Visier, und so ließ Niedermeyer im Frühjahr 1938 eine neue A-Stelle direkt an der Grenze zum Nachbarland, im Bahnhof des Städtchens Lundenburg, aufbauen. Von hier aus konnten nun die Gespräche abgehört werden. Es sollte ein voller Erfolg werden, der Hitler zu einem ungewöhnlichen Schritt veranlasste.

»Anschluss« und die Sudetenkrise

Dass das Forschungsamt in der großen Politik eine wichtige Rolle spielen konnte, zeigen die Ereignisse rund um die Sudetenkrise. Ebenso, dass Hitler es trotz seiner Distanz gezielt als Instrument einsetzen konnte. Hitler hatte nach dem »Anschluss« Österreichs im Laufe des Sommers 1938 die Krise um das Sudetenland immer weiter angeheizt und ließ die Propagandamaschine auf Hochtouren arbeiten. Sein Ziel war es, das Sudetenland an das Deutsche Reich anzugliedern und die Tschechoslowakei zu zerschlagen. Er wollte eine Entscheidung unbedingt in diesem Herbst 1938 und steuerte bewusst auf eine militärische Lösung zu. Am 3. September entschied er über Einzelheiten des schon vorliegenden »Aufmarschplan Grün«, die Basis für den Angriff auf die Tschechoslowakei. Als Tag des Angriffs setzte er den 1. Oktober fest. Er glaubte dem Chef der Abwehr, Admiral Canaris nicht, als dieser meldete, Mussolini sei gegen das Vorgehen. Ebenso wenig hielt er es für glaubwürdig, dass die Engländer Prag beispringen würden; seiner Ansicht nach bluffte die Regierung in London nur und werde sich in Wahrheit neutral verhalten. Und als der deutsche Botschafter in Paris, Johannes von Welczek, meldete, auch Frankreich werde, wenn auch zögerlich, zu seinen Verpflichtungen gegenüber den Tschechen stehen, wischte Hitler das ebenfalls beiseite. Der britische Außenminister Lord Edward Wood Halifax erfuhr von Hitlers Einschätzung der Lage und bezeichnete den »Führer« im Kabinett als »möglicherweise oder sogar wahrscheinlich verrückt«.[125] Auf dem Reichsparteitag der NSDAP im September fuhr Hitler schärfste verbale Angriffe gegen die Tschechen, ohne allerdings die Übergabe des Sudetenlandes oder ein Plebiszit zu fordern. In Deutschland machte sich gleichwohl das Gefühl breit, ein Krieg stünde unmittelbar bevor – die Stimmung war aber sehr zum Unmut Hitlers in der Bevölkerung gedrückt und nicht vergleichbar mit der vom August 1914. Die Tschechen ihrerseits erwarteten nun täglich eine deutsche Kriegserklärung. Der britische Premierminister Neville Chamberlain, der Anführer der Appeasement-Politiker in London, die hofften, Hitler durch ein partielles Entgegenkommen zufrieden stellen zu können, bot diesem zwei Tage später, am 14. September, an, ihn am folgenden Tag auf dem Berghof zu besuchen. In dieser Situation gelang es dem Forschungsamt, den innertschechischen Telefonverkehr auf höchster Ebene, vor allem zwischen Prag und der Botschaft in London, anzuzapfen. Das geschah wahrscheinlich von der neuen Stelle in Lundenburg an der deutsch-tschechischen Grenze. Die Berichte, die Hitler natürlich umgehend vorgelegt wurden, gaben ihm einen tiefen Einblick in die Stimmungen und die Meinungen, die in Prag vorherrschten. So war er darüber im Bilde, dass die Tschechen das Vorgehen der Briten mit größter Skepsis, zum Teil auch mit offener Wut, beobachteten und kommentierten. Hitler konnte den Braunen Vögeln, die auf seinen Schreibtisch flatterten, entnehmen, dass von einem vertrauensvollen Verhältnis keine Rede sein konnte. Das bestärkte ihn natürlich in seinem Vorgehen.

Am Abend dieses 14. September fingen die Lauscher vom Forschungsamt ein Telefonat zwischen dem tschechoslowakischen Gesandten in London, Jan Masaryk, und Staatspräsident Edvard Beneš ab. Dieser kam gerade von einem Theaterbesuch zurück und wurde durch Masaryk über Chamberlains bevorstehende Reise nach Deutschland unterrichtet.

Masaryk: »Entschuldigen Sie, dass ich Sie störe«.
Beneš: »Ja?«
Masaryk: »Sie haben schon gehört von Chamberlain?«
Beneš: »Nein«.
Masaryk: »Er fliegt morgen um 8.30 Uhr nach Berchtesgaden
Beneš (nach einer längeren Pause): »Ist nicht möglich!«

Masaryk berichtete weitere Einzelheiten, zum Beispiel, dass Chamberlain von dem Diplomaten William Strang, der als Freund der Tschechen galt, und von Horace Wilson, neben Chamberlain selbst einer der wichtigsten Verfechter der Appeasement-Politik, begleitet würde. Wilson war bei der Prager Regierung denkbar unbeliebt, so bezeichnete Masaryk ihn als »Sau«. Masaryk glaubte, dass die englische Regierung sich mit der französischen abgesprochen habe.[126]

Am frühen Morgen des 15. September begann für Chamberlain ein aufregender Tag. Als sein Flugzeug am Flughafen Heston startete, war es der erste Flug seines Lebens für den 69-jährigen Premierminister, denn er hatte eigentlich Angst vor dem Fliegen. Doch seine Mission war zu wichtig für solche persönlichen Befindlichkeiten, kündigte Chamberlain doch vor dem Abflug nichts weniger an, als dass er den Frieden retten wolle. Nachdem er in München von einer jubelnden, auf den Fortbestand des Friedens hoffende Bevölkerung empfangen worden war, verlief der Besuch auf dem Berghof allerdings nicht sehr erfolgreich. Während sich draußen ein Unwetter auftürmte, erneuerte Hitler, mal lautstark, mal ruhig, gegenüber seinem englischen Gast alle seine Vorwürfe an Prag. Chamberlain hörte aufmerksam zu. »Aus seinen braunen Augen blickte er Hitler offen an. Nichts in seinem gut geschnittenen, typisch englischen Gesicht mit den buschigen Augenbrauen, der scharfen Nase und dem energischen Mund unter dem kleinen schwarzen Bart verriet, was hinter der hohen Stirn unter dem leicht ergrauten vollen Haar vor sich ging«, beschrieb Hitlers Dolmetscher Paul Schmidt die Szene.[127] Der Premier versicherte Hitler, er sei bereit, jede Lösung in Betracht zu ziehen, um den deutschen Interessen entgegenzukommen, so lange Hitler keine Gewalt anwende. »Gewalt, wer spricht von Gewalt«, schoss es daraufhin zornig aus Hitler heraus, der Beneš seinerseits vorwarf, Gewalt gegen die Sudetendeutschen anzuwenden. Das aber werde er sich nicht länger bieten lassen und in kürzester Zeit die ganze

Angelegenheit aus eigener Initiative regeln. Chamberlain erwiderte, unter diesen Umständen sei es doch wohl das Beste, wenn er gleich wieder abreise, es habe doch alles keinen Zweck mehr. »Wenn er es tatsächlich zum Krieg kommen lassen will, dachte ich mir, dann ist der Augenblick jetzt da, und blickte ihn gespannt an. In dieser Sekunde ging es tatsächlich auf des Messers Schneide, um Krieg oder Frieden«, erinnerte sich Dolmetscher Schmidt.[128] Doch mit einer solch entschlossenen Reaktion hatte Hitler offensichtlich nicht gerechnet, denn er trat den Rückzug an. Wenn Chamberlain den Grundsatz der Selbstbestimmung für die Sudetendeutschen anerkennen könne, dann könne man sich darüber unterhalten, wie dieser Grundsatz in die Praxis umgesetzt werden könne«, erwiderte Hitler. Nachdem Chamberlain angekündigt hatte, mit seiner Regierung darüber zu beraten und dann wieder zu kommen, versicherte sein Gegenüber ihm, in der Zwischenzeit keine militärischen Schritte zu unternehmen.

Am 22. und 23. September empfing Hitler Chamberlain erneut, diesmal in Bad Godesberg. Das Forschungsamt leistete ihm einen wichtigen Dienst. Dessen Mitarbeiter konnten nämlich die Funksprüche des Premierministers, die dieser während der zwei Tage nach London schickte, sowohl abfangen als auch rasch entschlüsseln. Hitler ließ die Gespräche mit Chamberlain eigens für einige Stunden unterbrechen – so lange, bis er die Berichte gelesen hatte. Er kannte also den Verhandlungsstand auf der anderen Seite. Das war natürlich ein großer Vorteil gegenüber den Briten.[129]

Hitler war einerseits zufrieden mit dem Ergebnis des Gesprächs, zugleich aber durchaus auch verunsichert, weil er nicht sicher war, welches Ergebnis Chamberlains Verhandlungen im Kabinett bringen würde und wie sich die Tschechen verhalten würden. Da aber konnte wiederum das Forschungsamt weiterhelfen. Es hatte auch in der Zeit vom 16. bis 22. September Telefongespräche zwischen tschechischen Regierungsvertretern aufgezeichnet, die wiederum die Wut, Verzweiflung und Unsicherheit in Prag verdeutlichten – und den Druck, den vor allem London ausübte, damit Prag nachgeben würde.

Diese aufgezeichneten Gespräche zeigen, dass die Prager Regierung zunächst im Dunklen tappte, was die Absichten Englands und Frankreichs betraf. Allmählich aber kam Licht in dieses Dunkel, und was dann offenbar wurde, konnte ihnen überhaupt nicht gefallen. Sie mussten einsehen, dass London und Paris tatsächlich noch nicht gewillt waren, zum Schutz eines anderen Landes, Deutschland den Krieg zu erklären. Glasklar wurde ihnen nun die schreckliche Tatsache, dass der Tschechoslowakei eine völlige Zerschlagung drohte. Sie erkannten aber, dass es in England unterschiedliche Auffassungen gab, dass nämlich Winston Churchill für eine härtere Linie eintrat als der Appeasement-Politiker Chamberlain. Kein Wunder, dass ihre Sympathien bei Churchill lagen. Und kein Wunder auch, dass sie sich – vorsichtig ausgedrückt – nicht positiv über die Regierungen der beiden Westmächte äußerten. Das bewog Hitler zu einem ungewöhnlichen Schritt. Er ließ die Protokolle der abgehörten Gespräche am 27. September dem britischen Botschafter in Berlin übergeben um London zu demonstrieren, was die Tschechen von der englischen Regierung hielten. Hitlers Ziel war es, Chamberlain dazu zu bringen, Prag ganz offiziell fallen zu lassen.

Die Sache mit der Weitergabe der innertschechischen Gespräche hatte aber noch einen zweiten Aspekt, denn Hitler offenbarte mit der Vorlage ganz offiziell, dass ein deutscher Dienst den Telefonverkehr ausländischer Regierungen abhörte. Chamberlain musste von diesem Augenblick sicher davon ausgehen, dass dies auch auf den innerbritischen Verkehr zutreffen konnte. Wieweit er auf die technischen Fähigkeiten seiner Experten vertraute, das zu verhindern, muss dahingestellt bleiben. So oder so war Hitlers Schritt eine große Dreistigkeit. Andererseits nahm der »Führer« in Kauf, dass die Briten spätestens jetzt Maßnahmen ergreifen würden, mit denen solches Abhören künftig unmöglich sein würde oder die Kommunikationswege so gelegt würden, dass sie für deutsche Stellen unerreichbar wären. Und zudem musste er damit rechnen, dass auch die Franzosen aus London eine Warnung erhalten würden. Damit setzte Hitler in einem wichtigen Bereich die Arbeit des Forschungsamtes einer großen Gefahr aus. Warum tat er das? Dafür gibt es eigentlich nur zwei wahrscheinliche Antworten: Entweder, weil er ohnedies nicht viel von den Spionen hielt, deren Ergebnisse zunehmend seiner »Vorhersehung« widersprachen. Oder er rechnete damit, dass ein Abhören des innerbritischen Telefonverkehrs bald ohnedies schwieriger oder gar unmöglich werden würde – dann nämlich, wenn es zum Krieg kommen würde. Version eins wirkt in sich nicht wirklich schlüssig – denn gerade die Ergebnisse der Lauschposten ermöglichte Hitler ja erst, dass er deren Existenz und Arbeit an die andere Seite preisgeben konnte. Wahrscheinlicher ist Variante zwei. In diesem Fall hätte Hitler allerdings zu kurz gedacht – denn als die Wehrmacht Länder wie die Benelux-Staaten oder Frankreich besetzt hatte, verbesserten sich die Abhör-Möglichkeiten sogar, wie noch zu zeigen sein wird.

Was folgte, war das Münchner Abkommen von Ende September 1938, das auf Vermittlung Mussolinis zwischen Deutschland, Italien, England und Frankreich geschlossen wurde. Die Westmächte gaben damit Hitler grünes Licht zur Eingliederung des Sudetenlandes ins Deutsche Reich. Nach außen hin sah das Ergebnis wie ein glänzender Sieg Hitlers aus. Die Bevölkerung jubelte, schien doch der Frieden gerettet und zugleich ein wichtiger Teil des verhassten Vertrages von Versailles von 1919 rückgängig gemacht – und das ohne einen einzigen Schuss. Auch Goebbels sah »München« als Sieg, allerdings dachte er keine Sekunde daran, dass Deutschland nun Ruhe geben würde: »Wir haben also im Wesentlichen alles erreicht, was wir nach dem kleinen Plan wollten. Der große Plan ist im Augenblick, und zwar unter den obwaltenden Zuständen noch nicht zu realisieren.«[130] Einen Tag später fügte er an: »Nun heißt es: rüsten, rüsten, rüsten.«[131] Hitler indes sah wie sein Außenminister Ribbentrop den Ausgang als Niederlage und Rückschlag an. Er fühlte sich um seinen Krieg betrogen. Sein Drang danach wuchs infolge des Abkommens ebenso wie seine Verachtung für die englischen und französischen Staatsmänner, die er als »kleine Würmchen« bezeichnete. Das Münchner Abkommen war für ihn schlicht bedeutungslos, er dachte nicht im Traum daran, sich durch diese Vereinbarung irgendwelche Grenzen setzen zu lassen. Sein Selbstbewusstsein wuchs weiter, und das bekam auch das Forschungsamt zu spüren.

Die letzten Tage vor dem Inferno

Hitler hatte sich vom Ausgang des Münchner Abkommens nicht von seinem Kurs in Richtung auf einen Krieg abbringen lassen. Im März 1939 hatte er entgegen seiner Ankündigung, mit der Einverleibung des Sudetenlandes ins Deutsche Reich sei sein Hunger auf weitere Gebietseroberungen gestillt, die »Rest-Tschechei« zerschlagen. Danach erhöhte er sofort den Druck auf Polen – und diesmal wollte er sich seinen Krieg nicht mehr nehmen lassen. Im Laufe des Sommers lief die Propaganda-Maschine auf Hochtouren. Berlin warf Polen eine Unterdrückung der deutschen Minderheit vor und forderte, dass die unter der Verwaltung des Völkerbundes stehende Stadt Danzig sowie der Korridor, der nach dem Krieg zwischen das Reich und Ostpreußen geschlagen worden war, um dem wiedererstandenen Polen einen Zugang zum Meer zu verschaffen, wieder an Deutschland zurückfallen müssten. Natürlich weigerte sich die polnische Regierung. Spätestens seit dem Frühjahr 1939 erkannte die Londoner Regierung, dass sie Hitlers Friedensbeteuerungen nicht glauben konnte. Von nun an fuhr sie, und in ihrem Schlepptau auch die französische Regierung, einen strafferen Kurs. Man wollte Hitler zeigen, dass er endgültig eine rote Linie zu überschreiten drohte. Ein diplomatisches Ringen um die Sowjetunion konnte am 23. August mit dem Hitler-Stalin-Pakt überraschend Berlin für sich entscheiden. Dieser Pakt war eine Sensation – Hitler stand das Tor nach Polen offen.

Premierminister Chamberlain fuhr eine Doppelstrategie: Er wollte zwar den Frieden erhalten, aber nun nicht mehr um jeden Preis; das ständige Nachgeben gegenüber Hitler hatte nichts gebracht, das hatte nun auch der überzeugte Appeasement-Politiker verstanden. An eben jenem 23. August, an dem Ribbentrop den Pakt mit Moskau schloss, besuchte der britische Botschafter in Berlin, Sir Nevile Henderson, Hitler auf dem Berghof. Hitler machte Henderson klar, dass er Polen angreifen werde, wenn dessen Regierung nicht nachgeben sollte. Er warf London vor, an einem möglichen Krieg die Schuld zu tragen. Das war auch der Tenor eines Antwortschreibens an Chamberlain auf einen Brief des Premiers. Hitler mochte noch immer nicht glauben, dass England tatsächlich an der Seite Polens Krieg gegen Deutschland führen würde; sein Ringen um ein Agreement mit London wurde immer verzweifelter. Doch zugleich ließ er letzte Vorbereitungen für den »Fall Weiß« durchführen – den Angriff auf Polen, der zu diesem Zeitpunkt für den 26. August, einem Samstag, morgens um 4.30 Uhr vorgesehen war. Die Mobilmachung wurde dann allerdings denkbar kurzfristig am Nachmittag des 25. August gestoppt. Hitler war schockiert, weil Mussolini ihm mitteilen ließ, dass Italien keinesfalls bereits für einen Krieg gegen die Westmächte gerüstet sei; als Verbündeter fiel Rom damit zunächst aus. Als auch noch der französische Ministerpräsident Édouard Daladier klarmachte, dass Frankreich wie England den Polen im Falle eines deutschen Angriffs beistehen werde, schien Hitler nach Ansicht von Mitgliedern seines Umfelds ratlos. Er ließ der Londoner Regierung ein Angebot zukommen, in dem er unter anderem behauptete, die polnischen Grenzen unangetastet zu lassen – doch das war nur Augenwischerei und nicht ernst gemeint. London blieb hart. Schließlich verlangte Hitler am Abend des 29. August, dass ein polnischer Beauftragter mit umfassenden Vollmachten am folgenden Tag zu ihm kommen solle. Das war ein Ding der Unmöglichkeit – und das Forschungsamt vermeldete, dass das auch der sehr bemühte Henderson so sah. Wie erwartet ließ der britische Außenminister Lord Halifax Hitler mitteilen, dass das Ansinnen nicht zu erfüllen sei. Tatsächlich war auch diese Forderung nur ein Schachzug Hitlers, um der deutschen Öffentlichkeit zu zeigen, dass er angeblich alles versucht habe, um den Frieden zu erhalten. Das gilt auch für die »16 Punkte«, die Hitler durch Ribbentrop Henderson in der Nacht des 30. August mündlich übermitteln ließ. An diesem 30. August hatte Hitler den erneuten Befehl gegeben, die letzten Vorbereitungen für einen Angriff so durchzuziehen, dass die Wehrmacht am 1. September morgens um 4.45 Uhr Polen angreifen könne. In der Nacht zum 1. September inszenierten die Deutschen lange vorbereitete »Vorfälle«, die angeblich von Polen im Grenzgebiet begangen worden sein sollten und die Hitler als Begründung für das Losschlagen gegen Polen benutzte. Als am frühen Morgen des 1. September deutsche Bomber den kleinen polnischen Ort Wielun angriffen, war der Krieg da.

In dieser Zeit unmittelbar vor dem Ausbruch des Krieges arbeitete auch das Forschungsamt rund um die Uhr auf Hochtouren. In diesen dramatischen zehn Tagen lieferte das Amt mindestens 49 Berichte im Zusammenhang mit dem diplomatischen Ringen zwischen Berlin und London. Wie viele Hitler davon gelesen hat, ist nicht zu ermessen. Ulrich Kittel legt in seinem Bericht Wert darauf, dass das FA in dieser Zeit unmittelbar vor dem Ausbruch des Krieges überwiegend Nachrichten weitergab, die Hitler nicht gefielen, weil sie deutlich machten, dass London und Paris im Zweifel für Polen eintreten würden. »Es ist damals nicht eine einzige Meldung unterdrückt worden, die die Ernsthaftigkeit der britischen Garantie für Polen und die letztlich doch nicht zu bezweifelnde Bereitschaft Frankreichs, im Kriegsfalle an die Seite Englands zu treten, zeigt«, schrieb er.[132] Im Auftrag des Auswärtigen Amtes stellte das FA etwa zwei Wochen vor Kriegsbeginn alle Nachrichten zusammen, die den Schluss nahelegten, dass die USA diesmal wesentlich früher an die Seite der Westmächte treten würden als im Ersten Weltkrieg. Ausgangspunkt war eine abgefangene Äußerung Hendersons, der zu einem Kollegen sagte, diesmal würden die Amerikaner schon nach 14 Tagen marschieren. Die Ausarbeitung, schreibt Kittel, sei Hitler und Außenminister Ribbentrop persönlich zugeleitet worden. »Ob sie von beiden gelesen wurde, ist im Forschungsamt nicht bekannt geworden.«[133] Falls Hitler zu dieser Zeit solche Berichte gelesen hat, mag er sie auch bewusst falsch interpretiert haben; er hatte schon in seinen jüngeren Jahren direkt nach dem Ersten Weltkrieg, als sich sein Weltbild herausbildete, Bücher und Artikel gezielt selektiv gelesen, damit sie seine Einschätzungen stützten. Das könnte zum Beispiel auch jetzt der Fall gewesen sein, falls er den Bericht über ein abgehörtes Gespräch zwischen dem französischen Ministerpräsidenten Daladier und dem Botschafter in Berlin, François-Poncet, las. Darin hatten beide Männer die Hoffnung geäußert, dass vermittelnde Verhandlungen letzten Endes noch Erfolg haben könnten.[134]

Wahrscheinlich ist aber, dass Göring, der den Ausbruch des Krieges verhindern wollte, jedes dieser Braunen Blätter zur Lektüre genutzt hat. Göring ließ selbst seinen Vertrauten, den Schweden Birger Dahlerus, den er in den letzten Tagen vor dem Krieg als Vermittler zur britischen Regierung einsetzte, abhören. Die Berichte verschafften ihm einen Vorteil vor allem gegenüber Ribbentrop, der wie Hitler selbst einen deutlichen Kurs in Richtung Krieg fuhr. Es ist dabei durchaus möglich, dass Henderson die Tatsache, dass er abgehört wurde, bewusst war und das eine oder andere Mal diesen Tatbestand gezielt ausnutzte; das könnte gerade auch für seine Äußerung über den angeblichen Kampfeswillen der USA der Fall gewesen sein, denn das ausgerechnet dieses Land rasch in einen erneuten Krieg in Europa ziehen würde, war doch angesichts der isolationistischen Haltung großer Teile der Bevölkerung zwischen Ost- und Westküste unwahrscheinlich. Auch Ulrich Kittel glaubte bei der Abfassung seines Berichts über das FA, dass der britische Botschafter bewusst am Telefon solche Bemerkungen fallen ließ: »Sir Nevile Henderson machte am Telefon die Bemerkung, Hitler werde in einem Meer von Blut untergehen, wenn er einen Krieg beginne – er tat dies wohl in der Kenntnis, dass er abgehört werde.«[135]

Aber obwohl Hitler die Existenz des Amtes durch die Übergabe der Berichte über den innertschechischen Telefonverkehr preisgegeben hatte, scheinen die Briten selbst in den entscheidenden Tagen vor dem deutschen Überfall auf Polen insgesamt weiterhin recht sorglos untereinander kommuniziert zu haben. Das legt ein 82 Seiten langes Dokument nahe, das das FA über die britische Außenpolitik in der Zeit zwischen dem Münchner Abkommen und dem 22. August 1939, also zehn Tage vor dem deutschen Überfall auf Polen, zusammenstellte. Quellen waren vor allem Diplomatenberichte, Zeitungsartikel, Reden und eben abgehörte Telefonate von regierungsamtlichen Stellen. Auch über den Telefonverkehr innerhalb des polnischen Regierungsapparates war die deutsche Seite gut unterrichtet. In diesem Zusammenhang gelang dem FA ein echter Coup, denn es konnte im Danziger Polizeipräsidium unter Leitung von Ferdinand Niedermeyer eine geheime Forschungsstelle A einrichten, nachdem Hitler am 1. April 1939 seine erste Weisung für den »Fall Weiß«, also den Angriff auf Polen, gegeben hatte. Wann genau die Stelle eingerichtet wurde ist leider ebenso unbekannt wie der Inhalt der Berichte, die sie lieferte. Von hier aus wurden die Telefonleitungen von Politikern, Diplomaten und Journalisten abgehört. Das FA überwachte natürlich auch alle Leitungen zwischen Warschau und London und konnte Gespräche zwischen dem polnischen Außenminister Józef Beck, und dem Botschafter in London, Graf Edward Raczyński, abhören.

KAPITEL 10

Im Krieg: 1939–1941

Während des Polenfeldzuges spielte das FA offensichtlich keine bedeutende Rolle, obwohl vermutlich einige mobile Stationen hinter der Front im Einsatz waren. Das änderte sich, als die Waffen wieder schwiegen und es einige Monate bis zum Frühjahr 1940 zu einem merkwürdigen, »Sitzkrieg« genannten Zustand, kam. Am 7. April gelang dem FA ein großer Erfolg, der wichtig war für den Sieg der Deutschen beim Wettlauf mit den Engländern um die Besetzung Norwegens. In einem FA-Bericht hieß es (in der Version der erhalten gebliebenen Eintragung in das Kriegstagebuch der Seekriegsleitung): »Telephonüberwachung erfasst Telephongespräche des dänischen Militärattachés mit dem dänischen und norwegischen Gesandten, in denen er um eine sofortige Unterredung bittet, da er Mitteilung von höchster politischer Bedeutung und Tragweite zu machen habe. Es besteht die Möglichkeit, dass der dänische Marineattaché irgendwelche Kenntnisse von den bevorstehenden Operationen der Weserübung erhalten hat.«[136] Später stellte sich heraus, dass der deutsche Angriffsplan durch Hans Oster, einem Mitarbeiter der Abwehr von Admiral Wilhelm Canaris, verraten worden war. Er hatte am 4. April den niederländischen Militärattaché Major Bert Sas darüber informiert; Sas seinerseits unterrichtete den dänischen Militärattaché in Berlin, Fregattenkapitän Frits A. Kjolsen, und Diplomaten aus England und Norwegen. Agenten des dänischen Heeresnachrichtendienstes hatten zusätzlich die Regierung in Kopenhagen über eine Konzentration deutscher Truppen in Kenntnis gesetzt.[137] Durch den Lauscherfolg des FA wusste Hitler, dass höchste Eile geboten war, wollte er vor den Briten in Dänemark und Norwegen landen. Das Vorhaben gelang schließlich durch einen Überraschungscoup.

Wenige Wochen später spielte das FA erneut eine wichtige Rolle bei Hitlers Angriffsplänen. Diesmal sollte es gegen Belgien, die Niederlande, Luxemburg und Frankreich gehen. Vom Forschungsamt abgefangene Telegramme des belgischen Botschafters beim Vatikan, Adrien Nieuwenhuys, sorgten jedoch für eine Verschiebung des geplanten Angriffsdatums. Die Tätigkeit des FA in dieser Sache geht eindeutig aus einer Tagebucheintragung von Generaloberst Alfred Jodl vom Oberkommando der Wehrmacht hervor: »… der Führer sehr erregt über die neue Verschiebung {des geplanten Angriffs; A. F.}, da Gefahr des Verrats zumal in den Braunen Blättern.«[138] Nieuwenhuys hatte zunächst am 1. Mai ein Telegramm an das Brüsseler Außenministerium geschickt: »Ich habe den gleichen Gewährsmann wie für den Bericht vom 13. November Nr. 163 (Information), der angibt, Angriff auf Belgien und Holland für nächste Woche festgesetzt. Informant, vom Nuntius immer wieder für vertrauenswürdig erachtet, hat {unseren} Landsmann gebeten, seine Regierung zu benachrichtigen. Er hat auch angekündigt, italienischer Kriegseintritt stehe fast mit Sicherheit nahe bevor. Französische Botschaft hat keine Angaben, was sich abspielt. {Es} Versteht sich, dass ich diese Information übermittle, ohne Möglichkeit der Nachprüfung, alle möglichen Überraschungen tatsächlich denkbar. – Nieuwenhuys.«[139]

In Brüssel schien man Zweifel am Gehalt dieser Meldung zu haben. Das Außenministerium bat seinen Mann im Vatikan um mehr Informationen. Dieser schickte daraufhin ein langes Telegramm ab, das ebenfalls vom Forschungsamt abgefangen, entziffert und über Göring an Hitler weitergeleitet wurde: »Antwort auf ihr Telegramm Nr. 3. Mein Telegramm gibt nicht Ansicht, sondern Information wieder, die unser Landsmann von der Person erhielt, die ihre Information aus dem Generalstab beziehen muss, dessen Emissär sie sich nennt. Der Betreffende, der Berlin am 29.4. verließ, traf am 1. Mai in Rom ein und führte am Freitagabend (3. Mai) ein neues, mehrstündiges Gespräch mit unserem Landsmann, dem er bestätigte, der Kanzler habe sich unwiderruflich zum Einmarsch in Holland und Belgien entschlossen, und seines Erachtens werde das Signal bald gegeben werden, und zwar, wie bei Dänemark ohne Kriegserklärung. Er fügte hinzu, dass der Krieg mit allen Mitteln geführt werde: Gas, Bakterien, totale Ausplünderung einschließlich Bankdepots. Was die Motive betrifft, die den Betreffenden veranlasst haben, diese vertraulichen Hinweise zu geben, so lassen sie sich nicht bestimmen. Entweder verrät dieser Mann sein Land zu unserem Vorteil, oder er handelt in deutschem Auftrag, offenbar präsentiert er sich in jenem Licht als vertrauter Freund, das heißt Landesverräter, und es ist sehr möglich, dass er auf diese Weise unseren Landsmann über seinen wahren Auftrag täuscht. Zu diesem Zeitpunkt muss man sich fragen, ob der letzte Teil der gelieferten Informationen nicht nach Einschüchterungsversuch aussieht, durch die Betonung der Schrecken einer Invasion. Es könnte auch sein, dass man Aufmerksamkeit auf unser Gebiet zu lenken wünscht, um im Südosten anzugreifen, wie es möglich ist, dass, deutscher Kanzler, um keine Zeit zu verlieren, den Augenblick für gekommen hält, sich mit seinen gefürchtetsten Feinden zu messen, und dass er es für vorteilhaft hält, die französischen Befestigungen zu umgehen. Informant erklärt auch italienischen Kriegseintritt für unmittelbar bevorstehend. Soweit äußere Aspekte ein Urteil zulassen, fällt es mir schwer zu glauben, dass diese Entwicklung bald bevorsteht. In Anbetracht der Information und trotz der Unmöglichkeit, sie nachzuprüfen, halte ich es für angebracht, Sie nicht in Unkenntnis zu lassen. Nieuwenhuys.«[140]

Das Telegramm machte klar, dass die Belgier den Informationen und ihrem Überbringer nicht über den Weg trauten; sie wägten daher verschiedene Möglichkeiten für seine Motive und den Wahrheitsgehalt ab. Bei dem Informanten handelte es sich um den Mitarbeiter der Abwehr Josef Müller. Der Rechtsanwalt hatte gute Verbindungen zum Vatikan, deshalb hatte Hans Oster ihn gebeten, »im Namen des anständigen Deutschlands« als Vertreter der militärischen Opposition gegen Hitler, nach Rom zu fahren und die Verbindung zum Papst aufzunehmen. Seine Aufgabe war – so beschrieb es Müller nach dem Krieg in seinen Memoiren selbst – Papst Pius XII. zu bitten, Kontakt mit den Alliierten aufzunehmen und sie über diese Opposition zu unterrichten. Müller kam der Bitte nach und erhielt indirekten Kontakt zum Papst über dessen Privatsekretär, Pater Hans Leiber. Doch schließlich musste er die Mitteilung machen, dass Hitlers Gegner sich nicht zum Handeln entschließen könnten. Daraufhin informierte er einen weiteren Kontaktmann im Vatikan über den bevorstehenden Angriff der Wehrmacht. Dieser gab die Meldung an den belgischen Botschafter Nieuwenhuhys weiter, der die beiden Telegramme nach Brüssel abgeschickte. Dass diese vom Forschungsamt abgefangen wurden, ahnte niemand.

Oberst Hans Oster selbst hielt den Kontakt zum niederländischen Militärattaché in der Reichshauptstadt, Bert Sas, den er bereits seit Anfang der dreißiger Jahre persönlich kannte und seit den Olympischen Spielen 1936 in Berlin befreundet war. Seit Oktober 1939 hatte Oster Sas immer wieder neue Termine für den geplanten Angriff der Wehrmacht genannt. Da aber Hitler den Termin insgesamt 29 Mal verschob, litt die Glaubwürdigkeit dieses deutschen Informanten in den Augen der niederländischen Regierung schwer; schließlich wurden seine Informationen mehr oder weniger unbeachtet in die Ablage verbannt. Das ist auch der Hintergrund für die skeptische Aufnahme der Informationen, die Nieuwenhuys nach Brüssel geschickt hatte – zu oft schienen sich die Angaben als falsch erwiesen zu haben. Das war allerdings so nicht richtig, denn tatsächlich hatte Oster die richtigen Termine genannt – nur für die häufige Verschiebung konnte er natürlich nichts. Doch das wiederum konnten die Belgier und Niederländer ja nicht wissen. Am Abend des 8. Oktober hatte sich Oster zur Wohnung seines Freundes Sas in der Bayerischen Straße 9 in Berlin-Schöneberg fahren lassen. Während sein Fahrer Franz Liedig im Auto wartete, besuchte Oster Sas. Der Besuch dauerte nur wenige Minuten, aber Oster war, als er wieder neben Liedig im Auto saß, schwer erschüttert. Jetzt gebe es kein Zurück mehr, vertraute er Liedig an; er habe soeben nichts anderes als Landesverrat begangen und werde im Falle einer Entdeckung am Galgen sterben müssen. Nachdem er bewegt die Motive für sein Handeln dargelegt hatte, fügte er hinzu: »Es ist viel einfacher, eine Pistole zu nehmen und jemanden über den Haufen zu schießen, es ist viel einfacher, in eine Maschinengewehrgarbe hineinzulaufen, wenn es um der Sache Willen geschieht, als das, was zu tun ich mich entschlossen habe. Und wenn Sie je in die Lage kommen sollten, dann bitte ich Sie, bleiben Sie auch nach meinem Tod der Freund, der weiß, wie es um mich gestanden hat und was mich bewogen hat, Dinge zu tun, die andere vielleicht nie verstehen werden oder selbst nie getan haben würden.«[141]

Über Osters Verrat ist viel gestritten worden, und vermutlich wird es nie eine Einigung darüber geben, ob sein Handeln moralisch notwendig war oder ein verächtlicher Landesverrat. Eine solche Beurteilung ist freilich nicht Thema dieses Buches. Hier ist wichtig, dass Oster ein gutes halbes Jahr später, am 9. Mai 1940, die Parole »Danzig« an Sas weitergab – das Stichwort für den nun endgültig beschlossenen Angriff am folgenden Tag. Man glaubte in Den Haag und Brüssel jedoch dem Militärattaché und seinem Informanten nicht und so wurden die Belgier und Niederländer völlig überrascht, als am 10. Mai Truppen der Wehrmacht die Grenzen überschritten und zum Angriff übergingen. Auch diesmal lauschte das Forschungsamt mit, als Sas abends um 22.20 Uhr von der Berliner Gesandtschaft das niederlandische Kriegsministerium in Den Haag anrief: »Morgen früh bei Tagesanbruch Ohren steif. Sie begreifen mich doch. Wollen Sie es eben wiederholen?«[142] Die Lauscher vom Amt hörten auch die Antwort des diensthabenden niederländischen Offiziers am anderen Ende der Leitung mit: »Also Brief 210 erhalten.«[143] Das war ein Code: Die Ziffer 200 bezeichnete den Angriff, die 10 das Datum, also den 10. Mai. Dann aber unterlief den Niederländern eine Panne, wie Sas sich drei Jahre nach dem Ende des Krieges in einer Befragung durch eine niederländische Regierungskommission erinnerte. Denn rund eine Stunde später rief der Chef des niederländischen Geheimdienstes, Oberst J. G. M. van de Plassche, bei Sas an: »Ich habe so schlechte Nachrichten über die Operation ihrer Frau. Wie mir das leidtut. Haben Sie denn auch alle Ärzte konsultiert?«[144] Dieser Anruf versetzte Sas in Wut, denn er war sich sehr sicher, dass sein Telefon von den Deutschen überwacht würde. Er bellte in den Hörer: »Ja, ich verstehe nicht, dass Sie mich unter diesen Umständen noch belästigen. Ich habe mit allen Ärzten gesprochen. Morgen früh bei Tagesanbruch findet sie statt.«[145] Es erscheint wegen der Tragweite und Bedeutung dieses Falls sicher, dass Göring Hitler diesen Braunen Vogel vorlegte und der »Führer« ihn auch las.

Hitler wollte die Sache nicht auf sich beruhen lassen. Daher setzte er die Abwehr auf den Fall an. Verantwortlich für die Ermittlungen dort war der Gruppenleiter III F/Gegenspionage Oberstleutnant Joachim Rohleder. Auch im Reichssicherheitshauptamt wurde ermittelt. Ein Mitarbeiter der Abwehr wurde im Mai 1940 an das FA ausgeliehen. Seine Aufgabe war es, alle Braunen Blätter, die seit Oktober 1939 über Telefonate von Sas erstellt worden waren, durchzusehen. Ob es sich bei diesem Ermittler tatsächlich um einen Mann namens Michael Graf Soltikow handelte, ist nicht mehr zu klären. Soltikow selbst behauptete das in seinen 1986 posthum veröffentlichten Memoiren.[146] Er führt allerdings keinerlei Quellen an. Soltikow muss als insgesamt unseriöse Quelle eingeschätzt werden. Er hatte sich im Dritten Reich selbst als Antisemit dargestellt und für die

Abwehr gearbeitet. Nach dem Ende des Krieges bezeichnete er sich dagegen als Gegner Hitlers und des Nationalsozialismus.

Wer aber auch immer dieser Sonderermittler war – er fand heraus, dass es zwischen Oktober 1939 und Mai 1940 18 Telefonate von Sas' Anschluss gegeben hatte, die immer einen fast identischen Wortlaut aufwiesen. Soltikow gab diesen Wortlaut in seinem Buch so wieder: »Um … ruft ein Unbekannter, der seinen Namen nicht nennt, den niederländischen Militarattaché, Major Sas, in Berlin, Rauchstraße 10, Tel. 252251 an. Der anonyme Anrufer sagt ohne Anrede und ohne Begrüßung: ›Heute Abend an der gewohnten Stelle‹. Sas fügt hinzu: ›Ich bestelle den Tisch.‹ Das Telefongespräch wird nach 19 Sekunden ohne Abschiedsgruß beendet.«[147] Es stellte sich heraus, dass der Anruf bei Sas fast immer just an dem Tag stattfand, an dem Hitler einen neuen Einmarschbefehl ausgegeben hatte. Nur in wenigen Fällen klingelte es bei Sas erst einen Tag später. Diese Erkenntnis legte nahe, dass es einen Zusammenhang zwischen den Anrufen und den von Hitler festgelegten Angriffsdaten geben musste. Soltikow will später herausgefunden haben, dass Oster und Sas am Abend des 9. Mai – also am Vorabend des deutschen Angriffs – gemeinsam in dem bekannten Berliner Restaurant Horcher zu Abend gegessen hatten. Beide seien nach Angaben des Personals nach einiger Zeit hektisch aufgebrochen. An diesem Abend, so Soltikow, habe Oster seinem niederländischen Freund das Datum bekannt gegeben. Nach einer anderen Darstellung war es allerdings Rohleder, der Osters Wirken aufdeckte und einen zusammenfassenden Bericht darüber für Abwehrchef Canaris schrieb.[148] Dieser versuchte, Osters Verrat zu verheimlichen, was für Canaris selbst mit großer Gefahr verbunden war. Canaris war wie Oster Hitler gegenüber kritisch eingestellt; ob er allerdings Osters Methode des Landesverrats guthieß, ist unwahrscheinlich.

Oster und Canaris wurden nach dem Attentat auf Hitler vom 20. Juli 1944 verhaftet und kurz vor Kriegsende umgebracht. Josef Müller überlebte den Krieg, obwohl auch er in Haft gekommen war. Er gehörte zu den Mitbegründern der CSU und war von 1947 bis 1952 bayerischer Justizminister.

Neuorganisation 1941

1941, dem Jahr, als Deutschland erst im Juni die Sowjetunion angriff und dann im Dezember den USA den Krieg erklärte, brachte eine Neuorganisation des Amts. Der Krieg brachte neue Erfordernisse mit sich. Insbesondere wurde die Arbeit des Amts dezentralisiert und spezialisiert. In Berlin, Hamburg, München, Köln, Breslau und Wien wurden sogenannte Forschungshauptleitstellen gegründet, die Gottfried Schapper, der seit Kriegsbeginn faktisch das Forschungsamt leitete, direkt unterstellt waren. Aus den bisherigen sechs Hauptabteilungen wurden nun 15 Abteilungen gebildet. Die Hauptabteilung I wurde unterteilt in die neuen Abteilungen 1 Organisation und Sicherheit sowie 2 Verwaltung. Die »1« war auch für die Überwachung der eigenen Mitarbeiter zuständig, weshalb sie von vielen Kollegen im Amt misstrauisch beäugt wurde. Aus der Hauptabteilung II entstand die neue Abteilung 3 mit dem Aufgabengebiet Personal. Hauptabteilung III wurde zur Abteilung 4 mit der Zuständigkeit für den Erfassungsansatz und der neuen 5 für die Sichtung. Aufgabe der »4« war die Einordnung eingehender Aufträge hinsichtlich der Frage, welche Daten – also die Überwachung des Telefon-, Funk- und Telegrammverkehrs oder die Rundfunküberwachung – zum Resultat führen würden. Ebenso war die Frage zu klären, welche Stelle jeweils zum Einsatz kommen sollte. Die Hauptabteilung IV, die für die Entzifferung zuständig gewesen war, wurde nun in vier Abteilungen aufgeteilt: 6: Wissenschaft und Forschung, 7: Romanische Sprachen und Schweiz, 8: Angelsachsen und Ferner Osten, 9: Osten. Auch die Hauptabteilung V, also die Nachrichtenauswertung, wurde untergliedert: in die Abteilung 10 Auskunft und Kartei, Abteilung 11 Außenpolitik, die ihrerseits in mehrere geographische Unterabteilungen eingeteilt war sowie die Abteilung 12 für den Bereich Wirtschaft – auch sie war ihrerseits wiederum untergliedert. Dazu kam die neue Abteilung 13 Innenpolitik, genannt auch die »Gestapo-Abteilung«, weil sie in drei Referate untergliedert für die Bereiche Staatssicherheit, Kultur, Kirche und Film sowie Presse und Propaganda zuständig war. Laut Kittel handelte es sich bei ihr um die kleinste Abteilung; sie war aufgrund ihrer Aufgabenstellung aber auch wohl die umstrittenste. Schließlich wurde die alte Hauptabteilung VI in die Abteilung 14 Technische Angelegenheiten umgewandelt, die nochmals untergliedert war in die Referate a und b. A entwickelte neue technische Ausrüstungen und Abhörgeräte. Sie war nicht in der Berliner Schillerstraße untergebracht, sondern in Glienicke vor den Toren der Hauptstadt. B arbeitete in der Zentrale an Versuchen zur Schwach- und Starkstromtechnik ebenso wie an neuen Geräten, zum Beispiel für die mobile Telefonüberwachung oder an neuen Stahltonmaschinen. Die letzte Abteilung 15 war zuständig mit der Beschaffung von Ersatzmaterial und der Reparatur beschädigter Geräte.

Erfolg und Versagen

Zwar lief auch nach dem Ausbruch des Krieges die Arbeit in der Zentrale seinen normalen Gang weiter. Allerdings schrumpfte die Zahl der »Klienten«, denn die Diplomaten der verfeindeten Staaten verließen natürlich die Reichshauptstadt. Zurück blieben die Vertreter der befreundeten und neutralen Länder. Auch die Nachtdienste der Erfasser blieben bestehen. Doch auch jetzt gab es immer mal wieder Telefongespräche, die die langweiligen Schichten auflockerten. Das gelang besonders dem italienischen Botschafter Dino Alfieri, der sage und schreibe 14 Mätressen gleichzeitig gehabt haben soll. Die nächtlichen Gespräche mit diesen Damen, die auch um intimste Dinge keinen Bogen machten, trugen sehr zur Belebung des Dienstes bei. Sehr viel diskreter waren dagegen die US-Vertreter, die auch über dienstliche Dinge nur sehr wenig am Telefon plauderten. Bei Ihnen war für die Lauscher vom Amt nicht viel zu holen, solange die Botschaft der USA in Berlin noch geöffnet war.

Ein großer Erfolg gelang dem Amt dagegen im Frühjahr 1941. Jugoslawien, das Deutschland politisch schon seit Jahren nahestand, trat am 25. März 1941 dem Dreimächtepakt von Deutschland, Italien und Japan bei. Daraufhin kam es im Land zu Protesten antideutscher Kräfte. Zwei Tage nach dem Vertragsabschluss putschten Offiziere der Armee gegen die Regierung von Premierminister Dragiša Cvetković, setzten sie ab und machten General Dusan Simović zu seinem Nachfolger. Dieser kündigte an, alle eingegangenen Vereinbarungen mit dem Dreimächtepakt einzuhalten. Das FA konnte jedoch ein Telefonat von Simović mit dem jugoslawischen Botschafter Foltić in Washington abhören, in dem der neue Regierungschef offen über seine künftigen Pläne sprach. Foltić wiederum berichtete seinem Chef über mehrere Gespräche, die er mit US-Präsident Franklin D. Roosevelt geführt hatte. Es ist sehr naheliegend, dass Hitler die Braunen Blätter zu diesem Vorgang gelesen hat. Er entschloss sich, ohne Verzögerung Jugoslawien anzugreifen und zu besetzen.

Mit dem rasanten Vormarsch der Wehrmacht wuchs auch der Radius, in dem das Forschungsamt tätig war. Die einstmals geheim betriebene Stelle in Danzig wurde nun ausgebaut, und in Lodz (Litzmannstadt) wurde bereits eine Stelle eingerichtet, bevor Deutschland den Krieg gegen Polen überhaupt gewonnen hatte. Nach dem deutschen Einmarsch in Griechenland und Jugoslawien im Frühjahr 1941 wurden auch dort A- und B-Stellen aufgebaut. Es zeigte sich allerdings, dass das FA personell mit diesem Ausbau bald überfordert war, so dass es mit dem

OKW eine Vereinbarung traf, nach der in Belgrad und einigen anderen Städten auch das OKW eigene Stellen zur Telefonüberwachung errichtete. Nach dem Angriff auf die Sowjetunion im Juni 1941 und den zunächst rasanten Geländegewinnen der Wehrmacht richtete das FA A-Stellen in Tallinn (Reval), Kovno (Kauen), Dorpat und Riga ein. Die bulgarische Regierung bat sogar von sich aus um den Aufbau einer Stelle in Sofia – eine Bitte, der die Deutschen gerne nachkamen. Ziel der Bulgaren war es, den Telefon- und Funkverkehr der Türken und Ungarn zu überwachen. Im folgenden Jahr 1942 wurde auch eine Stelle in Plovdiv installiert. Nun gerieten auch bulgarische Staatsbürger in die Überwachung. Die Erkenntnisse wurden an das Kriegsministerium in Sofia weitergeleitet, allerdings geschah das wohl nicht in großem Ausmaß. Im September 1944 wurden die zwei Stellen wieder abgebaut, als die Rote Armee heranrückte.

In einem anderen Fall machte das FA dagegen eine schlechte Figur. Als am 8. November 1942 die Amerikaner und Briten im französischen Nordwestafrika landeten, konnte das Amt nicht mit Berichten über die aus deutscher Sicht zweifelhafte Haltung der französischen Vichy-Regierung unter Marschall Philippe Pétain aufwarten. Die FA-Stellen in Paris und im besetzten Teil Frankreichs hatten am Tag zuvor und am Tag dieses Ereignisses den Telefon- und Funkverkehr der Vichy-Regierung nicht abgehört. Der Grund dafür war ein ganz banaler: Der 7. und 8. November waren ein Samstag und ein Sonntag – und am Wochenende arbeitete das Forschungsamt nicht. An dieser »guten« alten Tradition aus den Anfangsjahren hatte sich auch nach dem Kriegsausbruch offensichtlich nichts geändert. Hätten die Kriegsgegner das gewusst, hätten sie eigentlich ihre dienstlichen Gespräche nur auf die Wochenenden legen müssen und sie wären den deutschen Lauschern unbekannt geblieben. Wieso diese unselige Praxis unter dem Druck der militärischen Auseinandersetzungen nicht aufgegeben wurde, bleibt ein Rätsel. Selbst bei einem Ereignis wie der alliierten Landung in Afrika, die ja für die Deutschen kein Geheimnis darstellte, sondern erwartet wurde, wich man offenbar nicht von dieser Praxis ab. Berichte über die Haltung der Vichy-Regierung zu dem alliierten Angriff wären für Hitler allerdings sehr wichtig gewesen, denn der »Führer« rätselte darüber, wie Vichy darauf reagieren würde. Hitler ließ alsbald den unbesetzten Teil Frankreichs besetzen. Das Amt richtete daraufhin neben den bereits existierenden Stellen in Paris, Nancy, Lille, Dijon, Bayonne und Bordeaux eine neue Stelle in Lyon ein.

Das Versagen ist umso erstaunlicher, weil die deutsche Seite den Vichy-Admiral François Darlan verdächtigte, über die Aktion der Alliierten vorab informiert gewesen zu sein und sich auf deren Seite geschlagen zu haben. Darlan, der als designierter Nachfolger Pétains galt, war nämlich just am 7. November, also einen Tag vor dem Beginn der Landung, nach Algier gereist, weil sein dort lebender Sohn lebensgefährlich erkrankt im Krankenhaus lag. Das Forschungsamt erarbeitete kurze Zeit danach nach Angaben von Goebbels eine ausführliche Denkschrift über den Fall Darlan. Es kam darin zu dem Urteil, dass Darlan zum Zwecke des Abspringens nach Nordafrika abgehauen sei und die Krankheit seines Sohnes nur ein Vorwand dargestellt habe. Man könne vielleicht sogar aus den Unterlagen entnehmen, dass Pétain mit ihm unter einer Decke stecke, glaubte Goebbels. Das sei aber nur zu vermuten, nicht zu beweisen. Dieser Bericht des FA entsprach wohl nicht den Tatsachen. Denn dass Darlan auf der Seite der Alliierten stand, kann man kaum behaupten, wenn man sich sein Agieren und sein baldiges Ende besieht. Darlan forderte am 10. November zunächst die Bombardierung der alliierten Truppentransporte durch die deutsche Luftwaffe. Als er am selben Tag einsehen musste, dass die Angreifer nicht aufzuhalten sein würden, kapitulierte er und setzte am folgenden Tag die Einstellung des Feuers in ganz Marokko durch. Verscherzt hatte er es sich mit seinem Handeln sowohl bei Pétain – wegen der Kapitulation – als auch bei dem Führer des freien Frankreichs, General Charles de Gaulle – wegen seiner Forderung nach der Entsendung deutscher Flugzeuge. Gegen das Urteil des FA-Berichts spricht auch, dass Darlan am 24. Dezember ermordet wurde – aber nicht von Vichy-Franzosen, sondern von einem Anhänger de Gaulles.

Als Joseph Goebbels den Bericht des FA über Darlan las, war er erst seit ein paar Monaten in den Kreis der regelmäßigen Empfänger der Braunen Blätter aufgenommen worden. Das geschah erst im Frühjahr 1942. Hitler und Göring hatten es offenbar bis dahin nicht für notwendig erachtet, ihn über die Erkenntnisse des Forschungsamtes zu informieren, wenngleich sicher nicht auszuschließen ist, dass er schon zuvor hin und wieder Informationen erhalten hatte. Der Umstand, dass der Propagandaminister eine Einführung in die Arbeit des Forschungsamtes bekam, legt aber sehr nahe, dass er bis dahin tatsächlich nicht zu dessen »Kundenstamm« zählte. Ministerialdirigent Walter Seifert, der Leiter der Hauptabteilung V Auswertung, sowie der Verbindungsmann Goebbels zum FA, Hans-Georg Severith, besuchten Goebbels am 15. April 1942 in dessen Büro. Danach notierte der Minister in seinem Tagebuch, die Arbeit des Forschungsamtes sei »sehr umfangreich, bedient sich aller modernen technischen Hilfsmittel und holt doch allerhand aus dem feindlichen Nachrichtendienst an Geheimmaterial heraus«. Möglicherweise hatte Goebbels die Aufgabe des FA zunächst missverstanden, denn es war ja nicht auf die feindlichen Geheimdienste angesetzt. Und wenn er weiter festhielt, dass es dem FA gelungen sei, die »meisten gegnerischen Codes zu entziffern«, so war das natürlich weit übertrieben; ob der Propagandaminister sich in seiner Begeisterung für das FA zu dieser Übertreibung hinreißen ließ, oder ob Seifert und Severith dessen Erfolge zu leuchtend darstellten, um in einem guten Licht bei einem der höchsten NS-Funktionäre zu stehen, bleibt dahingestellt. Jedenfalls freute Goebbels sich darüber, dass ihm in Zukunft die Ergebnisse regelmäßig vorgelegt würden, denn »man kann daraus eine ganze Reihe von wichtigen Schlüssen ziehen«. Ihm war aber klar, dass die ganze Sache streng geheim gehalten werden müsse. In diesem Zusammenhang wunderte er sich – darüber hatten ihn sicher Seifert und Severith aufgeklärt –, dass die Engländer »außerordentlich unvorsichtig« seien, was ihre eigene Geheimhaltung anging. Zuletzt ergänzte er, das sei hoffentlich beim deutschen Geheimverkehr der Fall, denn wenn die Engländer genau das wüssten, was Deutschland von ihnen wisse, dann könnte das sehr schlimme Folgen haben.

Im Frühjahr 1942 wurde immer deutlicher, dass der Krieg gegen die Sowjetunion noch sehr lange dauern könnte und auf jeden Fall nicht der von Hitler und seinen Generälen erwartete Spaziergang bis nach Moskau würde. Dieser unerbittliche Vernichtungskrieg wurde zunehmend zu einer Material- und Menschenschlacht ungeahnten Ausmaßes – und verbunden damit auch zu einem Propagandakrieg. Deshalb wuchs die Rolle des Propagandaministers, und deshalb wurde er wohl mit einbezogen. Historiker müssen Goebbels heute geradezu dankbar dafür sein, dass er sich an die Pflicht zur Geheimhaltung nicht hielt und an mehreren Stellen über Braune Blätter Mitteilung machte.

Giftgas auf Berlin und ein US-Spion beim Führer?

Am 23. Januar 1943 erhielt Rudolf Likus, ein guter Freund Ribbentrops schon aus gemeinsamen Schultagen und dessen enger Mitarbeiter im Auswärtigen Amt, ein alarmierendes Telegramm des deutschen Gesandten in Lissabon, Oswald Freiherr von Hoyningen-Huene. Daraus konnte er entnehmen, dass die US-Botschaft in Lissabon drei Tage zuvor, am 20. Januar, folgenden Funkspruch erhalten hatte: »Verbindung Brown wegen Urlaub unterbrochen. Berlin Ätzgasangriff nicht erkannt. Über 1000 Tote und Verwundete. Blue Print bleibt auf übrigen Weg unterwegs. Kosten 50 000 (50 000) Bericht unterwegs.«

Unmittelbar danach folgte ein zweites Telegramm desselben Absenders: »Wie H. {d. i. Hoyningen-Huene, A. F.} von amerikanischer Seite weiter mitgeteilt wurde, ist das Wort Brown der Deckname für Führerhauptquartier.«[149]

Worum ging es in diesen Telegrammen? Erstens war das Forschungsamt, wenn auch nur bruchstückhaft, offenbar einem Plan der Amerikaner und Engländer auf die Spur gekommen, nach dem diese in Erwägung zogen, 30 deutsche Städte mit Giftgas zu bombardieren, weil sie hofften, damit dem Krieg ein schnelles Ende zu bereiten und zugleich befürchteten, dass auch die Deutschen einen solchen Schritt in Betracht zogen. Die US-Führung sollte demnach unmittelbar nach einem Ersteinsatz von Giftgas der Achsenmächte – dem sogenannten G-Day – von Italien und England tausende Flugzeuge in einer 15-tägigen Operation losschicken, um 30 deutsche Großstädte mit Senfgas zu bombardieren. Von sich aus wollten sie diesen Schritt offenbar nicht tun. Die US-Spezialisten für chemische Kriegsführung rechneten mit 5 600 000 direkten Opfern sowie zwölf Millionen indirekten Opfern.[150] Wie weit die Erkenntnisse des Forschungsamtes darüber Anfang 1943 reichten und wie weit sie im Laufe des Jahres wuchsen, ist mangels Akten nicht nachzuvollziehen – aber dass das Amt irgendetwas wusste und weiterleitete, legte die Erwähnung des angeblichen Gasangriffes auf Berlin in dem Telegramm vom 23. Januar 1943 nahe. Am 16. Januar, also vier Tage vor dem Abschicken des Funkspruchs, hatten die Briten nach einer Pause die Bombardierung Berlins wieder aufgenommen. Die offizielle deutsche Verlautbarung sprach von etwa 150 Toten, nicht von 1000. Und von einem Gasangriff war ebenfalls nicht die Rede. Dass es tatsächlich zu einem solchen Giftgasangriff auf die Reichshauptstadt gekommen war, den die Deutschen nicht als solchen identifiziert hatten, ist sehr zweifelhaft. Wenn es aber so gewesen sein sollte, hätte die Propaganda das sicher nicht an die große Glocke gehängt, denn das Wissen über mögliche Angriffe mit dem seit dem Ersten Weltkrieg so gefürchteten Kampfgas hätte gewiss zu panikartigen Reaktionen in der Bevölkerung geführt. Das FA wusste allerdings offenbar seit Anfang 1943, dass Kampfstoffe nach West- und Nordafrika verschifft und dort gelagert wurden – nicht allzu weit von Süditalien entfernt. Italien war zu dieser Zeit noch Verbündeter Deutschlands, aber es musste mit einem drohenden Angriff der Westalliierten auf die süditalienische Küste gerechnet werden.

Hatte das FA wirklich Erkenntnisse über die alliierten Giftgas-Planungen erlangt, so konnte es mit einer solchen Entdeckung sicher die Scharte aus den Monaten zuvor ausmerzen. Möglicherweise aber stand ja in den Telegrammen etwas, was noch sensationeller war: dass es nämlich den Alliierten gelungen war, einen Spion in Hitlers Umgebung zu platzieren. Der im ersten Telegramm erwähnte Name »Brown« war die Bezeichnung für das Führerhauptquartier. Das zweite Telegramm ist allerdings, was die mögliche Quelle betrifft, doppeldeutig. Denn darin heißt es, dass dem Gesandten »von amerikanischer Seite weiter mitgeteilt« worden sei, dass Brown der Deckname des Führerhauptquartiers sei. Bedeutete das, dass Hoyningen-Huene einen amerikanischen Informanten hatte? Oder war das einfach eine lockere Beschreibung dafür, dass das aus einem oder mehreren abgehörten Gesprächen amerikanischer Stellen zu entnehmen war? Und was meinte die Formulierung, die »Verbindung Brown« sei »wegen Urlaub« unterbrochen? Sicher, gemeint war, dass die Verbindung zum Führerhauptquartier zurzeit nicht bestehe, aber offensichtlich nur kurzfristig abgerissen war. Aber wer war in »Urlaub«? Hitler oder der mögliche Spion an seiner Seite? Hitler selbst hielt sich bereits seit zwei Monaten, genau seit dem 23. November, in der Wolfsschanze auf und verließ diese erst am 17. Februar wieder für einen Abstecher nach Saporoschje in der Ukraine, wo er deutsche Truppen besuchte.[151] Bei ihm konnte also von Urlaub keine Rede sein; auch nicht, dass er sich auf den Berghof zurückgezogen hätte. Also konnte nur der Spion in »Urlaub« sein, sich also gerade nicht in der Wolfsschanze aufhalten. Aber wer war dieser ominöse Mann – und gab es ihn wirklich? Und schließlich der merkwürdige Satz »Blue Print bleibt auf übrigen Weg unterwegs Kosten 50 000 (50 000) Bericht unterwegs«. Der Satz liest sich völlig unverständlich. Lag hier vielleicht eine völlig sinnentstellte Übersetzung vor? »Blue Print« kann mit dem Wort »Plan« übersetzt werden; gab es also vielleicht einen Plan, der nicht »unterwegs« war, sondern Stück für Stück umgesetzt wurde? Handelte es sich um einen Attentatsplan durch die Alliierten?

Das ist alles spekulativ. Aber sowohl im Auswärtigen Amt als auch im eigentlich zuständigen Reichssicherheitshauptamt nahm man die Meldungen jedenfalls sehr ernst. Vier Tage nach dem Erhalt der Telegramme aus Lissabon machte das AA Walter Schellenberg als Chef des Amts VI des RSHA, also der Auslandsnachrichtenaufklärung Nachricht darüber. »Die Meldung lässt, wenn ihr irgendetwas Richtiges zugrunde liegt, nach hiesiger Ansicht den Schluss zu, dass eine feindliche Nachrichtenverbindung in das Führerhauptquartier besteht«, schrieb Emil Geiger, in der Abteilung Inland II B im AA zuständig für den Kontakt zu Schellenberg. Ganz neu waren dem RSHA solche Gerüchte gar nicht, wie sich nun herausstellte. Himmler ließ nach Erhalt von Geigers Information am 4. Februar dem AA mitteilen: »Im Oktober 1942 gingen Meldungen aus der Schweiz hier ein, nach denen in bestimmten Kreisen darüber gesprochen werde, dass der Nachrichtendienst der Feindstaaten eine Verbindung zum Führerhauptquartier habe. Den von dort mitgeteilten Meldungen kommt daher eine besondere Bedeutung bei. Ich wäre dankbar, wenn mir Näheres über die Art der Quelle und ihre bisherige Bewährung mitgeteilt werden könnte. Sind bereits von dort ähnliche Meldungen eingegangen? Falls es sich um abgefangene Funksprüche handeln sollte, bitte ich um Mitteilung auch des verschlüsselten Textes, und, wenn möglich, natürlich auch des Schlüssels bzw. des Schlüsselverfahrens. Im welchem Umfange wurde bisher OKW vom Auswärtigen Amt unterrichtet? Ich habe bereits Ermittlungen im Reichsgebiet veranlasst, wäre aber für eine baldige Beantwortung dieses Schreibens dankbar.«[152]

Interessant ist zunächst Himmlers Mitteilung, dass entsprechende Meldungen über einen Spion der Amerikaner in Hitlers Umgebung vorher bereits aus der Schweiz eingegangen waren. Denn das Forschungsamt hatte sehr erfolgreich die US-Mission in Bern abgehört. Dort befand sich auch der US-Auslandsgeheimdienst OSS. Abwehr-Chef Wilhelm Canaris hatte Anfang 1940 Bernd Gisevius als Vizekonsul an das deutsche Generalkonsulat nach Zürich geschickt. Gisevius hatte nach der »Machtergreifung« zunächst beim Aufbau der preußischen Politischen Partei mitgewirkt, hatte aber dann einige Jahre an unbedeutenden Stellen gearbeitet. Er kannte aber Hans Oster und der wiederum war ein enger Vertrauter von Wilhelm Canaris. Tatsächlich ging Gisevius in der Schweiz nachrichtendienstlichen Tätigkeiten nach; auch die Zentrale der Abwehr befand sich in Bern. Er hatte sich längst zu einem Hitler-Gegner entwickelt, hatte Kontakte zu den militärischen Kreisen, die 1938 einen Staatsstreich gegen Hitler geplant hatten. Besonders eng arbeitete er mit Hans Oster zusammen. Doch nach dem Münchner Abkommen wurden diese Pläne fallengelassen. Ab 1939 gehörte Gisevius zu der Gruppe um Ludwig Beck, Hans Groscurth und Hans Oster, die Hitler mit Gewalt stürzen wollte.

Das Forschungsamt war bei seinen Bemühungen, die US-Mission in Bern abzuhören, lange sehr erfolgreich gewesen. Nirgends sonst gingen die Amerikaner so unbedarft mit wichtigen geheimen Informationen um, wie hier. Das wurde erst 1942 beendet, allerdings nicht von den Amerikanern, sondern von Gisevius. Er warnte den US-Geheimdienst OSS, und dieser konnte den Missstand 1942 abstellen. Zuvor hatte das FA aber ganz offensichtlich – wie man Himmlers Schreiben entnehmen kann – mitgelauscht, wenn die Amerikaner über ihre angeblichen Kontakte ins Führerhauptquartier sprachen.

Da die verschiedenen Widerstandsgruppen Kontakte zu den Alliierten hatten, kann der »Spion« letztlich auch einer der Ihren gewesen sein. Dann müsste es sich aber um jemanden gehandelt haben, der zu dieser Zeit regelmäßigen Zugang zu Hitler hatte. Auf den späteren Attentäter Claus Schenk Graf von Stauffenberg trifft das nicht zu. Sollte es so gewesen sein, dann waren die Erkenntnisse des Forschungsamtes möglicherweise für Heinrich Himmler ziemlich brisant. Denn Himmler hatte zumindest grob Kenntnis über die Attentatspläne – und schritt nicht ein. Er hatte sogar Kontakt zu einem Mann des Widerstandes, Johannes Popitz, den er am 26. August 1943 persönlich traf. Vermittelt worden war dieses Treffen von dem Rechtsanwalt Carl Langbehn, der seinerseits Kontakte zum OSS in Bern hatte. Langbehn traf mit Wissen Himmlers in Stockholm einen Vertreter des OSS – und zwar just im Herbst 1942. Es ist immer wieder und schon kurz nach dem Krieg vermutet worden, dass Himmler möglicherweise ein doppeltes Spiel spielte und vielleicht auf einen Erfolg des militärischen Widerstandes spekulierte – in der Hoffnung, er werde danach Hitlers Nachfolger. Darauf deutet einiges hin, ebenso, dass Himmler selbst Kontakt zu den Alliierten suchte. Wirklich belastbare Quellen gibt es dafür aber nicht.[153]

Die Frage, die man sich letztlich im Zusammenhang dieses Buches stellen muss, lautet: Hatte Görings Forschungsamt über den Umweg der belauschten Amerikaner Wind bekommen von Plänen, Hitler zu ermorden? Oder hatte es Kenntnisse gesammelt über die Attentatspläne des deutschen Widerstandes? Gerade an dieser Stelle wäre es interessant zu sehen, wie weit das Forschungsamt in dieser Angelegenheit noch kam – und was Heinrich Himmler davon wusste. Gerüchte, dass er mehr wusste über die Attentatspläne, die zum 20. Juli 1944 führten, sind nie ganz beseitigt worden. Schon einige Monate später wurde dann das FA selbst von einem schweren Fall der Spionage erschüttert – und Himmler hatte wahrscheinlich seine Finger dabei im Spiel. Doch dazu später.

Hitler und die Braunen Blätter im Krieg

Kommen wir noch einmal zurück auf die Frage, ob und wenn ja in welchem Ausmaß Hitler selbst eigentlich die Berichte des FA gelesen hat. Es wäre ja immerhin möglich, dass er sie jetzt, im Krieg, stärker heranzog als vor dem Krieg. Ein nachweisbarer Eingang Brauner Blätter beim »Führer« ist lediglich für den November und Dezember 1942, das komplette Jahr 1943 und einige wenige Tage des Jahres 1944 zu erkennen. Das bedeutet aber nicht, dass Hitler nicht auch zu anderen Zeiten in größerem Umfang beliefert wurde; ebenso wenig ist aber auch eine Aussage möglich, ob er die ihm zugeleiteten Berichte tatsächlich gelesen hat. Allerdings ist die Wahrscheinlichkeit wie schon gesehen sehr groß, dass er beispielsweise die Braunen Blätter rund um die Frage, wie die Vichy-Regierung auf die alliierte Landung in Nordafrika reagieren würde, nutzte. Und zwar trotz des teilweisen Versagens des Amts in diesem Fall. Als Hitler am 10. November, also zwei Tage nach der Landung, den französischen Ministerpräsidenten Pierre Laval im Beisein des italienischen Außenministers Graf Ciano in München traf, waren die Erfasser des Forschungsamts vor Ort. Insgesamt wurden Hitler 80 Braune Blätter vorgelegt, die, ungewöhnlich genug, gleich direkt von der Forschungsstelle München zusammengestellt wurden.[154] Denn normalerweise geschah das in der Berliner Schillerstraße.

Eine weitere genaue Auflistung liegt für den April 1943 vor, als Hitler auf Schloss Kleßheim bei Salzburg seine Verbündeten – Mussolini, Marshall Ion Antonescu (Rumänien), Miklós Horthy (Ungarn), Vidkun Quisling (Norwegen), Präsident Jozef Tiso (Slowakei) sowie Staatschef Ante Pavelić (Kroatien) – empfing. Auch in diesem Zusammenhang war das FA wieder sehr aktiv. Es ist sehr wahrscheinlich, dass die Berichte mit den jeweiligen Besuchen zusammenhängen, denn sie wurden jeweils ein bis zwei Tage danach an Hitlers Adjutantur weitergereicht. Insgesamt handelte es sich um 71 Berichte; die meisten wurden im Zusammenhang mit dem Besuch Horthys verfasst.[155]

Unterrichtet wurde Hitler auch über Konferenzen und Gespräche der anderen Seite. So lieferte das FA im Mai 1943, als sich vom 12. bis 25. des Monats der britische Premier Winston Churchill und US-Präsident Roosevelt in Washington trafen, insgesamt 38 Berichte, die sich mindestens zum größten Teil um dieses Ereignis gedreht haben dürften. Auf dieser Konferenz besprachen Churchill und Roosevelt unter anderem die geplante Landung in Süditalien, die zum Abfall des Landes von Deutschland führen sollte. Ob es dem FA gelungen war, Funksprüche der Alliierten abzufangen, kann leider nicht rekonstruiert werden; an dieser Stelle zeigt sich einmal mehr, wie bedauerlich der Verlust der FA-Akten ist. Auch während der Tage, als sich die beiden Staatsmänner vom 14. bis 24. August im kanadischen Quebec erneut trafen und über die bevorstehende italienische Kapitulation sowie über die geplante Invasion Frankreichs sprachen, schickte das Amt auffallend viele Braune Blätter an Hitler, nämlich 24. Daher ist zu vermuten, dass auch diese sich um die Konferenz drehten, wobei erneut nicht ersichtlich ist, wie weit das FA in die geheimen Absprachen eindringen konnte oder ob es sich beispielsweise auf das Sammeln von Zeitungsartikel und das Abhören von Radiosendungen beschränken musste. Über die Waffenstillstandsverhandlungen der Alliierten mit Italien, die am 8. September abgeschlossen wurden, waren die Deutschen schon seit dem 29. Juli informiert. In diesem Fall war es allerdings die Forschungsstelle der Reichspost in Holland, die ein Funkferngespräch zwischen Churchill und Roosevelt abgefangen hatte[156] (zu dieser Forschungsstelle später mehr). 1944 erstellte das FA unter anderem Berichte im Zusammenhang mit den Auseinandersetzungen zwischen der polnischen Exilregierung und Stalin zusammen, die Hitler wahrscheinlich vorgelegt wurden.

Zusätzlich gibt es zwei weitere Quellen, die für einen bestimmten Zeitraum zeigen, dass und mit welchen Erkenntnissen des Forschungsamtes Hitler beliefert wurde. Dabei handelt es sich zum einen um die Berichte, die Rudolf Likus aus den Braunen Blättern umschrieb und dann in dieser neuen Form an Hitler schickte. Likus führte genau Buch über seine Aktivität. Offenbar beschränkte sie sich auf die Zeit vom 6. April 1939 bis zum 18. Dezember 1942, zumindest sind weitere Nachweise nicht zu finden. Die zweite Quelle sind die Aufzeichnungen Walter Hewels, der Ribbentrops Ständiger Beauftragter bei Hitler war. Er führte wie Likus genau Buch, welche Dokumente er dem »Führer« vorlegte; darunter waren eine Vielzahl Brauner Blätter. In den Kriegsjahren sei es fast täglich dazu gekommen, schreibt der Historiker Irving.[157]

In Likus' Unterlagen sind nur noch die Überschriften der Berichte vermerkt, die Berichte selbst sind nicht in den Akten zu finden. Vermutlich hat der »Alte Kämpfer« und SS-Mann sich also an die Pflicht zur Rückgabe der Unterlagen gehalten. Aus diesen Überschriften kann man immerhin ablesen, um welche Themen es in den Berichten ging. Es handelte sich dabei zum geringeren Teil um Meldungen, die Hitler eher weniger interessiert haben dürften (31. Mai 1939: »Eindrücke des amerikanischen Finanzmannes Mr. Blaine von Deutschland«; 12. August 1940: »Verhaftung des estnischen Kinderarztes Dr. Busch in Reval«). Viele andere aber waren für die Einschätzung der internationalen Lage zweifelsohne von Interesse. Hier nur einige wenige Beispiele[158]:

- 11. April 1939: London gibt {dem polnischen} Außenminister Beck den Rat zu versuchen mit Deutschland auf dem Wege der Verhandlung in der Danziger Frage zur Lösung zu kommen (Druck wird nicht ausgeübt).
- 5. Juni 1940: Große Depression in englisch-französischen Regierungskreisen über die militärischen Misserfolge der Alliierten.

- 30. Oktober 1940: Das deutsch-ungarische Verhältnis.
- 12. Juni 1941: Deutscher Angriff auf die Sowjetunion?

Die Überschriften aus der Hewel-Liste lesen sich ähnlich. Allerdings gibt es einen Unterschied zu Likus: Hewel reichte bei Hitler offenbar seine Kopien der Braunen Blätter ein, denn zu den Überschriften der einzelnen Berichte finden sich auch deren Nummern. Likus dagegen schrieb die Berichte um (es ist möglich, dass FA-Mitarbeiter, die nach dem Krieg erzählten, Ribbentrop habe FA-Berichte umschreiben und als Erkenntnisse seines eigenen Dienstes Pers Z ausgeben lassen, die Likus-Berichte meinten). Warum aber Hewel überhaupt Kopien der Original-Berichte bei Hitler einreichte, obwohl dieser natürlich im Verteiler an erster Stelle stand (was Hewel doch sicher wusste), ist nicht klar. Auch in diesen Unterlagen finden sich wichtige Informationen, wie ebenfalls eine kleine Auswahl zeigen soll[159]:

- N 158.399 v. 15.4.1940: Zur Frage einer Beteiligung Italiens am Kriege.
- N 190.437 v. 20.1.1941: Haltung der UDSSR im Falle deutscher militärischer Aktion im Balkan.
- N 194.159 v. 24.2. 1941: Angriffsabsichten Deutschlands auf Russland.
- N 225.353 v. 22.11.1941: Britisch-russische Vorbereitung, russische Tonnage aus Schwarzem Meer herauszubringen.

Man muss aber noch einmal festhalten: Aus diesen Angaben ist nicht ersichtlich, welche Qualität diese Berichte hatten und auch nicht, welche Quellenbasis ihnen zu Grunde lag. Ebenso wenig wissen wir, ob Hitler diese Berichte tatsächlich las und die Erkenntnisse nutzte. Einen – allerdings sehr kleinen – Einblick geben die Tagebuchaufzeichnungen von Joseph Goebbels. In den Jahren 1942/43 berichtete er ja verschiedene Male über Braune Blätter, die ihm vorgelegt wurden. Darin ging es unter anderem um die Rolle der Türkei und um das Verhältnis zwischen England, den USA und der Sowjetunion. Unter anderem schöpfte Goebbels aus den Berichten die Hoffnung, es könnte zu einem ernsthaften Zerwürfnis zwischen den drei Alliierten kommen. Sicher war in den Braunen Blättern über Differenzen zwischen den drei Mächten nachzulesen, aber ob sie solche Hoffnungen schürten oder ob Goebbels sie von sich aus in diese Richtung überinterpretierte, kann nicht nachvollzogen werden. Von einem tiefen Zerwürfnis kann jedenfalls nicht die Rede sein.

Sehr aktiv war das Forschungsamt auch beispielsweise in den Ländern auf dem Balkan. Auch dort interessierte es sich für das, worüber Journalisten sich am Telefon unterhielten ebenso wie das, was Diplomaten besprachen; besonders natürlich, wenn es um Gespräche britischer Vertreter ging, aber ebenso sowjetischer. Zu den wenigen erhaltenen Berichten gehören beispielsweise in Budapest abgehörte Telefonunterhaltungen von Journalisten der britischen *Times*, aber auch der *Neuen Züricher Zeitung* aus der neutralen Schweiz. In einem Bericht Heydrichs an Ribbentrop vom 19. August 1941, der auf Ergebnissen der Telefonüberwachung durch das FA basierte, wurden Wortlautprotokolle der Unterhaltungen sowohl zwischen rumänischen Journalisten als auch Diplomaten widergegeben; darin werde der gegenseitige Hass der Rumänen und Ungarn deutlich, so Heydrich. Die Rumänen erhoffen territoriale Veränderungen zu ihren Gunsten.[160]

Erkenntnisse erlangte das FA auch durch die Überwachung des Telefon- oder Funkverkehrs von Diplomaten neutraler Staaten. Es gelang den Experten vom Amt immer wieder, die Diplomatencodes anderer Länder zu knacken. Zu den besten Quellen gehörten die Türken. Ihren Code hatte das Amt schon sehr früh geknackt, und da er niemals geändert wurde, konnten die Deutschen den Verkehr der Türken über viele Jahre problemlos verfolgen. Offenbar waren die türkischen Diplomaten auch gut vernetzt – die Botschafter in Moskau und Washington, Ali Haydar

Aktay und Mehmed Münir Ertegün, gehörten nach Aussagen von FA-Mitarbeitern zu den besten abgeschöpften Quellen.[161] Zu den Informationen, die das Amt bei Aktay abzapfen konnte, gehörte der Bericht über ein Gespräch, dass dieser mit dem sowjetischen Außenminister Wjatscheslaw Molotow führte – und zwar unmittelbar nach dem Abschluss des deutsch-sowjetischen Nichtangriffspaktes vom 23. August 1939. Als Aktay gefragt habe, ob Molotow nicht befürchte, dass Deutschland durch diesen Vertrag eine Vormachtstellung erlangen und sich eines Tages auch gegen die Sowjetunion wenden könne, habe Molotow geantwortet, das Leben sei dagegen. Aktay berichtete weiter, dass der Raum, in dem das Gespräch stattgefunden habe, in der Mitte durch einen Vorhang geteilt gewesen sei. Dahinter habe er während des Gespräches mit dem Außenminister Geräusche vernommen, die so klangen, als habe jemand an einer kalten Pfeife gesogen. Aktay glaubte, dass es Stalin persönlich war, der hinter dem Vorhang saß.[162]

Auch der Code der Mexikaner wurde Anfang 1942 geknackt. Den Erfolg konnte eine Frau für sich verbuchen, die gleich aus zwei Gründen eine außergewöhnliche Mitarbeiterin des Amtes war: Erstens war sie chilenische Staatsbürgerin und trotzdem beim FA eingestellt worden; zweitens war sie eine entfernte Verwandte von Hermann Göring. Ebenso konnten die Codes der Japaner, Jugoslawen und Portugiesen geknackt werden. Auch der Verkehr einiger anderer Länder wie der Sowjetunion und England konnte im Krieg gehackt werden. Möglicherweise erfuhr das FA 1941 auch aus abgefangenen sowjetischen Funksprüchen, dass Moskau über den Termin für den geplanten deutschen Angriff informiert war.[163]

Durch das Anzapfen des portugiesischen Botschafters in London erfuhr das FA Einzelheiten über den Besuch Churchills in den USA im Januar 1943; das geht aus einem erhalten gebliebenen Fernschreiben Walter Schellenbergs vom RSHA an Himmler vom 23. Januar 1943 hervor. Auch darin ging es um das Verhältnis der Briten zu den Amerikanern. Auch andere Berichte, beispielsweise zu ägyptischen oder brasilianischen Funkverkehren, in denen es unter anderem um das Verhältnis zwischen den USA und England oder auch um die kritische Haltung Churchills gegenüber Stalin oder um die Frage, ob die Alliierten von Deutschland tatsächlich eine bedingungslose Kapitulation fordern sollten, ging, wurden abgefangen und weitergeleitet. Welchen Einfluss sie bei Hitler oder an anderen Stellen hatten, ist nicht mehr zu klären. Es ist aber durchaus möglich, dass sie bei dem selektiv lesenden Hitler die irrige Hoffnung nährten, die Alliierten könnten sich untereinander heillos zerstreiten.

Einen sehr losen Überblick über die Erfolge des FA und der anderen deutschen Dienste ergaben die Befragungen der FA-Mitarbeiter und einiger Mitarbeiter der Pers Z des Auswärtigen Amtes (die offenbar gleichzeitig und von den selben Ermittlern durchgezogen wurden) kurz nach dem Krieg. An konkrete Einzelheiten konnte sich allerdings fast niemand erinnern. Oder wollte sich niemand erinnern? Nach den Angaben gab es bei den USA einige kleinere, aber nicht dauerhafte Einbrüche in die Codes (abgesehen von der Botschaft in Bern); auch die britischen Codes waren nur schwer zu knacken, aber zumindest bis 1942 scheint es gewisse Erfolge gegeben zu haben. Ein dem Coup der Konferenz von Bad Godesberg 1938 vergleichbaren Erfolg, als Chamberlains Verkehr nach London abgefangen und unmittelbar von Hitler genutzt wurde, scheint es aber nicht mehr gegeben zu haben. Ohnedies standen militärische Aspekte mitten im Krieg im Vordergrund. 1941 gelang es wohl auch, einen Code der Bank of England zu knacken. Die größten Erfolge gelangen offenbar mit Blick auf die Sowjetunion. 1943 gelang es dem FA, eine russische Maschine nachzubauen. 1941 wurde das FA beauftragt, den Verkehr sowjetischer Agenten abzufangen. Mit Hilfe von Verschlüsselungskopien, die man bei gefangen genommenen oder getöteten Agenten gefunden hatte, sollten die Codes entschlüsselt werden – ob dies gelang, ist nicht klar. Während der sowjetische Diplomatenverkehr kaum zu knacken war, gelangen der Abteilung 12 des FA große Erfolge beim innerrussischen Wirtschaftsverkehr im Krieg. Walter Seifert, Chef der Hauptabteilung V, berichtet den US-Befragern 1945: »Unser größter Erfolg betraf den internen russischen Verkehr, der uns ermöglichte, die verschiedenen Engpässe im russischen Nachschubsystem zu erkunden.«[164] Der Verkehr habe, so Seiferts Kollege Paetzelt, aus mehreren hundert Nachrichten pro Tag bestanden. Die Russen machten es den Leuten vom FA zum Teil sehr leicht, denn der Verkehr verlief teilweise im Klartext. Das ist erstaunlich, ging es doch immerhin um Meldungen über Industrie-, Waffen- und Flugzeugfabriken oder die Bestellung von Waren und Lebensmitteln. Die Sowjets benutzen für die Übertragung der zahlreichen Meldungen den Funkweg, nicht das Telefonnetz, da dessen Kapazitäten nicht ausreichten.[165] Das FA konnte aus dem Mitgehörten und Mitgelesenen wichtige Rückschlüsse auf die Größe der Belegschaft von Unternehmen ziehen, wenn es die Mengen an Lebensmittel wusste, die diese bestellten. Das gleiche galt für die Produktion, wenn man wusste, in welchen Mengen Rohstoffe bestellt wurden. Kannte man die Zahl der Arbeiter und der angeforderten Rohstofflieferungen, so war eine Berechnung der Produktionskapazitäten des jeweiligen Betriebes möglich. Diese Erkenntnisse hatte man schon in der Zeit vor dem Beginn des Russland-Feldzuges. Als die Wehrmacht dann zunächst große Geländegewinne verzeichnen konnte und viele Fabriken besetzte, konnte nachvollzogen werden, wie nah die Schätzungen des FA an den realen Kapazitäten lagen. Um noch bessere Erkenntnisse zu erzielen wurde in der Abteilung 12 dafür ein eigenes Referat gegründet. Allerdings kam es 1943 zu Schwierigkeiten. In diesem Jahr verdoppelten die Sowjets die Geschwindigkeit, mit denen sie die Funksprüche sendeten, so dass das FA sie eine Zeit lang nicht mehr mitschneiden konnte. Die eigenen Aufnahmegeräte mussten zuerst nachgerüstet werden.

Ulrich Kittel betonte in seinem Nachkriegsbericht, die deutschen Erfolge hätten noch viel größer sein können, wenn das Amt über deutlich mehr Personal verfügt hätte; doch der Mangel an Person, zumal an gut ausgebildeten Fachkräften, war ein Problem, das im Laufe des Krieges größer wurde, nicht kleiner. Es ist aber die Frage, was selbst noch bessere Erkenntnisse gebracht hätten, wenn sich Hitler in diesem Fall offenbar überhaupt nicht für die Ergebnisse interessierte. Er glaubte, es besser zu wissen. Vor dem Hintergrund der guten Erkenntnisse des FA über die sowjetischen Kapazitäten ist es erstaunlich und zeigt in eindringlicher Weise, wie grotesk die Fehleinschätzung Hitlers und seiner Generäle in Bezug auf die Stärke der Sowjetunion vor dem Beginn des Krieges war. An dieser Stelle ist ganz eindeutig, dass Hitler auf seine »Vorsehung« setzte, nicht auf die gelieferten Fakten beziehungsweise Schätzungen.

KAPITEL 11
Der mysteriöse Tod des Prinzen

Ein Mann zog sich seit Beginn des Krieges weitgehend aus dem Forschungsamt heraus, und dabei handelte es sich um niemand geringeren als den Chef Prinz Christoph von Hessen. Christoph hatte schon seit Jahren ein Faible für die Luftwaffe entwickelt; als Hitlers Wehrmacht am 1. September 1939 Polen überfiel, ließ er sich in deren Dienst versetzen. In diesem Zusammenhang stellen sich drei Fragen: Warum erlaubte Göring diesen Wechsel überhaupt? Was war der Grund für den Wunsch Christophs, zur Luftwaffe zu wechseln? Und nahm er gleichzeitig noch Aufgaben beim Forschungsamt wahr?

Zunächst aber soll kurz der Weg Christophs im Krieg nachgezeichnet werden. Unmittelbar nach dem Ausbruch des Krieges wurde Christoph in Polen eingesetzt. Bis zum 1. Mai 1940 kam es zu raschen Beförderungen bis zum Kapitän; danach dauerte es allerdings bis zum April 1943, ehe er zum Major ernannt wurde. Nach dem Polen-Einsatz wurde der Prinz zunächst in Bad Kreuznach und in Bad Homburg stationiert. Er arbeitete im Stab von General Bruno Loerzer, dem Chef des II. Fliegerkorps. Später wurde er eine Zeit lang in Luxemburg stationiert. Als Stabsoffizier war Christoph sehr wahrscheinlich an den Planungen der Angriffe auf Rotterdam am 14. Mai 1940 beteiligt. Mit den zahlreichen zivilen Opfern und der Zerstörung des kompletten Zentrums Rotterdams schien er keinerlei Probleme zu haben. Zu dieser Zeit wurde er auch mit dem Eisernen Kreuz 2. Klasse ausgezeichnet. Im Mai 1940 hielt er sich nachweislich auch in Berlin auf, wo er sich auch mit Kollegen aus dem Forschungsamt traf. Anschließend ging es für ihn weiter nach Belgien. Staatssekretär Körner machte im Oktober offenbar einen Versuch, ihn auf seinen Posten als Chef des FA zurückzuholen, aber Christoph weigerte sich. Kurz vor dem Angriff auf die Sowjetunion wurde der Prinz nach Osten verlegt. Immer wieder bemühte er sich, auch aktiv als Flieger eingesetzt zu werden, denn bislang hatte er nur im Stab weit hinter der Front gearbeitet. Im Herbst 1941 wurde er endlich zur dritten Fliegerstaffel der Armeegruppe Mitte unter Generalfeldmarschall Fedor von Bock verlegt. Nun durfte er Aufklärungsflüge absolvieren und bekam zugleich ein Training als Bomberpilot. Ende November hatte er bereits 18 Feindflüge hinter sich.

Zu dieser Zeit war Christoph da, wo er hinwollte: im aktiven Einsatz als Pilot gegen den Feind. Im März 1942 wurde er mit dem Eisernen Kreuz erster Klasse ausgezeichnet. Doch das mochte nur ein Trostpflaster Görings sein, denn kurz zuvor war der Prinz nach Sizilien verlegt worden – und musste nun wieder Dienst im Stab der 2. Fliegerstaffel schieben. Das war für ihn ein Rückschritt und er war verärgert und frustriert. In einem Brief an seine Frau machte er Göring dafür verantwortlich. Doch der konnte gar nicht anders handeln, denn Hitler hatte zuvor mit dem »Prinzenerlass« entschieden, dass Mitglieder früher regierender Fürstenhäuser nicht mehr an Kampfhandlungen teilnehmen durften. Das galt somit natürlich auch für Prinz Christoph. Hinzu kam sicher, dass unbedingt vermieden werden sollte, dass der Chef des Forschungsamtes, dem immerhin größten Geheimdienst des Dritten Reiches, mit all seinem Wissen über das FA dem Feind in die Hände fallen könnte. Später wurden auf Beschluss Hitlers alle Mitglieder ehemals regierender Fürstenhäuser aus der Wehrmacht ausgeschlossen. Während Mitglieder von Christophs Familie von dem Beschluss betroffen waren, durfte er selbst aber bei der Luftwaffe bleiben. Im Dezember wurde Christoph nach Tunesien verlegt. Nachdem die deutschen

Truppen dort hatten evakuiert werden müssen, ging es für ihn zurück nach Sizilien und später aufs italienische Festland.

Warum aber bemühte sich Christoph überhaupt so sehr, seinen wichtigen und mächtigen Posten als Chef des Forschungsamtes gegen die Tätigkeit eines zunächst einfachen Soldaten bei der Luftwaffe einzutauschen? Der Historiker Jonathan Petropoulos führt in seinem Buch *Royals and the Reich* zwei Hauptgründe auf. Beide ergeben Sinn und schließen sich auch gegenseitig nicht aus, wenn sie zusammen gesehen werden. Demnach übte der Dienst für die Luftwaffe auf manche NS-Funktionäre einen großen Reiz aus, zumal einige von ihnen, wie Göring selbst, ja im Ersten Weltkrieg geflogen waren. So beantragte beispielsweise der »Stellvertreter des Führers«, Rudolf Heß, für die Luftwaffe fliegen zu dürfen; Heydrich hospitierte bei der Luftwaffe an der Ostfront. Auch einige Adlige fühlten sich stark zu einem von ihnen romantisierten Dienst bei der fliegenden Truppe hingezogen. Der Hauptgrund für Christoph dürfte aber ein anderer gewesen sein. Wie schon früher gesehen war Christoph nicht zufrieden mit den Methoden des Forschungsamtes und wollte sich zugleich auch aus dem Griff Himmlers befreien. Nun bot sich ihm die Chance zur Flucht. Er konnte sich durch seine Bewerbung für den Kriegsdienst dem Job im Forschungsamt auf eine ganz unverdächtige Art und Weise entziehen. Es mag zwar durchaus Beobachter gegeben haben – auf Mitglieder seiner Familie trifft das ganz sicher zu – die sich fragten, wie es hat sein können, dass der Chef des Forschungsamtes sich ausgerechnet in dem Augenblick von seiner Aufgabe weg bewarb, als er als Chef des FA gebraucht worden wäre. Aber man konnte Christoph nicht vorwerfen, dass er sich vor einem Einsatz fürs Vaterland druckte; der Kampf als Pilot der Luftwaffe, den er anstrebte, war zweifellos gefährlicher als die Leitung eines Geheimdienstes vom Büro in der Hauptstadt aus.[166]

Bleibt die andere Frage: Warum erlaubte Göring überhaupt, dass der Chef »seines« Geheimdienstes auf einen untergeordneten Posten bei der Luftwaffe wechselte? Zum einen gilt auch hier, dass natürlich auch in Görings Augen der Einsatz an der Front ein hohes Ansehen hatte. Ansonsten aber bleibt Görings Motivation eher im Dunklen. Möglicherweise war ihm bereits im Herbst 1939 längst klar, dass sein Freund Prinz Christoph nur mit halben Herzen seiner Aufgabe nachging. Vielleicht hatte er ursprünglich ja auch nur an eine kurzzeitige Abstellung gedacht, schließlich war ja im September 1939 keineswegs klar, dass der Krieg sich über Jahre hinziehen sollte. Dafür spricht die Tatsache, dass Körner (wie Christophs Mutter in einem Brief an seinen Bruder Richard schrieb) im Oktober 1940 versuchte, Christoph davon zu überzeugen, ins Amt zurückzukehren, dieser sich aber weigerte.[167] Die Entscheidung, Christoph gehen zu lassen, zu billigen, fiel Göring sicher auch deshalb erheblich leichter, weil mit Christophs Stellvertreter Gottfried Schapper ja ein ausgewiesener Experte vom Fach als Ersatz bereitstand; ein Experte, der ohnehin möglicherweise die eigentliche Arbeit in der Führungsspitze des Amtes bewältigte. Später sank Görings Interesse daran, den Prinzen zurückzuholen, dann wahrscheinlich kontinuierlich – umso mehr er spürte, oder auch sicher erfuhr, dass dieser sich immer weiter von seinem einstigen Mentor entfernte.

Schließlich bleibt die Frage, ob Christoph während des Krieges trotz seines Einsatzes bei der Luftwaffe weiterhin auch für das Forschungsamt tätig war oder ob er sich völlig zurückzog. Um es vorweg zu sagen: Auch diese Frage ist nicht eindeutig zu beantworten. Als offizieller Chef des FA nutzte er die Gelegenheit zu Reisen nach Berlin. Tatsächlich traf er sich dort auch mit Mitarbeitern; ob er aber auch in sein Büro in der Schillerstraße ging, ist unbekannt. Nicht einmal den Mitgliedern seiner Familie war klar, ob er noch für Görings Lauschtruppe arbeitete. Aus dem November 1940, zu einer Zeit also, als Staatssekretär Körner sich darum bemühte, Christoph wieder ins Amt zu holen, liegt eine Quelle vor, die auf den ersten Blick zu belegen scheint, dass

Christoph aktiv im Dienst des FA stand. Körner wies nämlich Reichsfinanzminister Lutz Schwerin von Krosigk im Auftrag Görings explizit darauf hin, dass Christoph, der Chef des Forschungsamtes, zurzeit an der Front auf einem unabkömmlichen Offiziersposten sei. Schaut man sich allerdings die Umstände an, die zu Körners Brief an den Minister geführt hatten, kann man das Schreiben auch geradezu diametral interpretieren. Denn es ging um eine Gehaltserhöhung für Gottfried Schapper, den offiziell zweiten Mann. War er inzwischen tatsächlich an die Nummer eins gerückt und sollte deshalb besser entlohnt werden[168]? Es scheint wohl tatsächlich so, dass der Prinz offiziell Chef des FA blieb, in der Praxis aber Schapper die Position ausübte. Das hatte sowohl für Christoph als auch für Göring Vorteile, die sie aufgegeben hätten, wenn Christoph offiziell sein Amt zur Verfügung gestellt hätte. Christoph konnte so eigentlich zu jeder Zeit unter dem Vorwand, er müsse sich um Angelegenheiten des Forschungsamtes kümmern, nach Deutschland reisen. Außerdem mag er vielleicht auch den Chef-Posten als einen gewissen Schutz gesehen haben, denn damit stand er immerhin an der führenden Position einer geheimnisumwitterten und gefürchteten Institution. Göring seinerseits mochte Christoph vielleicht benutzen, um Einblick in die Gedanken und Pläne Himmlers, der das Forschungsamt ja grundsätzlich in seinen Bereich übernehmen wollte, zu bekommen. Denn der Prinz war ja nach wie vor SS-Mitglied und insofern Schutzschild gegen und Brücke zu Himmler zugleich.

Ganz klar ist aber, dass für Christoph sein Fronteinsatz im Vordergrund stand. Als er mit den deutschen Truppen aus Nordafrika evakuiert werden musste, war das ein einschneidendes Erlebnis für ihn. Er war der Ansicht, dass durch den verspäteten Schritt viel Material und Menschen nutzlos geopfert worden seien. Christoph sah für die Zukunft schwarz, wie er seiner Frau Sophie schrieb. Mit dem Krieg selbst und Hitlers Eroberungsplänen hatte er zwar an sich keine Probleme.

Ob er aber mit dem brutalen Vorgehen von Einsatzgruppen und Wehrmacht in der Sowjetunion einverstanden war, muss offenbleiben. Ob er den Rassismus der Nazis guthieß, kann heute nicht mehr ermessen werden, denn seine Briefe aus der damaligen Zeit musste er wegen einer möglichen Überwachung durch sein eigenes Amt vorsichtig formulieren; sie sind daher keine zuverlässige Quelle. Aber alleine die Tatsache, dass er dieses Thema offenbar umschiffte, könnte ein Hinweis darauf sein, dass er Probleme damit hatte. Über den Tod Heydrichs, der am 4. Juni 1942 an den Folgen eines Attentats gestorben war, soll er sich allerdings gefreut haben; Heydrich sei ein gefährlicher und brutaler Mann gewesen, habe er gesagt, berichtete eine Verwandte in einem Brief (was, nebenbei bemerkt, ein sehr unvorsichtiges Vorgehen war).[169] Andererseits entstammte Christoph dem Adel und daher war die Sowjetunion für ihn das Reich des Bösen. Seine Frustration speiste sich also nicht oder zumindest nicht nur aus dem Vorgehen der deutschen Truppen, sondern daraus, dass dieses Vorgehen zunehmend erfolglos war. Hinzu kam seine Wut über die persönliche Zurücksetzung durch das Abziehen vom direkten Fronteinsatz; denn als solche empfand er den Schritt.

Das war der Hintergrund, vor dem sowohl Christophs Einstellung als übrigens auch die seines Bruders Philipp Hitler, Göring und Himmler gegenüber immer kritischer wurden. An aktiven Widerstand dachten sie allerdings wohl nicht; und die späteren Attentäter des 20. Juli sprachen offenbar über die beiden Brüder, entschieden sich dann aber dagegen, sie in ihre Pläne mit einzubeziehen. Philipp hatte eine zu große Nähe zu Hitler, den er persönlich traf. Und Christoph war in seiner Funktion als Offizier vielleicht einfach zu weit weg oder aber als Chef des FA eben doch in den Augen der Verschwörer nicht vertrauenswürdig. Und außerdem war er ja auch nach wie vor Mitglied der SS – dass machte ihn in den Augen der Widerstandskreise ohnedies verdächtig. Allerdings geriet auch Philipp immer stärker in Kontrast zu Hitler. Das hatte besonders mit den Vorgängen in Italien des Jahres 1943 zu tun, die schließlich zum Sturz von Hitlers Verbündeten Mussolini führten. Der Führer war der Ansicht, Philipp sei involviert in die Aktivitäten des italienischen Königs gegen den Duce. Hitler ließ Philipp nach Mussolinis Sturz zunächst unter Hausarrest stellen und anschließend im September 1943 verhaften und ins Konzentrationslager Flossenbürg bringen. Dort überlebte er in weitgehender Isolierung das Dritte Reich und wurde Ende April 1945 von US-Truppen befreit. Seine Frau Mafalda hatte weniger Glück. Sie wurde wenige Wochen nach ihrem Mann ebenfalls ins KZ gebracht, und zwar nach Buchenwald. Hier verstarb sie an den Verletzungen, die sie bei einem alliierten Bombenangriff erlitt. Gerüchte behaupteten, dass sie nur deshalb den Tod fand, weil eine notwendige Armamputation zu spät stattfand – und die Lagerbehörden es absichtlich zu dieser verspäteten Operation hatten kommen lassen.

Philipp und Mafalda waren also wie gesehen ins Visier der Gestapo geraten. Sie waren am 12. September beziehungsweise am 20. Oktober 1943 ins KZ eingewiesen worden. In der Zeit dazwischen, am 7. Oktober, nutzte Christoph, der mit Mitgliedern seiner Familie wegen des Schicksals des Bruders in Verbindung stand, wohl seinen Posten als FA-Chef, um nach Deutschland zu fliegen. Es ist durchaus wahrscheinlich, dass er über seinen Freund Körner versuchen wollte, direkt mit Göring über die ganze Angelegenheit zu sprechen und seinen Bruder aus dem KZ zu befreien. Allerdings hielten es nach dem Krieg Kameraden auch für möglich, dass er nach Deutschland zurückbeordert worden sei – von wem auch immer und zu welchem Zweck. Sein Sohn Rainer vermutete, dass er zuerst nach Mannheim fliegen wollte, wo sich die Heimatbasis seiner Fliegerstaffel befand, um dann weiter nach Kronberg, wo sich seine Familie aufhielt, zu reisen, bevor er sich nach Berlin begeben wollte. Sein Flugzeug startete an jenem 7. Oktober 1943 in Rom tatsächlich mit dem Ziel Mannheim. Sicher ist, dass Christoph und sein Pilot Wilhelm Gsteu sorgfältig die Wetterbedingungen überprüften und dann mit einer Siebel 204, einem leichten Transportflugzeug, starteten. Um 17.30 Uhr prallte das Flugzeug gegen einen 1000 Meter hohen Berg in der Nähe von Monte Collino in den Apenninen, nicht allzu weit entfernt von Ravenna. Das Flugzeug wurde bei dem Aufprall dermaßen stark beschädigt, dass die Leichen erst zwei Tage später gefunden wurden.

Die Umstände des Aufpralls erscheinen merkwürdig. Der Gipfel des Berges war verdeckt von Nebel und das Wetter verschlechterte sich kurz nach dem Start. So jedenfalls stellte es Oberstleutnant Helmut Bennemann als Leiter des Jaggeschwaders 53 Christophs Bruder Wolfgang knapp zwei Monate später, am 3. Dezember, in einem Brief dar.[170] Aber entspricht das den Tatsachen? Wilhelm Gsteu galt als sehr erfahrener Pilot – warum hätte er bei Nebel so niedrig fliegen sollen? Merkwürdig ist ebenfalls, dass Gsteu in östliche Richtung flog, obwohl es von Rom nach Mannheim nach Nordwesten geht. Beobachter wollen zudem gesehen haben, dass sich das Flugzeug in den Apenninen schließlich in südwestliche Richtung bewegte. Der Historiker Petropoulos stellte die entscheidende Frage: Sprechen die niedrige Flughöhe und der unerklärliche Kurs für ein Versagen der Instrumente? Und wenn ja, handelte es sich dann um Sabotage?[171] Es sind Fragen, die bis heute nicht beantwortet sind. Der Absturz wurde von einem Werftzug aus Bologna untersucht. Der Untersuchungsbericht, der nicht erhalten ist, wurde vermutlich dem Fliegerführer Italien geschickt. Der Führung des Jagdgeschwaders 53 wurden keine besonderen Vorkommnisse gemeldet. Deren Chef, Oberstleutnant Günther Freiherr von Maltzahn, war just drei Tage vor dem Absturz von seinem Posten abgelöst worden (er wurde kurz darauf zum Oberst befördert); im Oktober leitete vorübergehend und für wenige Wochen Major Friedrich Karl Müller das Jagdgeschwader (er kam 1944 bei einem Flugunfall ums Leben). Ab 9. November stand dann Oberstleutnant Helmut Bennemann bis Ende April 1945 an dessen Spitze. Eben dieser Bennenmann bezeichnete in einem Schreiben von 3. Dezember an Christophs Bruder Wolfgang den dichten Nebel als Grund für den Aufprall.

Tatsache ist, dass es einigen Personen in Berlin nicht hätte gefallen können, wenn Christoph dort angekommen wäre. Er hätte Informationen über das Schicksal seines Bruders Philipp und dessen Frau Mafalda bekommen, denn über diese geheim gehaltenen Operationen hätte er wahrscheinlich in den Braunen Blättern seines Forschungsamtes nachlesen können. Die Neuigkeit vom Tod Christophs machte in Berlin unter den NS-Funktionären schnell die Runde. Das Reichsluftfahrtministerium verschickte Informationen an verschiedene Institutionen, auf diese Weise erfuhr beispielsweise Heinrich Himmler davon. Was auffällt ist, dass verschiedene falsche Todesdaten zirkulierten – der 11. und 12. Oktober. Also genauso, wie acht Jahre zuvor beim Tod des ersten FA-Chefs Hans Schimpf. Die Öffentlichkeit erfuhr von Christophs Tod durch eine Todesanzeige im Völkischen Beobachter.

Prinz Wolfgang wies nach dem Krieg auf die Umstände hin, die den Absturz seines Bruders verdächtig machen. Es habe drei Ereignisse in kurzer Zeit gegeben, die im Zusammenhang mit dem Sturz Mussolinis gestanden hätten – das Verschwinden von Philipp und Mafalda, kurz danach der Tod Christophs und die Tatsache, dass er selbst ebenfalls just im Oktober 1943 mit Blick auf seinen Namen von Hitlers Sekretär Martin Bormann als »völlig untragbar« bezeichnet worden sei.[172] Für Hitler schien klar, dass Philipp, immerhin Schwiegersohn des Königs von Italien, in den Umsturz und die Kapitulation Italiens verwickelt war – und das warf offenbar einen Schatten auch auf die anderen Mitglieder der Familie. Das macht es durchaus möglich, dass er Christoph beseitigen ließ, denn dieser hatte durch seine Stellung im Forschungsamt viel Wissen, dass unangenehm oder gar gefährlich werden konnte.

KAPITEL 12

Die Forschungsstelle der Reichspost

Neben dem Forschungsamt des Reichsluftfahrtministeriums gab es nur eine einzige Stelle, die ebenfalls ganz offiziell Telefongespräche abhören durfte: die Forschungsstelle der Reichspost. Für sie gilt das schon über das Forschungsamt gesagte: Es gibt so gut wie keine Quellen zu ihrer Tätigkeit. Allerdings lagern im Politischen Archiv des Auswärtigen Amtes einige Protokolle abgehörter Gespräche. Sie sind aber ausgedünnt.[173] Verantwortlich dafür waren wahrscheinlich die US-Behörden. Sie wollten verhindern, dass bekannt würde, mit welcher Sorglosigkeit US-Präsident Roosevelt und Premierminister Churchill am Telefon geheim zuhaltende und hochbrisante Dinge besprachen, die die militärischen Planungen betrafen. Und das, obwohl es klare Warnungen gab, dass die Deutschen diese Gespräche über den Atlantik abhörten.

Gründer und Leiter der Forschungsstelle wurde der junge, erst 29-jährige Postrat Kurt Vetterlein. Er trat nach seinem Studium 1939 in den Dienst der Reichspost ein; schon im folgenden Jahr wurde ihm vom Präsidenten der Forschungsanstalt der Reichspost die Gründung eines Referats aufgetragen; Anfang 1941 wurde daraus die Forschungsstelle. Das Ziel war eindeutig: die Forschungen der Post sollten stärker als bis dahin auf die Erfordernisse des Krieges ausgerichtet werden. Die Forschungsstelle hatte ihren Sitz am Hauptsitz der Forschungsanstalt in einem Gebäudekomplex in der Ringstraße in Berlin-Tempelhof. Oberster Dienstherr war Reichspostminister Wilhelm

Ohnesorge, der in Kleinmachnow bei Berlin in der Hakeburg auch einen Standort aufbaute, in der weitreichende militärische Forschungen betrieben wurden. Geleitet wurde die Forschungsanstalt von Friedrich Gladenbeck, der es auch in der Bundesrepublik noch zu Ruhm und Ehre brachte und von 1954 bis 1959 Staatssekretär im Bundespostministerium war.

Weil der Gebäudekomplex in Tempelhof für die Schar der Mitarbeiter, die auf bis zu 1200 in Spitzenzeiten anwuchs, nicht mehr ausreichte, ließ Ohnesorge die Hakeburg, ein Neorenaissance-Schlösschen in Kleinmachnow, um- und ausbauen. Tatsächlich als Dienstsitz wurde sie aber nur ab 1943 für kurze Zeit genutzt, bevor die Forschungsstelle aufgrund der alliierten Bombenangriffe nach Süddeutschland verlegt werden musste. Doch auch im engen Domizil in Tempelhof wurde fleißig geforscht – Ziel war es, die Forschungsanstalt der Reichspost auf die Erfordernisse des Krieges zu trimmen. Unter anderem entwickelten die Tüftler eine »sehende Bombe«; dabei handelte es sich um einen Torpedo, an dem eine kleine Kamera angebracht wurde. Mit den gelieferten Bildern sollte der Torpedo ferngelenkt werden.[174]

Der Fernsehtorpedo gelangte zwar nicht zur Serienreife, aber zwei Jahre nach seiner Erfindung konnte Ohnesorge bei Hitler trotzdem mit einem großen Erfolg aufwarten. Denn im Sommer 1942 gelang es der Forschungsstelle, den Code zu knacken, mit dem die transatlantischen Gespräche zwischen Roosevelt und Churchill verschlüsselt wurden. Der Mann, dem das gelungen war, war eben jener Kurt Vetterlein, der erst 1940 die Stelle überhaupt gegründet hatte. Vetterlein machte aus der bisher defensiven Arbeit der Forschungsstelle eine aktive: war es bislang das Ziel gewesen, die eigenen Fernsprechverbindungen abhörsicher zu machen, so drehte er den Spieß einfach um und arbeitete daran, den Verkehr der Gegner abhören zu können. Mit Erfolg. Dabei konnte er auf die Arbeit der Forschungsanstalt der Reichspost aufbauen, die bereits herausgefunden hatte, dass die Fernsprechverbindungen zwischen den USA und England vor dem Krieg drahtlos vonstattengegangen war; daran hatte sich nach dem Beginn des Krieges nichts geändert, denn anderes gaben die technischen Möglichkeiten zur damaligen Zeit gar nicht her. Gleichwohl hatten die Tüftler von der American Telephone and Telegraph Company (AT&T) und vom British Post Office in gemeinsamer Arbeit Fortschritte bei der Verschlüsselung der Gespräche gemacht. Sie hatten ein Verfahren erfunden, bei dem die Worte des eines Gesprächspartners unverständlich und erst durch ein spezielles Gerät bei dem anderen Partner wieder verständlich gemacht wurden. Sehr zu ihrem Ärger kamen die Deutschen dieser Methode zunächst nicht auf die Schliche. Vetterlein gelang es aber schließlich, durch ein raffiniertes Verfahren, das Problem zu lösen und die verzerrten Gespräche zu erfassen, aufzuzeichnen und zu entschlüsseln.

Die Vorgehensweise der anderen Seite beschrieb Vetterlein in einem Brief an Ohnesorge so: »Physikalisch gesehen, stellt die Sprache ein zeitlich veränderliches Gemisch von Tönen (akustischen Schwingungen) dar, die nach ihrer Umsetzung im Mikrophon als Wechselströme verschiedener Schwingungszahl (Frequenz) auf dem Übertragungswege in Erscheinung treten. Für jeden Vokal ist in Verbindung mit einem Konsonanten eine bestimmte Kombination von amplitudenabhängigen Schwingungen charakteristisch. Feindlicherseits wird der Gesamtbereich von der tiefsten bis zur höchsten übertragenen Schwingung (Frequenz) in mehrere Abschnitte tiefer, mittlerer und hoher Schwingungszahlen unterteilt. Durch mehrere Frequenzumsetzungen werden diese Abschnitte in ihrer gegenseitigen Lage vertauscht, so dass der Klangcharakter der Silben und Worte zur Unverständlichkeit zerstört wird. Um das Tonchaos weiter zu erhöhen, wird zusätzlich die innere Frequenzfolge der einzelnen Abschnitte umgekehrt. So lassen sich mehrere Tausend von verschiedenen Kombinationen der Frequenzausschnitte, von ›Schlüsseln‹, herstellen, die alle unverständliche Lautbilder ergeben. Um die Abhörsicherheit seiner Verbindungen noch weiter zu erhöhen, lässt der Feind in kurzem Rhythmus von einigen Sekunden die Schlüssel in systemloser Reihenfolge wechseln, während der gleichzeitig, zur weiteren Verschleierung, die gesamte entstandene disharmonische Tonhäufung in beliebigem Maße in tiefere oder höhere Bereiche verschiebt. Nachdem die gesprochenen Worte und Sätze die verschiedenen Verschlüsselungsprozesse durchlaufen haben, werden sie durch Spezialsender in USA bzw. England ausgesandt, die nun wiederum durch Spezialempfänger auf der Gegenseite empfangen werden können …«. Ob Hitler, an den Ohnesorge den Brief weiterschickte, diesen wirklich mitten im Krieg gelesen hat, erscheint doch eher fraglich.[175]

Bis die Mitarbeiter der Forschungsstelle sich ans Werk machen konnten, hatte Vetterlein allerdings zunächst noch ein Problem zu lösen. Die Gespräche konnten nämlich nicht von Deutschland abgehört werden, wohl aber von der Funkstelle der Post im holländischen Noordwijkerhout. Sie war jedoch mit ihren technischen Einrichtungen von Görings Forschungsamt belegt, dem es seinerseits von der Luftwaffe übergeben worden war, die es zunächst nach der Besetzung Hollands genutzt hatte. Das FA aber wachte mit Argusaugen darauf, dass keine andere Stelle ihm ins Werk pfuschte. Es kam aber zur Einigung. Wahrscheinlich wollte Göring es sich mit der Reichspost und Minister Ohnesorge nicht verscherzen, schließlich war er in anderen Fällen von einem guten Zusammenwirken abhängig. Die Forschungsstelle, zu der Vetterleins Referat jetzt erhoben wurde, wurde auf 50 Mitarbeiter ausgebaut. Darunter waren Techniker, Funker, Ingenieure und Übersetzer. Sie wurden in einer Jugendherberge mit dem Namen *Die Dünenarche* untergebracht. Gearbeitet wurde rund um die Uhr. Die abgehörten Gespräche wurden aufgezeichnet. Im Verlauf des Jahres 1941 gab es aber zunächst immer wieder Probleme, denn die Alliierten wechselten häufig die Frequenzen und Bandbreiten. Aber die Abhöranlage in Noordwijkerhout und die Entschlüsselungserfolge ermöglichten es grundsätzlich und zunehmend erfolgreicher, die verschlüsselten Gespräche zwischen London und Washington zu entschlüsseln. Es ist keineswegs ausgeschlossen, dass noch heute in US-amerikanischen Archiven aufgezeichnete Gespräche zwischen Roosevelt und Churchill lagern, die Einblicke in die militärischen Planungen der West-Alliierten oder auch sonstige Erkenntnisse bringen könnten.

Merkwürdigerweise wurden die Protokolle der Aufzeichnungen nicht direkt an Hitler gesandt. Zunächst gingen sie an Ohnesorge und von dort aus an Heinrich Himmler. Himmler baute zu dieser Zeit seinen Sicherheitsapparat und seinen Machtbereich immer weiter aus. Es war sicher ein kleiner Triumph für ihn, dass Göring anders als an die Braunen Blätter nicht als erster an diese Berichte herankam. Wahrscheinlich bekam Himmler den Zugriff auf die Berichte, weil Ohnesorge befreundet war mit dem SS-General Gottlob Berger, der als ein getreuer Gefolgsmann des Reichsführers SS galt. Die Berichte gingen an das Amt VI des Reichssicherheitshauptamtes; der Chef des dortigen Auslandsnachrichtendienstes, Walter Schellenberg, leitete sie dann an Hitler weiter.[176] Ohnesorge selbst begründete dieses Vorgehen mit Sicherheitsmaßnamen; er wolle unbedingt vermeiden, dass die Tatsache, dass die Alliierten von der Reichspost abgehört wurden, diesen bekannt werden würde. Wenn das der tatsächliche Grund war, wäre es allerdings gerade sinnvoller gewesen, die Berichte ohne Umweg über eine weitere Behörde an Hitler zu geben. Auch Heydrich bekam sie zumindest in der ersten Zeit nicht zu sehen (ob er dann überhaupt jemals welche zu lesen bekam, muss dahingestellt bleiben, denn er wurde ja bereits im Mai 1942 Opfer des Attentats in Prag). Der Grund für seinen Ausschluss aus dem Kreis der Belieferten lag in Ohnesorges Antipathie gegenüber dem Himmler-Vertrauten; er beauftragte Berger, Himmler in seinem Namen persönlich um diesen Schritt zu bitten.[177] Wen Himmler in den Verteilerkreis aufnahm, kann nicht mehr nachvollzogen werden. Das Auswärtige Amt gehörte auf jeden Fall dazu, und mindestens ein Teil der Berichte ging auch an das OKW.[178]

Was aber wussten oder ahnten die Alliierten? Wahrscheinlich war es so, dass die Experten in London und Washington befürchteten, dass die Deutschen in der Lage seien, die Gespräche abzuhören und zu entschlüsseln, ohne das jedoch wirklich zu wissen und vor allem, ohne dass sie etwas von der Existenz der Forschungsstelle wie des Forschungsamtes wussten. Sie gaben aber immer wieder Mahnungen – auch an andere Spitzenvertreter beider Länder – heraus, nicht offen über Dinge am Telefon zu sprechen, die unbedingt geheim zu halten waren.

Postminister Ohnesorge ließ die Anlage in Noordwijkerhout scharf bewachen; gleichwohl bestand immer die Sorge, dass die Alliierten sie bombardieren und zerstören könnten. Immerhin war sie wegen der großen Rhombusantenne gut als Funkeinrichtung erkennbar. Ende Juli 1942 zeigte sich noch eine andere Gefahr, als britische Soldaten in einem nächtlichen Überraschungscoup eine Funkmessstation im nordfranzösischen Bruneval abbauten und nach England schafften. Ein vergleichbares Vorkommnis wollte Ohnesorge natürlich unbedingt verhindern. Daher wurde die Forschungsstelle unmittelbar nach dem Ereignis von Bruneval nach Valkenswaard bei Eindhoven verlegt, also etwa 150 Kilometer weiter ostwärts ins Landesinnere. Hier, an der Kreuzung Nieuwe Waalreseweg / De Hazelar-Straat baute die Organisation Todt einen L-förmigen Bunker, in dem die Mitarbeiter ihre Arbeit wiederaufnehmen konnten. Ende 1944 wurde die Forschungsstelle ins Reichsinnere verlegt, ins bayerische Kehlheim an der Donau. Von hier aus war es allerdings weit schwieriger, die anvisierten Gespräche abzuhören.[179] Bis Mitte April 1945, als viele Teile Deutschlands bereits besetzt waren, schickte die Forschungsstelle noch Berichte nach Berlin.

Die abgehörten britisch-amerikanischen Gespräche wurden naturgemäß auf Englisch geführt. Eine sechsköpfige Dolmetschergruppe übersetzte sie, bevor sie nach Berlin geschickt wurden. Später jedoch wurde festgelegt, dass die Berichte im Original geliefert werden sollten. Schließlich konnten die deutschen Lauscher täglich zwischen 30 und 60 transatlantische Telefongespräche abhören. Auf diese Weise gelang es der Forschungsstelle unter anderem, in der Nacht vom 28. auf den 29. Juli 1943 ein Gespräch zwischen US-Präsident Roosevelt und dem britischen Premier Churchill abzufangen, aufzuzeichnen und zu entschlüsseln – einer der »sensationellsten Erfolge eines deutschen Dienstes im gesamten Zweiten Weltkrieg«, wie der Historiker David Kahn völlig zu Recht meint.[180] Vor allem Churchill soll am Telefon so frei von der Leber geredet haben, dass es den Deutschen fast den Atem verschlug. Der Wortlaut des Gesprächs ist nicht erhalten, aber es ging um die geplante Kriegserklärung Italiens an Deutschland, über die die leitenden Berliner Stellen im Voraus informiert waren. Es liegt aber ein Bericht über das Gespräch aus dem Kriegstagebuch des OKW vor: »Um 1 Uhr wird ein Funkferngespräch zwischen dem britischen Ersten Minister Churchill und dem Präsidenten der Vereinigten Staaten Roosevelt mitgehört, in dem von einer Proklamation Gen. Eisenhowers und dem bevorstehenden Waffenstillstand mit Italien die Rede ist. Churchill: Wir wünschen nicht, dass von uns Waffenstillstandsbedingungen vorgeschlagen werden, bevor wir nicht endgültig darum gebeten werden. Roosevelt: Das ist richtig. Churchill: Wir können ruhig ein oder zwei Tage warten. Roosevelt: das ist richtig. Dann wird die Lage der brit. Gefangenen in italienischer Hand besprochen, deren Abtransport in das ›Land der Hunnen‹ verhindert werden solle. Churchill will deshalb eine Mitteilung an den König von Italien schicken. Roosevelt übernimmt es, sich seinerseits an ›Emanuel‹ zu wenden. Ich weiß noch nicht ganz, wie ich es machen soll.«[181]

Churchill berichtete auch unbefangen über interne britische diplomatische Vorgänge und sprach über geplante Außenministerkonferenzen. Das gleiche galt auch für den Versuch, Propagandalügen in die Welt zu setzen, beispielsweise über ein von den Deutschen abgeschossenes britisches Lazarettschiff – ein Vorfall, der frei erfunden war (der Versuch wurde abgeblasen).

Die Forschungsstelle fing auch ein Gespräch zwischen Roosevelts engstem Berater Harry Hopkins mit Churchill (der den Codenamen John Martin benutzte, aber die deutschen Zuhörer wussten, um wen es sich tatsächlich handelte) ab. Das Gespräch knüpfte vermutlich an eine vorangegangene Unterhaltung Churchills mit Roosevelt persönlich an, bei dem es offenbar ebenfalls um die erwartete Kriegserklärung Italiens an Deutschland ging.[182]

B. (Churchill): John here
A. (Hopkins): Yes.
B. Can you give me any hopeful answer?
A. Yes.
B. Good

Es folgten Worte, die die Lauscher nicht vollständig mitbekamen. Churchill sagte etwas wie »könnte frei, offen und …«. Hopkins antwortete mit Ja, was Churchill einige Male wiederholte. Dann:

A. The report (or note) has not yet gone, but it will be sent.
B. B. I see, good.
C. A. Is that all right?
D. B. Yes.
E. A. All right. Good bye
F. B. Good bye.

Es handelte sich natürlich nicht bei jedem Gespräch um eines auf allerhöchster Ebene. Die meisten wurden auf mittlerer Ebene geführt, es ging oft um Verstärkungen, die Luftwaffe oder Nachschubanforderungen. RSHA-Mann Schellenberg erlag dem Hang, den Inhalt abgehörter Gespräche so zu interpretieren, wie es gerade passte oder wie es gewiss der Führung gefallen würde, offenbar viel stärker als Gottfried Schapper, der faktische Leiter des FA. So blies er beispielsweise in seinem Bericht ein am 28. Februar aufgezeichnetes Gespräch zwischen US- und britischen Vertretern, bei dem es Unstimmigkeiten bezüglich amerikanischer Materiallieferungen gab, auf und behauptete, es gebe »Misstrauen und Unzufriedenheit« zwischen beiden Seiten.[183] Die Forschungsstelle hörte auch unter anderem Mark Clark ab; er war im Herbst 1942 als Generalmajor stellvertretender Befehlshaber der *Operation Torch*, also der alliierten Invasion in Nordafrika und hatte vor der Landung mit Vertretern der Vichy-Regierung verhandelt. Nach seiner Beförderung zum Generalleutnant bekam er das Kommando über die 5. US-Armee, die am 5. Juni 1944 Rom besetzte. Kurz darauf wurde er zum Oberbefehlshaber der US-Bodentruppen in Italien ernannt. Clark war also auf jeden Fall ein interessantes Abhörobjekt für die Forschungsstelle. Weiter gehörten zu den Abgehörten Lord Halifax, der UK-Botschafter in Washington; W. Averell Harriman, als er sich im Jahr 1943 auf dem Weg zu seinem neuen Einsatzort als US-Botschafter in Moskau eine Weile in London aufhielt; ebenso der britische Außenminister Anthony Eden, als dieser mit seinem neuen Staatsminister Richard Law über finanzielle Probleme sprach. Insgesamt, so bleibt festzuhalten, gelang es der Forschungsstelle, wichtige interne Informationen der Alliierten abzugreifen. Ob Hitler sie gelesen und in seine Planungen einbezogen oder sie ignoriert hat, ist auch in diesen Fällen nicht nachvollziehbar.

KAPITEL 13
Widerstand und Ende

Kaum jemand hatte einen besseren Einblick in die Entwicklung des Krieges als die Mitarbeiter der Geheimdienste wie dem Forschungsamt. Der Grund dafür ist ganz einfach: Sie saßen an der Quelle, sie bekamen Nachrichten über Erfolge und vor allem Misserfolge der Wehrmacht ebenso wie der Diplomatie ungefiltert. Die irreführende Propaganda konnte sie nicht beeindrucken. Sie konnten beispielsweise abgehörten Telefonaten oder aufgefangenen Funksprüchen entnehmen, wo die Wehrmacht längst entgegen der offiziellen Propaganda im Rückzug begriffen war. Und sie wussten so gut wie kaum jemand sonst um die schwindenden Möglichkeiten der deutschen Seite, Druck auf die Verbündeten auszuüben; der Abfall Italiens, über den das Forschungsamt aufgrund seiner Abhörtätigkeit schon mehrere Wochen zuvor informiert war, ist nur ein Beispiel dafür. Zu Unmut wird vermutlich auch geführt haben, wenn Hitler und die militärische Führung nicht auf die Erkenntnisse der Lauscher vom Amt reagierten – es sprach sich in der Schillerstraße gewiss herum, dass Hitler sich offensichtlich wenig oder gar nicht für die überraschend genauen Kenntnisse über die Lage der sowjetischen Wirtschaft interessierte. Selbst die unbestreitbaren Erfolge, die das Amt im Krieg verbuchen konnte, waren nicht wirklich dazu angetan, Optimismus und Motivation zu fördern. Denn es handelte sich zunehmend um defensive Erfolge ohne tatsächlichen Nutzen. Auch hier soll als Beispiel Italiens Umkehr 1943 als Hinweis dienen: Was brachte es letztlich, wenn das FA Hitler schon vorher über das drohende Ereignis berichten konnte – verhindert wurde es dadurch ja nicht. Umso deutlicher Deutschland der Niederlage entgegenschlitterte, umso mehr schmolz der Glaube an den Sieg dahin. Wer im FA 1943 noch an den vielbeschworenen »Endsieg« glaubte, musste schon ein ganz strammer Nationalsozialist sein, der bewusst die Augen vor der Wahrheit verschloss, die doch wie ein offenes Buch vor ihm lag. Die Versuche Himmlers, das Amt in seinen Machtbereich zu zwingen und die Ausbombung, Verlegung und schließlich Zerstückelung des Forschungsamtes ab November 1943 taten das Ihre dazu, denn nun wurde das, was sich den Mitarbeitern schon seit längerem in den eigenen Berichten angekündigt hatte, bittere selbst erlebte Wahrheit.

Der Fall Plaas

Ob es vor diesem Hintergrund tatsächlich durchschnittlich einen Verratsfall pro Jahr gab, wie behauptet wurde, muss dahin gestellt bleiben.[184] Bekannt darüber ist, bis auf eine Ausnahme, nichts. Aber selbst, wenn das stimmt, wird es im Amt rumort haben, ähnlich wie in der Abwehr von Admiral Wilhelm Canaris, zu der es personelle Verbindungen gab. Hier war es ja unter anderem der Chef selbst, der immer mehr in eine Gegnerschaft zu Hitler geriet. Und das war im Forschungsamt ähnlich, wie das mysteriöse Ende des offiziellen Chefs Prinz Christoph sehr nahelegt. Über den faktischen Leiter Gottfried Schapper wissen wir zu wenig, aber es gibt keine Hinweise darauf, dass seine Entwicklung ähnlich verlief. Jedenfalls scheint er dem Amt und damit seinem obersten Chef Hermann Göring bis in die letzten Tage des Dritten Reiches treu gedient zu haben.

Ebenso wissen wir nicht, ob die Versuche Himmlers und seines Vertrauten Schellenberg von der Hauptabteilung Auslandsnachrichtendienst im RSHA neben dem Willen, alle

Geheimdienste unter einem Dach zu vereinen, auch mit einem möglichen Verdacht gegenüber dem Forschungsamt zu tun hatte. Wahrscheinlich ist aber auch das, denn so argumentierten Himmler und Schellenberg ja auch mit Blick auf die Abwehr. Dass schließlich ein hochrangiger FA-Mitarbeiter als Verräter aufflog, war allerdings ursprünglich nicht irgendwelchen direkten Ermittlungen der Gestapo gegen das Amt geschuldet, sondern solchen gegen die Abwehr. Dabei ergaben sich dann aber Hinweise gegen einen Mann, der just die im Amt gefürchtete Abteilung 13 »Innenpolitik« leitete: Hartmut Plaas.

Das Schicksal nahm seinen Lauf, als die Gestapo am 10. September 1943 einen Spitzel in ein Treffen des sogenannten Solf-Kreises einschleuste. Der Kreis bestand vornehmlich aus NS-kritischen Diplomaten wie Albrecht Graf von Bernstorff oder wie Otto Kiep, dem Referenten im Amt Ausland/Abwehr der Wehrmacht. Veranstaltet wurde der Kreis von der Botschafterwitwe Hanna Solf. Es handelte sich nicht um eine Ansammlung aktiver Widerständler, sondern um einen Gesprächskreis; man traf sich zur Teestunde, um über die Zukunft Deutschlands nach dem Ende des Dritten Reiches zu reden. Manche Mitglieder standen aber in Kontakt zu Widerstandskreisen. An jenem 10. September fand diese Teegesellschaft in der Wohnung von Elisabeth von Thadden, einer Reformpädagogin, die jetzt als DRK-Schwester arbeitete, statt. Man sprach unter anderem über die Aussichten, das Regime gewaltsam zu beseitigen. Unter den Anwesenden befand sich auch der Arzt Paul Reckzeh, der für die Gestapo als Spitzel arbeitete. Reckzeh wurde 1950 in der DDR in den Waldheimer Prozessen zu einer 15-jährigen Haftstrafe verurteilt und lebte später als Arzt in Ostdeutschland. Er berichtete seinen Auftraggebern über das Gehörte. Was er zu berichten wusste, hätte für eine sofortige Verhaftung sicher ausgereicht. Die Gestapo entschied jedoch, den Kreis zunächst noch nicht auffliegen und verhaften zu lassen. Um mehr über die Verzweigungen mit anderen Gruppen zu erfahren, beantragte sie eine Telefonüberwachung der Mitglieder beim Forschungsamt, das diesem Ansinnen natürlich nachkam. Besonders aufschlussreich waren die Telefongespräche zwischen Kiep und von Thadden – nämlich in dem Augenblick, als die zwei plötzlich und scheinbar ohne jeglichen Grund aufhörten, über politische Dinge zu reden. Das kam den Überwachern merkwürdig vor. Am 13. Januar wurde von Thadden verhaftet, drei Tage später Kiep.

Während der Vernehmung Kieps erfuhr die Gestapo, dass er von der Telefonüberwachung gewusst hatte; genau das hatten die Gestapoleute geahnt. Kiep gestand, dass er von Helmut James Graf Moltke, der bei der Abwehr arbeitete und Mitglied der Widerstandsgruppe Kreisauer Kreis war, darüber informiert worden war. Graf Moltke seinerseits war über einen weiteren Mittelsmann in der Abwehr vor der Überwachung gewarnt worden. Wo aber war die ursprüngliche Quelle der Informationen? Die konnte nur im Forschungsamt liegen. Wie die Gestapo auf deren Spur kam, erläuterte Walter Huppenkothen vom Amt IV Gegnererforschung und -bekämpfung des RSHA nach dem Krieg, als er berichtete: »… einer der Abteilungsleiter {des Forschungsamtes, AF}, kannte Canaris und spielte dabei eine Rolle, die nicht ganz aufgeklärt worden ist. Der hatte die Warnung ausgesprochen.«[185] Wer damit gemeint war, war für die Gestapo-Ermittler leicht nachzuvollziehen: Helmut Plaas, der Leiter der im FA gefürchteten Abteilung Innenpolitik. Denn Plaas war ein Vertrauter von Abwehrchef Canaris.

Sein Weg hin zum Widerstand gegen das Nazi-Regime ist verschlungen und nur schwer verständlich. Plaas hatte als 16-Jähriger 1916 die Schule abgebrochen und war als Freiwilliger in den Ersten Weltkrieg gezogen. Nach der Novemberrevolution und der Etablierung der demokratischen Weimarer Republik war er ein radikaler Gegner des neuen Systems. Er fand bald den Weg zur Marine-Brigade Erhardt. 1919 gegründet, galt diese als radikalstes all der republik- und demokratiefeindlichen rechtsextremen

Freikorps, wie sich insbesondere bei der äußerst brutalen Niederschlagung der Münchner Räterepublik zeigte. Anschließend wurde sie im Lager Döberitz bei Berlin stationiert. Nachdem die Brigade Erhardt am gescheiterten rechtsradikalen Kapp-Putsch im März 1920 mitgemacht hatte, wurde sie verboten. Für Plaas brach eine schwierige Zeit an, denn er hatte keine Berufsausbildung und wurde zu einem typischen Vertreter der »verlorenen Generation«, also junger Männer, die ohne und mit schlechter Schul- und Berufsausbildung in den Krieg gezogen und nun orientierungslos waren und kaum Chancen hatten, sich in das normale Leben zu integrieren. Sie machten dafür die neuen Verhältnisse verantwortlich, die Demokratie, die Parteien und die republikanischen Eliten. Plaas schloss sich alsbald der rechtsextremen Organisation Consul an. Sie entwickelte sich rasch zur gefährlichsten rechten Terrorgruppe, die für die Morde an den als »Erfüllungspolitikern« verunglimpften Politikern Matthias Erzberger und Walther Rathenau verantwortlich war. Plaas wurde wegen »Mitwisserschaft« um den Rathenau-Mord vom Staatsgerichtshof zu einer zweijährigen Haftstrafe verurteilt.[186]

Schon 1921 war er in die NSDAP eingetreten (Mitgliedernummer 3021). Nach seiner Haftentlassung arbeitete er als Redakteur für verschiedene NS-Blätter und begann, sich in nationalbolschewistischen Kreisen um die Brüder Gregor und Otto Strasser zu engagieren. Damit geriet er in Gegensatz zum Parteiführer Adolf Hitler. Mit dessen Legalitätskurs konnte er ebenfalls nicht viel anfangen. Im April 1932 notierte er nach dem Wahlerfolg der Partei bei den preußischen Landtagswahlen in seinem Tagebuch: »Welch ein Aufstieg in zehn Jahren, aber typisch Masse. Längst haben wir, die wir den Anfang mitmachten, uns abgewandt. Ich wählte {Otto} Braun (SPD) als Hort Preussens {sic} mit Leidenschaft ...«[187] Ein Nationalsozialist der ersten Stunde, der SPD wählte? Das lässt, wie die Historikerin Susanne Meinl schrieb, ein hohes Maß an Enttäuschung über die NSDAP deutlich werden. Der Begriff »Masse« stand hier stellvertretend für die Abwendung der Partei NSDAP vom elitären Männerbund, die sie für Plaas immer gewesen war, und vom ursprünglichen Selbstbildnis als außerparlamentarische Avantgarde hin zur Legalität und Akzeptanz des vehement abgelehnten parlamentarischen Systems der Weimarer Republik. Für Plaas war der Kurs Hitlers ein Verrat an der nationalsozialistischen Idee.[188] Dass er vor diesem Hintergrund Hitlers Machtübernahme skeptisch sah, kann kaum noch überraschen.

Gleichwohl arrangierte sich Plaas zunächst mit den neuen Verhältnissen. Im Sommer 1933 wurde er sogar in die SS aufgenommen. Einer, der dagegen protestierte, war Hermann Göring. Trotzdem hatte er nichts dagegen, als Canaris Plaas für eine gehobene Stellung in Görings neuem Forschungsamt vorschlug (auch Plaas ist nebenbei bemerkt ein Beispiel dafür, dass eine Mitarbeit im FA und eine Mitgliedschaft in der SS sich gegenseitig nicht ausschlossen). Aber bald arbeitete Plaas wohl gezielt gegen die neuen Machthaber, was nicht bedeutet, dass er nach der »Machtergreifung« plötzlich zum Demokraten mutiert war. Er holte Gleichgesinnte in die neu gebildete SS-Brigade Erhardt – offenbar plante diese für den März 1934 einen Putsch. Ende 1933 soll die Brigade bereits 9000 Mitglieder gehabt haben. Die Gestapo beäugte die Brigade sehr kritisch und auch Heinrich Himmler war alarmiert. Daher stattete er ihr kurz vor Weihnachten 1933 einen unangemeldeten Besuch ab. Er war entsetzt, denn er stellte fest, »dass die Messer, die da gewetzt wurden«, nicht seine Messer waren, »aber die Köpfe, denen man da an den Hals wollte, das waren seine Köpfe, vom geliebten Führer angefangen bis zu ihm selber«, wie Friedrich Hielscher, ein Freund von Plaas, berichtete. Himmler löste die Brigade Anfang 1934 wieder auf.

Plaas blieb unbehelligt, wurde spätestens 1937 zum Oberregierungsrat und spätestens 1940 zum Oberregierungsrat befördert. Bei der Neuorganisation des Forschungsamtes 1941 wurde er zum Leiter der neu gegründeten Abteilung 13, deren Aufgabe es war, Regimegegner aufzuspüren, ernannt. Damit saß Plaas direkt an der Quelle, denn immer, wenn seine Abteilung zur Überwachung von möglichen NS-Gegnern ansetzte, erfuhr er natürlich davon. Für Canaris war Plaas ein eminent wichtiger Mann, erfuhr er durch ihn doch vieles aus dem Innenleben des Forschungsamtes, und ebenso, auf welche Personen es Lauschangriffe startete. Canaris wiederum war für Plaas eine Art Schutzschild, denn wer immer sich mit diesem anlegte, musste mit einer Reaktion des Abwehr-Chefs rechnen. Das konnte er gut gebrauchen, denn immerhin stand Plaas unter Druck Himmlers, der das Amt ja übernehmen wollte. Da er zugleich aber auch als SS-Mann Himmlers Untergebener war, war Plaas letztlich in der gleichen Position wie Prinz Christoph von Hessen, der offizielle Chef des FA. Canaris' Schutzschild verlor allerdings zusehends an Kraft, denn der Abwehrchef war längst selbst ins Visier der Gestapo geraten und die Schlinge zog sich immer enger um seinen Hals zu, ohne dass ihm das bewusst war. Und als es ihm bewusst wurde, war es zu spät. Gleichzeitig verlor auch Hermann Göring immer mehr an Einfluss gegenüber Himmler. Plaas aber nutze seine Position, um Gegner der Nazis, die vom FA abgehört wurden, zu warnen; darunter waren der ehemalige Chef des Generalstabes des Heeres, Ludwig Beck, dessen Nachfolger (bis 1942), Franz Halder, Graf von Moltke, Carl Goerdeler, der ehemalige Botschafter in Moskau, Friedrich-Werner Graf von der Schulenburg und wie gesehen die Angehörigen des Solf-Kreises.[189]

Plaas hatte schon Ende 1941 gemeinsam mit Canaris erfolgreich bei Himmler interveniert, als die Gestapo seinen früheren Chef Ehrhardt überwachen ließ; Himmler ließ die Aktion stoppen. Im Januar 1943 versuchte er gemeinsam mit dem Publizisten Franz Josef Furtwängler, Canaris davon zu überzeugen, einem deutschen Juden zu helfen, der 1938 legal nach Holland ausgereist war, nun aber von der Deportation in die NS-Vernichtungslager bedroht war – Canaris lehnte ab, weil er nicht mehr die Macht dazu hatte, wie er selbst sagte.[190]

Wann genau Plaas angefangen hatte, Regimegegner vor einer drohenden Telefonüberwachung zu warnen, ist nicht überliefert. Es ist durchaus möglich, dass er bereits seit dem Winter 1942/43 Fritz-Dietlof Graf von der Schulenburg darüber informierte, dass seine Telefone abgehört wurden.[191] Sicher ist aber, dass er nach den Festnahmen der Mitglieder des Solf-Kreises aufflog. Das genaue Datum seiner Verhaftung ist nicht bekannt; der Historiker Gellermann legt sich auf »Ende Februar« 1944 fest[192], sein Bruder Witram bezeugte nach dem Krieg, es habe sich um den 3. März gehandelt.[193] Die veränderten Machtgegebenheiten stellten sich auch in der Tatsache da, dass Plaas von der Gestapo verhaftet wurde, ohne dass Göring, sein Staatssekretär Körner oder Gottfried Schapper vorher über den Schritt informiert wurden. Die Mitarbeiter der FA-Zentrale, die damals schon in einem Ausweichquartier in Breslau untergebracht waren, wurden anschließend von der FA-Spitze, wahrscheinlich von Schapper, informiert. Ganz ohne Vorwarnung war Plaas nicht gewesen, denn offenbar war er zuvor mehrfach zu Gestapo-Chef Heinrich Müller zitiert worden.[194] Nach seiner Verhaftung wurde Plaas in der Schule der Sicherheitspolizei Drögen/Fürstenberg inhaftiert. Müller war auch persönlich bei den Verhören – unter verschärften Bedingungen, also unter Folter – anwesend, denen Plaas unterzogen wurde. Am 19. Juli 1944 wurde Plaas, ohne die Chance zu bekommen, sich in einem Gerichtsverfahren zu verteidigen, hingerichtet. Angehörige und Freunde durfte er während der gut viermonatigen Haftzeit nicht empfangen, lediglich seine Frau wurde einmal zu ihm vorgelassen. Selbst die Haftorte wurden geheim gehalten. Nach der Hinrichtung wurde seiner Witwe vom Forschungsamt das volle Gehalt weitergezahlt, wie nach dem Krieg der Leiter der Abteilung Personal, Walter Berggren, mitteilte.

Dieser Vorgang war ungewöhnlich. Denn da ansonsten solche humanitären Akte aus dem FA nicht bekannt sind, muss man sich fragen, warum es just im Fall eines als Verräter hingerichteten Mitarbeiters dazu kam. Und wer hatte das genehmigt? Schapper, Körner oder gar Göring persönlich? Ebenfalls auffällig ist der Termin von Plaas' Hinrichtung, der 19. Juli 1944. War es nur ein Zufall, dass dieser Termin genau einen Tag vor dem gescheiterten Putschversuch vom 20. Juli lag? War das ein Zufall? Oder hing das mit der ungeklärten Rolle zusammen, die Himmler bei der Vorbereitung eines Attentats auf Hitler und bei der Anbahnung von Kontakten zu den Westalliierten spielte? Die These, dass Himmler Plaas beseitigen ließ, weil dieser zu viel über seine Aktivitäten wusste oder zumindest darüber, wie auffällig er über Erkenntnisse die Attentatsvorbereitungen betreffend hinweggesehen hatte, ist nicht von der Hand zu weisen. Plaas war ein Sicherheitsrisiko für Himmler, genau wie Prinz Christoph.[195] Wohl deshalb schickte Himmler auch nach der Hinrichtung einen Emissär zu Plaas' Witwe – er wollte wahrscheinlich herausfinden, über welche Kenntnisse sie über das Wissen ihres Mannes hatte.

Es gab auch schon in den ersten Jahren nach dem Krieg andere Deutungen. Walter Peipe, ein Auswerter des FA, verwies gegenüber US-Befragern auf den latenten Machtkampf zwischen Göring und Himmlers RSHA. So habe sich der Verbindungsmann des RSHA zum FA, Christian Scholz, dafür eingesetzt, dass nicht Plaas, sondern sein Vertrauter Regierungsrat Erwin Rentschler auf den Posten aufrücken solle. Dieser wurde dann nach der Verhaftung von Plaas dessen Nachfolger, was im Amt zu Unmut geführt haben soll. Scholz war zugleich auch ein Vertrauter von Gestapo-Chef Heinrich Müller und vor diesem Hintergrund nicht beliebt im Forschungsamt. Er war von Müller ganz gezielt an diese Position gesetzt worden, um immer einen Blick auf die Aktivitäten des FA werfen zu können. Demgegenüber bat der eigentlich für die Untersuchung gegen Plaas vorgesehene zuständige Gruppenleiter der Abwehr, Helmut Ohlbrecht, darum, nicht mit diesem Fall betraut zu werden, weil er gut mit Plaas befreundet war. Später stellte sich heraus, dass Warnungen an Mitglieder des Widerstandes nicht nur von Plaas, sondern auch von eben jenem Ohlbrecht gegangen waren (er hatte sich dabei der Hilfe des Reichskriminaldirektors Arthur Nebe bedient). Bei dieser Gruppe handelte es sich um einige einst überzeugte, inzwischen angesichts der militärischen Lage desillusionierte Funktionäre des NS-Unterdrückungsapparates.

Der Niedergang des Forschungsamts

Im November 1943 waren es die Berliner längst gewohnt, dass die Sirenen abends Alarm schlugen, wenn die alliierten Bomber kamen und ihre tödliche und zerstörerische Fracht auf die Reichshauptstadt niederprasseln ließen. Am Abend des 22. November hofften viele aber, dass der Angriff ausbleiben würde, denn der triste Novemberhimmel über Berlin hing voll tiefer Wolken – kein gutes Wetter für einen Luftangriff. Aber die Hoffnung trog. Um 19.30 Uhr ertönten die Sirenen, die Menschen suchten Schutz in Bunkern, U-Bahnschächten oder Kellern. 28 Minuten später fielen die ersten Bomben. Bis 20.20 Uhr verrichteten die britischen Bomber ihr grausames Werk. 753 britische Flugzeuge warfen 2500 Tonnen Spreng- und Brandbomben ab. Stark getroffen wurde unter anderem das westliche Zentrum. In dieser Nacht wurde die Kaiser-Wilhelm-Gedächtniskirche ebenso zerstört wie der UfA-Palast am Zoo. Zu dieser Zeit gab es in Berlin schon 500 000 Obdachlose; in den Monaten August 1943 bis März 1944 starben 9390 Kinder, Frauen und Männer im Bombenhagel. Teile der Stadt lagen bereits in Schutt und Asche. Die sprichwörtliche Berliner Schnauze verstummte deshalb noch lange nicht. Sie sprach von all den neuen »Warenhäusern« in der Stadt – »da waren Häuser, hier waren Häuser«. Zu diesen »Warenhäusern« gehörte auch die Zentrale des Forschungsamts in der Charlottenburger Schillerstraße. Sie ereilte an diesem Abend das gleiche Schicksal wie die zwei Kilometer entfernte Gedächtniskirche.[196]

Das Forschungsamt brannte bis auf zwei Nebengebäude völlig nieder, so dass eine weitere Nutzung unmöglich war. Damit war die Arbeitsgrundlage zerstört. Allerdings hatte Göring für diesen Fall vorgesorgt. Ein Teil der Akten, wahrscheinlich das England- und Amerikaarchiv, waren bereits im August nach Lübben im Spreewald, knapp 90 Kilometer südlich des Berliner Stadtzentrums gelegen, ausgelagert worden (nach anderen Angaben bereits 1942). Hier gab es bereits B- und C-Stellen. Von dort aus wurden sie am 5. November nach Breslau gebracht. Dass dies schon vor dem Bombenangriff vom 22. November geschah, könnte darauf hinweisen, dass an eine Verlegung des Forschungsamtes an einen sichereren Ort als es die Reichshauptstadt war, geplant war. Ein anderer Teil der Akten soll auf dem Dachboden eines alten Hauses untergebracht worden sein, aber diese Angabe ist zu vage, um sie zu verifizieren.[197] Ebenso ist möglich, dass ein nicht unbedeutender Teil der Akten zerstört wurde. Das Amt selbst wurde dann in den Tagen nach dem verheerenden Luftangriff in die Flakkaserne Hartlieb und in ein Barackenlager der Luftwaffe in Klettendorf – beides lag bei Breslau – verlegt. Am 26. und 29. November versammelten sich alle Mitarbeiter der Schillerstraße zum Amtsappell vor dem zerstörten Gebäudekomplex. Hier wurde ihnen mitgeteilt, wie es weitergehen sollte und dass sie umziehen würden. Nur die FA-Spitze verblieb in Berlin. Dabei handelte es sich um Schapper als Amts-Chef, sowie die Abteilungen 1 und 4. Gottfried Schapper richtete sich in der Martin-Luther-Straße 12 in der Nähe des berühmten Kaufhauses des Westens ein. Dieses Gebäude fiel später den Brandbomben zum Opfer. Danach ging Schapper ebenfalls nach Breslau.

Die Berliner Fernsprecherfassungsstellen wurden unter anderem in der Physikalisch-Technischen Reichsanstalt in der Charlottenburger Marchstraße, im Bunker des Schlosses Bellevue am Rande des Tiergartens sowie wohl auch in einigen Postämtern wieder in Betrieb genommen. Für die Braunen

Blätter und die Post wurde ein täglicher Kurierverkehr zwischen Breslau und Berlin eingerichtet, ebenso ausgedehnte Fernschreibeeinrichtungen.[198] Außerdem hatte die FA-Spitze verstärkt für die Anschaffung beweglicher Forschungsstellen gesorgt. Dabei handelte es sich um Kraftlastwagen, die mit den notwendigen technischen Geräten ausgestattet waren, um Aufgaben als B- und C-Stellen wahrnehmen zu können.[199] Die Arbeitsbedingungen waren nun aber so schlecht, dass Schapper sogar eine heilige Kuh schlachten musste. Am 21. September 1944 schrieb er von Breslau aus an den Leiter der Abteilung Inland des AA, Geheimrat Wagner, einen Brief, in dem er ihm mitteilte, dass ab dem 30. September die bis bisher vorgeschriebene »Rücknahme und Rückbuchung« der Forschungsergebnisse an die Verbindungsstellen des FA beziehungsweise an das FA selbst einzustellen sei. Als Grund nannte er, dass sein Amt Kräfte für die Front und die Rüstung frei machen müsse – dass also auch immer mehr FA-Mitarbeiter nun zur kämpfenden Truppe mussten. Die Unterlagen sollten von den belieferten Stellen selbst nach einer angemessenen Frist vernichtet werden. Die Verantwortung des FA für die Berichte erlösche vom 1. Oktober mit dem Augenblick der Übernahme der Ergebnisse bei den Abnehmern. Lediglich solche Forschungsergebnisse, auf denen Fußnoten und Anmerkungen der Empfänger vermerkt seien, sollten noch zurückgegeben werden.[200]

1944 wurde das Forschungsamt in fünf Gruppen eingeteilt: Nord, West, Ost sowie Süd und Südwest. Die Leitstelle der Gruppe West wurde in Köln eingerichtet; ihr zugeordnet waren die A-Stellen Frankfurt, Köln, Paris, Bordeaux, Nancy Dijon und Bayonne; außerdem die B-Stellen Köln und Amsterdam; die D-Stellen Dortmund und Düsseldorf und die F-Stellen Frankfurt, Hannover, Halle, Lille und Lyon. Die Gruppe Nord war in Hamburg angesiedelt, ihr waren die A-Stellen Hamburg, Bremen, Oslo, Kopenhagen, Stettin und Drontheim unterstellt. Die Gruppe Ost hatte ihre Leistelle in Breslau, die A-Stellen befanden sich in Danzig, Königsberg, Kattowitz, Reval, Lodz, Riga und Warschau, B-Stellen in Breslau und Leba. Außerdem befand sich auch die FA-Schule hier. Die Gruppe Süd in Wien hatte A-Stellen dortselbst, dazu in Prag, Sofia, Belgrad und ab März 1944 in Budapest; B-Stellen befanden sich in Gols und Plovdiv. Dazu gab es jeweils eine D- und F-Stelle in Wien. Die Gruppe Südwest war in München beheimatet. A-Stellen gab es in Schweinfurt, Stuttgart, Nürnberg, Karlsruhe und in München selbst. B-Stellen in Blonhofen und Konstanz, eine C-Stelle in Thalhofen und eine F-Stelle in München.

Die nach Breslau in die neue Zentrale umgezogenen FA-Mitarbeiter versuchten derweil, den Betrieb möglichst bald wieder aufzunehmen. Wie viele Personen zu dieser Zeit in der FA-Zentrale arbeiteten, ist unbekannt, aber da alleine die Abteilung 10 zwischen 25 und 30 Kollegen hatte, werden es mindestens mehrere hundert gewesen sein. Kittel berichtet zwar, das Amt habe kurze Zeit später, Mitte Dezember, schon wieder auf Hochtouren gearbeitet. Wahrscheinlich ist das indes nicht. Denn alle technischen Geräten mussten unter äußerst schwierigen Bedingungen erst wieder aufgebaut werden. Die Arbeitsbedingungen in Breslau seien armselig gewesen, die Arbeit habe darunter konsequenterweise gelitten, erinnerte sich der FA-Angestellte Sauerbier in der Vernehmung mit den US-Ermittlern.[201] Die Unterlagen waren zumindest zu einem Teil vernichtet oder nicht greifbar, die Kommunikation war deutlich schwieriger geworden. Und nicht zuletzt waren natürlich im feindlichen Bombenhagel viele Telefonleitungen und technische Einrichtungen in Deutschland und den noch besetzten Gebieten zerstört worden, ohne die das Amt gar nicht arbeiten konnte. Der Ausstoß an Meldungen ging daher qualitativ wie quantitativ deutlich zurück, und damit auch die Bedeutung des Amtes. Nach den Befragungen 1945/46 kamen die Ermittler zu dem Schluss, dass Ende November 1943 gar nicht alle Mitarbeiter die Schillerstraße verließen, sondern dass hier in einigen Räumen noch bis zum 7. Juli 1944 gearbeitet wurde. An diesem Tag habe ein weiterer Bombenangriff dem Gebäudekomplex den Rest gegeben. Das widerspricht zwar den Angaben, die andere FA-Angestellte gegenüber Historikern machten, aber diese Angaben wurden etwa 40 Jahre später gemacht; die Zeugen, die das Datum 7. Juli 1944 nannten, taten das nicht einmal zwei Jahre danach. Ihre Erinnerung dürfte also erheblich frischer gewesen sein.

1944 verschlechterte sich die militärische Lage Deutschlands weiter. Im Sommer war klar, dass die Rote Armee im Osten bald direkt die deutschen Grenzen stürmen würde. Das zeigte sich auch daran, dass für das bislang weitgehend verschonte Breslau nun die Gefahr von Luftangriffen deutlich stieg. Ende August wurde daher das Amerika-/England-Archiv in das beschlagnahmte Rittergut Herdhausen, etwa 18 Kilometer südwestlich von Breslau, verlegt.[202] Als sich in den nächsten Wochen herausstellte, dass der Vormarsch der Roten Armee offenbar nicht zu bremsen war, machten sich zwei hochrangige Mitarbeiter des FA nach Bayern auf, um eine Bleibe zu suchen, denn Bayern war zu dieser Zeit noch eine relativ sichere Gegend. Ihr Bemühen blieb allerdings erfolglos – die Spitze des FA scheint keine Strategie für den Fall gehabt zu haben, dass auch die Flucht aus Breslau zwingend würde. Das aber war schon sehr bald der Fall. In der Nacht vom 19. auf den 20. Januar 1945 mussten etwa 20 Mitarbeiter überstürzt nach Herdhausen fahren, um die dort gelagerten Akten zu sichern und für den Abtransport zu sorgen. Nun begann die letzte und sehr chaotische Phase des Forschungsamtes. Denn da kaum Fahrzeuge zur Verfügung standen und somit ein Abtransport des gesamten Materials bei weitem nicht möglich war, erging der Befehl, das Material zu verbrennen. Die FA-Mitarbeiter bemühten sich redlich, aber das Problem war, dass niemand ihnen Material und Utensilien zum Verbrennen der großen Mengen an Papier gegeben hatte, um es bei den vorherrschenden eisigen Temperaturen vernichten zu können. Daher blieben Teile der Akten unversehrt. Es ist daher sehr gut möglich, dass viele der Akten mit dem Stempel »Geheime Reichssache« der Roten Armee in die Hände fielen, als sie schließlich die »Festung« Breslau nach hartem Kampf erobert hatte.

Da war das Forschungsamt aber schon weitergezogen. Die einstmals mächtige Institution, Görings Stolz, ging nun in den Wirren der letzten Kriegsmonate unter. Am 22. Januar, dem Tag, an dem Breslau zur »Festung« erklärt wurde, verließen die FA-Leute fluchtartig die Stadt – zum Teil mit Schlitten und Fahrrädern. Die meisten allerdings konnten einen Zug ergattern, der sie nach Berlin brachte. Ein Hinweis darauf, dass die Amtsspitze inzwischen völlig kopflos war. Hermann Göring war zu diesem Zeitpunkt bei Hitler ohnedies schon lange abgemeldet, weil seine Luftwaffe die Zerstörung deutscher Städte nicht verhindern konnte. Tatsächlich versuchten Mitarbeiter des FA offenbar an verstreuten Stellen der stark zerstörten Hauptstadt, die Arbeit wieder aufzunehmen. Doch schon am 5. Februar wurde eine erneute Verlegung beschlossen, nachdem zwei Tage zuvor der schlimmste Angriff auf Berlin stattgefunden hatte – mit mindestens 2541 Toten, 714 Vermissten, 1688 Verwundeten und 119 057 Obdachlosen. Viele Mitarbeiter verließen mit Zügen Berlin Richtung Kaufbeuren. Hier, in der bayerischen Provinz, war es der FA-Spitze gelungen, einen Kasernenkomplex auf dem Militärflughafen zu requirieren. Ein kleinerer Teil der Mitarbeiter fuhr nach Jüterborg in der Nähe Berlins.

Anfang März wurde Gottfried Schapper zu seinem Chef Hermann Göring nach Berlin bestellt. Er berichtete später, der Reichsfeldmarschall habe ihm eine Zweiteilung des Amts in eine Nord- und eine Südgruppe befohlen.[203] Die Nord-Gruppe sollte aus 400 Personen bestehen, die Südgruppe aus 600. Diese Zahlen geben einen Hinweis darauf, dass zu dieser Zeit offenbar noch 1000 Frauen und Männer zur Zentrale des Forschungsamtes gezahlt wurden. Das Amt hatte beständig Mitarbeiter für den Fronteinsatz und neuerdings auch für den Volkssturm abgeben müssen und sah sich von anderen Stellen längst dem Vorwurf ausgesetzt, es sei ein Rückzugsort für Drückeberger. Während Schapper an der Spitze der Südgruppe stand, wurde die Nordgruppe von Walter Seifert geleitet. Er begab sich drei Wochen später nach Berlin, wo er den Umzug nach Eutin vorbereiten und in den noch arbeitenden Nebenstellen des FA Material vernichten sollte.

Die Südgruppe unter der Leitung von Gottfried Schapper sollte eigentlich in Kaufbeuren bleiben. Als aber die US-Armee Mitte April immer näher an die Stadt rückte, floh Schapper mit seinen Leuten in Richtung Innsbruck. Das ursprüngliche Ziel Pertisau am Achsee war nicht mehr erreichbar, daher lautete das neue nun Stephanskirchen, wo sich eine Flakkaserne befand. Man kam nur sehr mühselig voran, denn als fahrbare Untersätze standen nur noch einige Omnibusse, fahrbare Funkstationen und Fahrräder zur Verfügung. Am 29. April befanden sich in dieser Kaserne 150 Mitarbeiter. Einen Tag später hielt Gottfried Schapper seine letzte Ansprache als Chef des Forschungsamtes. Er teilte darin seinen Leuten mit, dass sie aus dem Reichsdienst entlassen seien und versuchen könnten, nach Hause zu gelangen. Für Schapper und seine Gruppe Süd war der Krieg zu Ende. »Als die Amerikaner am 3. Mai die Kaserne besetzten, bestand von dem einst so stolzen Forschungsamt kaum mehr als die Erinnerung«, so Kittel.[204]

Die Geschichte des Forschungsamtes aber war noch nicht zu Ende, sondern erlebte noch eine wahrlich überraschende Volte. Nachdem Hitler sich am 30. April im Führerbunker selbst umgebracht hatte, wurde wie von ihm bestimmt Großadmiral Karl Dönitz sein Nachfolger als Staatsoberhaupt. Dönitz wich mit seiner neuen Reichsregierung ganz in den Norden Deutschlands, nach Flensburg-Mürwik aus, wo sein Kabinett die Regierungsgeschäfte aufnahm. Am 2. Mai, unmittelbar bevor britische Truppen Eutin erreichten, befahl Dönitz Seifert, mit seiner Nordgruppe unverzüglich nach Flensburg zu kommen.

Zu der Gruppe waren in den Tagen zuvor Mitarbeiter verschiedener aufgegebener FA-Stellen gestoßen. Der Funkkontakt zur Südgruppe war inzwischen abgerissen. Noch an diesem 2. Mai setzte sich die Gruppe, die von Tieffliegern angegriffen wurde, nach Flensburg mit Bussen und Lastwagen in Bewegung. Am Regierungssitz von Dönitz nahmen Seifert und seine Leute die Arbeit wieder auf. Das Forschungsamt befand sich also in den letzten Tagen und Stunden des Dritten Reiches in unmittelbarer Nähe des Reichspräsidenten und seiner Regierung. Am 4. Mai setzte das Amt seinen letzten Bericht unter der bisherigen Amtsbezeichnung Forschungsamt ab – es war ein Bericht über eine Meldung des britischen Informationsministers über den Tod Adolf Hitlers.[205]

Was folgte, klingt aus heutiger Sicht völlig absurd. Im Untergangstaumel des Dritten Reiches wurde am 13. Mai, fünf Tage nach der Kapitulation, eine neue Institution geschaffen, die die Nachfolge des Forschungsamtes antrat: das Nachrichtenbüro der Reichsregierung. Das Personal setzte sich offenbar aus Mitgliedern der Propagandatruppen der Wehrmacht zusammen sowie Angehörigen des Auswärtigen Amtes und des Amts III des Reichssicherheitshauptamtes[206]; drei Tage nach der Gründung, am 16. Mai, wurden auch einige ehemalige Mitarbeiter des faktisch aufgelösten Forschungsamtes dazu geholt.[207] Zum Leiter wurde der Kapitän zur See Hans von Davidson bestimmt. Davidson, unter anderem früherer Kommandant des Zerstörers *Richard Beitzen*, war ein Vertrauter von Dönitz.[208]

Davidsons Dienststelle sollen noch immer 200 Mitarbeiter angehört haben.[209] Dieses Nachrichtenbüro sollte für die in Flensburg ja völlig isolierte Reichsregierung politische, wirtschaftliche und militärische Nachrichten und Meldungen aus dem In- und Ausland beschaffen. Außerdem war sie eine Art Pressestelle der Regierung. Die Stelle konnte noch immer einen starken Sender in Flensburg nutzen, mit dem Dönitz den Kontakt beispielsweise zu einer Reihe noch im Einsatz befindlicher deutscher U-Boote hielt.[210] Diejenigen Ex-Angehörigen des FA, die offenbar für das Nachrichtenbüro tätig waren, errichteten eine Funkstelle, mit dem sie den verschlüsselten alliierten Funkverkehr erfassen konnten. Und noch immer wurden wichtige Radiosendungen der Kriegsgegner aufgezeichnet. Für Dönitz und seine Regierung waren Meldungen darüber, was die Alliierten mit ihnen vorhatten, von größtem Interesse. So erfuhren sie, dass sie allesamt gefangengenommen und inhaftiert werden sollten. Die letzte Meldung nahm das Nachrichtenbüro am Vormittag des 23. Mai 1945 auf – entweder kurz vor oder kurz nachdem die Regierung um 9.45 Uhr von den Alliierten verhaftet wurde. Unter den Verhafteten war der FA-Mann Walter Seifert und sicher auch andere Mitglieder des früheren Amtes. Wie viele FA-Leute vorher geflohen und den alliierten Truppen entkommen waren, ist unbekannt. Spätestens an diesem 23. Mai 1945 war das Forschungsamt nun endgültig Geschichte.

KAPITEL 14
Nach dem Ende

Oder doch noch nicht ganz? Anfang Januar 1946 hieß es in einem Bericht der britischen Rheinarmee (BAOR): »Die letzten aktiven Überreste des Forschungsamtes lösten sich im Juli 1945 auf.« Einige Ex-Mitarbeiter des FA hatten in Vernehmungen behauptet, dass ein letzter Rest des FA bis in den Juli hinein für den britischen Stadtkommandanten (von Flensburg?) gearbeitet habe. Auch Ulrich Kittel behauptete das. Nach seinen Angaben unterstellte Seifert seine Nordgruppe nach Eintreffen der ersten britischen Truppen der Kriegsmarine. Die Gruppe habe ihre Erkenntnisse von da an nicht nur Dönitz zur Verfügung gestellt, sondern zugleich auch dem britischen Stadtkommandanten. Dieser habe seine Zufriedenheit mit der Arbeit der FA-Leute zum Ausdruck gebracht.[211] Ob das aber tatsächlich der Wahrheit entspricht, muss dahingestellt bleiben. Auffällig ist jedenfalls, dass der BAOR-Bericht nicht eine eigene Dienststelle zitiert, sondern Deutsche.[212] Auch hatten zu dieser Zeit, also im Juli 1945, die britischen Militärbehörden bereits die ersten früheren Mitarbeiter des Amtes festgesetzt und vernommen. Belegt ist, dass im Glücksburger Schloss bereits am 15. und am 23. Juni fünf einstige FA-Männer, unter ihnen Walter Seifert, verhört worden waren.[213]

Eine interessante Frage ist natürlich auch, was nach dem Krieg aus all den Mitarbeitern des Forschungsamtes wurde. Es dauerte einige Zeit, wahrscheinlich Monate, bis Amerikaner und Briten durchschauten, welche große Bedeutung das Forschungsamt gehabt hatte; sie waren zunächst deutlich stärker auf die OKW-Stelle oder die Abteilung Pers Z des Auswärtigen Amtes konzentriert, deren Existenz ihnen im Krieg bekannt gewesen war. Im Oktober 1945 hatte sich das aber wohl geändert. Und die Westalliierten erkannten auch die Gefahr, die damit verbunden war, dass möglicherweise die Rote Armee Aktenmaterial des FA einkassiert hatte, beispielsweise in Breslau und Berlin. Sie wussten nicht, welche Erkenntnisse sich darin über sie selbst wiederfanden, die nun möglicherweise in die Hände Moskaus gelangt waren. Das herauszufinden war ein wichtiges Ziel all der Verhöre mit den ehemaligen FA-Leuten. Dass es so sein könnte, war ihnen sehr unangenehm, denn im Herbst 1945 war das Verhältnis zum ehemaligen Partner Sowjetunion schon ziemlich angespannt; der Kalte Krieg zog am Horizont herauf. In einem Bericht des US Forces Euroepan Theater (USFET), dem US-Hauptquartier in Frankfurt am Main, vom 4. Oktober hieß es, das Counter Intelligence Corps (CIC), also die Abwehrorganisation der US-Streitkräfte, und auch andere Stellen stünden vor dem Problem, wie sie mit den enttarnten Angehörigen des Forschungsamtes umgehen sollten. Sie fielen nicht in die Gruppe der Personen, die automatisch zu inhaftieren waren, weil das FA nicht zu den vom Internationalen Militärgerichtshof in Nürnberg als verbrecherisch bezeichneten Organisationen aufgenommen worden war. Andererseits stellten sie in den Augen der Amerikaner eine Gefahr für die Sicherheit da – und zwar für die der USA. Daher forderte das CIC die Festnahme aller FA-Mitarbeiter, derer man habhaft werden konnte.

Doch es begann ein Wettlauf zwischen Sowjets auf der einen sowie Amerikanern und Briten auf der anderen Seite um das Fachwissen und die Kenntnisse deutscher Experten allgemein; und so wuchs auch das Interesse an den ehemaligen FA-Leuten. Auch jetzt – und bis in den Sommer 1946 hinein – wurden noch FA-Mitarbeiter verhaftet, aber dies geschah jetzt nicht wegen möglicher Verbrechen, an denen sie beteiligt gewesen sein könnten, sondern, um den Sowjets den Zugriff auf sie unmöglich zu machen. Nun standen eindeutig deren Kenntnisse und Fähigkeiten als Kryptologen und Techniker oder ihr Wissen über die Alliierten im Vordergrund. Deshalb versuchten die US-Ermittler in den Befragungen der FA-Leute so genau wie möglich herauszufinden, was diese über Codes, Maschinen oder Vorgehensweisen der Amerikaner und ihrer Verbündeten im Krieg wussten; und was davon noch immer wertvolles Wissen für die Sowjets darstellen konnte. Ebenso wollten sie natürlich auch so viele Erkenntnisse über die sowjetische Seite wie möglich gewinnen. Dass die Sowjets es ihrerseits ebenfalls gezielt auf FA-Experten abgesehen hatten, geht aus einem Brief des stellvertretenden Leiters des CIS, Oberst C. M. Culp vom 23. Juli 1946 hervor: »In Anbetracht der erwiesenen Tatsache, dass von interessierten ausländischen Mächten Schritte unternommen worden sind, sich die Dienste derartigen Personals zu verschaffen, ist man sich sehr wohl bewusst, dass jede Entscheidung hinsichtlich der Verfügung über Angehörige des Reichsforschungsamtes {sic} in bezug auf die gegenwärtige Situation erwogen werden sollte und nicht nur im Hinblick auf die Rolle, die diese Organisation im Rahmen des früheren deutschen Nachrichtendienstes gespielt hat.« Das war gleichbedeutend mit der Forderung, die FA-Leute zu inhaftieren, damit sie nicht den Sowjets in die Hände fielen. Klar ist, dass mit den »ausländischen Mächten« die Sowjetunion gemeint war. Der Leiter der Abteilung Sicherheitsüberprüfung der Spionageabwehr der US-Streitkräfte in Europa, Oberstleutnant M. Moses, formulierte das in seiner Zustimmung deutlich. »Es hat einige bekannt gewordene Versuche von Seiten der Sowjets gegeben, sich diese Fachleute im Hinblick auf ihr Wissen über US-Codes und -Ausrüstung nutzbar zu machen.«[214]

Die Operation *Bloodhound* wurde ins Leben gerufen, um die Mitarbeiter der deutschen Nachrichtendienste dem Zugriff Moskaus zu entziehen und für die eigenen Zwecke nutzbar zu machen. Zu einem wichtigen Informanten entwickelte sich hierbei der ehemalige SS-Sturmbannführer und Leiter der Gruppe E (Polizeiliche Spionageabwehr) in Himmlers Reichssicherheitshauptamt, Walter Huppenkothen. Viele ehemalige Geheimdienstler wurden im Camp King in Oberursel interniert. Wie viele frühere FA-Leute darunter waren, ist unbekannt.

Hier, im Camp King, begann der spätere Chef der Organisation Gehlen und dann des Bundesnachrichtendienstes (BND), Reinhard Gehlen, mit Genehmigung und finanzieller Unterstützung der Amerikaner mit der Rekrutierung von Personal. Gehlen war im Krieg Chef der Abteilung Fremde Heere Ost gewesen und hatte sich nach dem Krieg den Amerikanern angedient. Wie viele einstige FA-Leute unter den von Gehlen rekrutierten Experten waren und wie viele in späteren Jahren dazu stießen, ist zumindest derzeit unbekannt; es besteht aber die Hoffnung, dass durch die Öffnung des BND-Archives und dessen Erforschung durch eine Historikerkommission darüber Erkenntnisse ans Tageslicht gefördert werden. Eine kleine, ganz sicher nicht repräsentative Stichprobe ergab, dass von 18 ehemaligen Angehörigen des Reichsluftfahrtministeriums, die nun in Gehlens Diensten standen, sechs für das Forschungsamt tätig gewesen waren (bei einem weiteren ist das zu vermuten).[215] Es stellte sich heraus, dass die Gruppe der 18 weitgehend aus hochqualifizierten Spezialisten wie nachrichtentechnisch ausgebildeten Fachleuten sowie Experten in Sachen Auswertung und Chiffrierung bestand. Die Personen waren zwischen 1901 und 1918 geboren und bis auf zwei Ausnahmen männlich. 55 Prozent waren NSDAP-Mitglieder gewesen und zwei Drittel waren Angehörige mindestens einer NS-Organisation. Ein Teil der Personen war direkt in der Gründungsphase der Organisation Gehlen rekrutiert worden, ein anderer Teil erst nach der Gründung des BND. Dafür, dass die sieben ehemaligen Angestellten des Forschungsamts als Mitglieder eines Netzwerkes den Weg zu Gehlen gefunden haben könnten, gibt es keine Hinweise. Allerdings bleibt festzuhalten, dass die Gruppe viel zu klein ist, um wirklich belastbare Aussagen zu treffen.

Wer nicht in den Jahren 1945 bis 1947 in die Fänge vor allem der Amerikaner kam, oder wer nicht bald für die Organisation Gehlen und dann für den BND arbeitete, dem gelang es nach dem Krieg, einfach in der Masse unterzutauchen; die Rede ist hier immerhin von einigen tausend Personen. Das Forschungsamt wurde nicht in die Liste der verbotenen Organisationen aufgenommen. Die Teilnahme an Kriegsverbrechen konnte man den FA-Leuten auch nicht nachweisen. Das lag natürlich einerseits am Mangel an Beweismaterial, andererseits aber auch daran, dass das FA zwar eine wichtige Institution in einem verbrecherischen System gewesen war, aber die Mitarbeiter wohl tatsächlich nicht an Kriegsverbrechen beteiligt gewesen waren. Natürlich hatten sie NS-Gegner durch ihre Überwachung ans Messer geliefert, aber solche Taten standen bei den Siegermächten damals nicht im Vordergrund; und noch einmal – beweisen konnte man ja nichts. Wie in der sowjetischen Besatzungszone mit ehemaligen FA-Leuten umgegangen wurde, ist völlig unbekannt.

Dass sich ehemalige Mitarbeiter des Amtes mit ihrer früheren Tätigkeit kritisch auseinandersetzten, ist nur in ganz wenigen Fällen nachweisbar – vor allem bei Ulrich Kittel und Wilhelm F. Flicke, die Abhandlungen schrieben. Die allermeisten dürften versucht haben, ihre Vergangenheit zu verbergen und schnell zu vergessen. Und es ist angesichts der allgemeinen Stimmung in allen vier Besatzungszonen sehr wahrscheinlich, dass sie auch überhaupt keine Schuld wegen ihrer früheren Tätigkeit fühlten. Sehr wahrscheinlich sogar das Gegenteil. Viele sahen sich wahrscheinlich, wenn nicht als Opfer, so doch als solche Deutsche, die vom neuen (westdeutschen) Staat Unterstützung und Förderung verdient hatten. Es fand sich bei den Recherchen für dieses Buch nur ein Beleg dafür, aber angesichts der komplett gescheiterten »Entnazifizierung« durch die Alliierten liegt es nahe, dass es sich dabei um ein Beispiel handelt, das für viele, ja sehr viele der ehemaligen Männer und Frauen des Forschungsamtes spricht.

Als es im Herbst 1950, die Bundesrepublik war gerade im Vorjahr erst gegründet worden, um die Ausgestaltung und den Kreis der Berechtigten, die unter das geplante »Gesetz zur Regelung der Wiedergutmachung nationalsozialistischen Unrechts des Öffentlichen Dienstes« fallen sollten, ging, meldete sich auch Kurt Schumann mit einer Eingabe beim zuständigen Bundestagsausschuss. Schumann hatte (nähere Angaben machte er nicht) beim Forschungsamt gearbeitet und sah sich nun offensichtlich als Geschädigter des Nazi-Regimes. Er reichte ein mehrseitiges Schreiben an den Ausschuss, das ein ebenso dreistes wie falsches Bild der Geschichte des FA zeichnete. Das Amt, so betonte Schumann, habe nur die Aufgaben weitergeführt, die auch in der Weimarer Republik schon von anderen Stellen verfolgt worden seien; dass es sich um einen wesentlichen Unterschied handelt, ob ein solches Instrument sich in der Hand einer demokratischen Regierung oder eines brutalen, an kein Recht und Gesetz gebundenes Terrorregime befindet, unterschlug Schumann entweder ganz bewusst oder er verstand den Unterschied tatsächlich nicht. Auch über die Arbeit des Amtes verbreitete er Lügen. Nach seiner Darstellung war das FA lediglich das Nachrichtenamt der Regierung gewesen, das nur Nachrichtenmaterial für diese zusammengestellt habe, um sie über diplomatische und wirtschaftliche Vorgänge zu unterrichten. Das hörte sich eher an, als könne man das FA mit dem heutigen Presse- und Informationsamt der Bundesregierung vergleichen. Zusätzlich habe das Amt auch über »staatssicherheitliche Vorgänge« unterrichtet – ein sehr verharmlosender Begriff für die Überwachung von NS-Gegnern, die für die Überwachten dramatische Folgen haben konnten, gegen die sie sich überhaupt nicht zur Wehr setzen konnten.

Das Amt, das völlig unparteiisch und ausschließlich auf wissenschaftlicher Basis gearbeitet habe, sei absolut kein Organ Hermann Görings gewesen. Und ebenso wenig der NSDAP, denn genau das habe Göring ja verhindert. Diese Argumentationsweise zog sich durch die ganzen sechs Seiten von Schumanns Schriftstück. Wie schon beschrieben: Es handelt sich dabei um ein einzelnes Dokument, aber es dürfte davon auszugehen sein, dass viele Ex-Mitarbeiter genauso dachten. Schumann verwendete auch eine Methode, die zuvor auch bei Millionen von Entnazifizierungsverfahren angewendet worden war. Er nannte Personen, die seine Aussagen über die Harmlosigkeit des Forschungsamtes bestätigen könnten. Dabei handelte es sich ebenfalls um Mitglieder des Amtes oder anderer NS-Dienste, die Stoßrichtung dieser Aussagen war leicht vorherzusagen. Es muss im Übrigen kein Zufall sein, dass die zwei großen Presseberichte über das Forschungsamt wie gesehen just in diesem Herbst 1950 in den Zeitschriften *Der Hausfreund* und *Quick* erschienen. Tobte vielleicht ein Kampf um die Deutungshoheit? Das ist nicht auszuschließen. Sicher war das Ziel der Autoren, das Forschungsamt in der Öffentlichkeit bekanntzumachen – aber warum spielten offenbar erst jetzt und nicht schon früher, Informanten mit, die aus den früheren Reihen des Amtes kommen mussten und ihren alten Auftraggeber möglicherweise kritisch sahen?

Die Wahrheit sieht ganz anders aus, als Schumann sie darstellte. Um sich am Ende kurz und prägnant die wichtigsten Erkenntnisse dieses Buches vor Augen zu führen, sollen sie in zehn kurzen Punkten aufgezählt werden:

1. Die Wurzeln des Forschungsamtes lagen bereits im Ersten Weltkrieg.
2. Das Forschungsamt wurde als Machtinstrument Görings gegründet; es wurde zur Durchsetzung und zum Erhalt der nationalsozialistischen Macht in Deutschland eingesetzt.
3. Andere Schwerpunkte waren die Außenpolitik und der Krieg.
4. Das Forschungsamt stand von Beginn an in einer Konkurrenzsituation zu den anderen Geheimdiensten. Vor allem Heinrich Himmler wollte es sich einvernehmen.

5. Zwei der drei Chefs des Forschungsamtes verstarben unter mysteriösen Umständen; bei beiden muss davon ausgegangen werden, dass das Regime selbst dahintersteckte.
6. Das Forschungsamt brachte einen Schub für ein neues Feld der Kommunikationskontrolle: die Telefonüberwachung.
7. Obwohl es eine riesige Behörde war und sein Sitz mitten in Berlin lag, blieb es bis zum Ende des Krieges und bis heute weitgehend unbekannt.
8. Hitler hatte mindestens ein zwiespältiges Verhältnis zum Forschungsamt. Er benutzte es zwar, gefährdete dabei aber bewusst seine Arbeit. Spätestens mit der Krise während der letzten Tage vor dem deutschen Angriff auf Polen, begann das Amt, ihm lästig zu werden, weil seine Erkenntnisse der »Intuition« des Führers widersprachen.
9. Das Forschungsamt arbeitete auf hohem technischen Standard.
10. In den Wirren der letzten Kriegswochen wurden die meisten oder nahezu alle Akten und Unterlagen des Forschungsamtes vernichtet. Das ist ein wesentlicher Grund dafür, dass es nach dem Krieg nicht ins Blickfeld von Historikern und der Öffentlichkeit geriet.

Zusammenfassend kann man sagen, dass das Forschungsamt des Reichsluftfahrtministeriums ein wichtiger, bis heute auf jeden Fall unterschätzter Geheimdienst des NS-Regimes war. Es unterstützte dieses System bei der Unterdrückung seiner Gegner und beim Kampf gegen die Feinde Deutschlands in einem Krieg, der mutwillig vom Dritten Reich begonnen worden war. Dieses Buch konnte nur eine Annäherung an die Geschichte dieses Forschungsamtes bringen, denn das notwendige Aktenmaterial, mit dessen Hilfe man dieses Geschichte besser rekonstruieren könnte, ist entweder in den letzten Kriegstagen vernichtet worden oder befindet sich möglicherweise zu einem Teil in Moskauer Archiven (auch die NSA, die ja in der vergangenen Jahren Material freigegeben hat, könnte noch weitere unveröffentlichte Unterlagen besitzen; die Wahrscheinlichkeit ist allerdings nicht sehr groß). Das Forschungsamt hat auf einem nachrichtendienstlichen Gebiet in Deutschland einen Schub gebracht – dem der Telefonüberwachung. Eine halbe Million überwachter Gespräche (wenn diese Zahl zutrifft), mag aus heutiger Sicht nicht viel klingen. Aber wir dürfen nicht vergessen, wer dieses Instrument damals in den Händen hielt: ein verbrecherisches, brutales System. Das Forschungsamt diente diesem System, und es könnte zweifelsohne viele spannende Erkenntnisse über die Denkweisen, Strategien, Vorgehensweisen der Täter mit sich bringen, wenn wir noch Einblick in die Akten hätten; und wir würden sicher auch einiges mehr noch über manchen Regimegegner lernen. Aber eines ist auch klar, und damit sei auf den Beginn dieses Buch zurückgekommen: Die Geschichte des Dritten Reiches müsste dann sicher nicht umgeschrieben werden.

ANMERKUNGEN

1 David Irving: Das Reich hört mit. Görings »Forschungsamt«: Der Geheime Nachrichtendienst des Dritten Reiches. Kiel 1989.

2 Günther W. Gellermann: … und lauschten für Hitler. Geheime Reichssache: Die Abhörzentralen des Dritten Reiches. Bonn 1991.

3 Vgl. Patrick Sensburg und Armin Fuhrer: Unter Freunden: Die NSA, der BND und unsere Handys – wurden wir alle getäuscht? Kulmbach 2017.

4 Wilhelm F. Flicke: *War Secrets in the Ether. Parts I und II*[4]. Maschinengeschriebenes Manuskript. https://archive.org/details/41760949080010 (Einsichtnahme am 15. November 2017).

5 Barbara Tuchmann: August 14. Frankfurt/Main 1990, S. 75 f.

6 Max Hoffmann: Der Krieg der versäumten Gelegenheiten. München 1923.

7 Wilhelm F. Flicke: War Secrets in the Ether. Parts I and II, S. 7 ff.

8 Ebd., S. 39.

9 David Kahn: Hitler's Spies, S. 35 f.

10 Zu Nicolai auch. Christian Stachelbeck: »Dunkelmann« oder Bürokrat in Uniform? Walter Nicolai und der militärische Nachrichtendienst im Ersten Weltkrieg. In: *Militärgeschichte. Zeitschrift für historische Bildung.* 1/2017, S 10–13.

11 Vgl. ASA: European Axis Signal Intelligence, Vol. VII, S. 11. So schreibt es auch David Kahn in seinem Buch Hitler's Spies. German Military Intelligence in World War II., S. 179. Für die Behauptung David Irvings, nach der Hans Schimpf bereits Leiter der Abteilung gewesen sei, fand sich keine Bestätigung. Vgl. David Irving: Das Reich hört mit., S. 12 f.

12 Hans Rente: Entstehung, Aufgaben und Ziele des Forschungsamtes (Denkschrift). 1953.

13 ASA: European Axis Signal Intelligence, Vol. VII, S. 103.

14 Der Nürnberger Prozess gegen die Hauptkriegsverbrecher vom 14. November 1945 bis 1. Oktober 1946, Bd. 9, S. 325.

15 Ulrich Kittel: Reichsluftfahrtministerium/Forschungsamt. Geschichte und Arbeitsweise eines Nachrichtendienstes. Im Auftrag des Instituts für Geschichte der Nationalsozialistischen Zeit. 1951. S. 3. In: Bundesarchiv/Militärarchiv Freiburg RL 44/3.

16 Friedrich Hugk: Tod hört mit! In: *Quick* Nr. 44 vom 29.10.1950, S. 1514.

17 Friedrich Hugk: Tod hört mit. Das Geheimnis der braunen Blätter. In: *Quick* 46 vom 12.11.1950, S. 1600. Hugk bezieht sich auf namentlich nicht genannte Quellen. Tatsächlich hatte er für seine Artikelserien in der Zeitschrift *Quick* offenbar mit ehemaligen Mitarbeiter des Forschungsamtes gesprochen.

18 Internationaler Militärgerichtshof Nürnerg: Der Nürnberger Prozess gegen die Hauptkriegsverbrecher vom 14. November 1945 – 1. Oktober 1946. Bd. 9–10, S. 325.

19 Wilhelm F. Flicke: War Secrets in the Ether. Parts I and II. Manuskript der National Security Agency, Washington 1953, S. 220 f.

20 Friedrich Hugk: Tod hört mit! In: *Quick* Nr. 45 vom 5.11.1950, S. 1558.

21 Hans Rente: Entstehung, Aufgaben und Ziele des Forschungsamtes (Denkschrift 1953).

22 Ebd.
23 Der Nürnberger Prozess gegen die Hauptkriegsverbrecher vom 14. November 1945 bis 1. Oktober 1946, Bd. 9, S. 325.
24 Flicke, War Secrets, S. 224.
25 Zit. nach: Günther W. Gellermann: … und lauschten für Hitler, S. 52.
26 Zit. nach Irving: Das Reich hört mit, S. 48. Irving, der diesen Bericht von Walter Seifert hatte, nahm diese Behauptung als bare Münze.
27 Flicke, War Secrets, S. 221.
28 Ulrich Kittel, Forschungsamt, S. 5.
29 Politisches Arciv des AA, R 101174 Akten betreffend Abgehörte Telefongespräche zwischen Deutschland und Spanien, sowie zwischen London und Washington u. a. von 1940–1944.
30 Friedrich Hugk: Tod hört mit! In: *Quick* Nr. 46 vom 12. 11. 1950, S. 1600.
31 European Axis Signal Intelligence, Vol. VII, S. 8.
32 So äußerte sich Seifert gegenüber dem britischen Historiker David Irving. Vgl.: David Irving: Das Reich hört mit, S. 27.
33 Günther W. Gellermann: … und lauschten für Hitler, S. 34.
34 David Irving: Das Reich hört mit, S. 111.
35 Ulrich Kittel, Forschungsamt, S. 74.
36 David Irving, Das Reich hört mit, S. 63 oder: *Neue Presse Coburg* vom 6. August 1946.
37 Ulrich Kittel: Ergänzung 1958, S. 5–7.
38 Kittel, S. 39.
39 Volker Ullrich: Hitler, S. 714.
40 Henry Picker: Hitlers Tischgespräche im Führerhauptquartier, S. 204
41 Ebd.
42 F. Flicke: War Secretes, S. 226.
43 Zit. nach Volker Ulrich: Hitler, S. 508.

44 Flicke, War Secrets, S. 225.
45 David Irving: Das Reich hört mit, S. 292, Anmerkung 77.
46 Ebd.
47 Flicke, War Secrets, S. 225.
48 Günther W. Gellermann: »… und lauschten für Hitler«, S. 85, Anmerkung 35.
49 Joseph Goebbels: Die Tagebücher. Band 2: 1930–1934. Hrsg. von Ralf Georg Reuth, S. 834.
50 Zit. nach: Dokumentation: Zur Ermordung des Generals von Schleicher. Dokumentation der *Vierteljahrshefte für Zeitgeschichte*, Jahrgang 1, Heft 1 1953, S. 71.
51 Ebd., S. 93.
52 F. Flicke, War Secrets, S. 226.
53 Friedrich Hugk: Tod hört mit. Das Geheimnis der braunen Blätter. In: *Quick* Jahrgang 1950, Hefte 44–47.
54 Vgl. Gellermann: »… und lauschten für den Führer«, S. 21 und Irving, S. 293, Anmerkung 85.
55 Flicke, War Secrets, S. 228 f.
56 Jonathan Petroupulos: Royals and the Reich, S. 310.
57 Zu Philipp vgl. auch: Jobst Knigge: Prinz Philipp von Hessen. Hitlers Sonderbotschafter für Italien. Humboldt-Universität Berlin, Open Access 2009: https://edoc.hu-berlin.de/bitstream/handle/18452/10074/20D3gf2f8Tlk.pdf?sequence=1&isAllowed=y
58 Jonathan Petroupulos: Royals and the Reich, S. 128.
59 Ebd., S. 132.
60 Ebd., S. 141.
61 Ebd., S. 220.
62 Jonathan Petropoulos, Royals and the Reich, S. 222.
63 ASA: European Axis Signal Intelligence, Vol. VII, S. 60.
64 Ulrich Kittel, Forschungsamt, S. 73.
65 Ebd.
66 Zu Köster: Robert W. Mühle: Ein Diplomat auf verlorenem Posten: Roland Köster als deutscher Botschafter in Paris

(1932–1935). In: *Francia* 23/1996, S. 23–49 und Armin Fuhrer: Herschel. Das Attentat des Herschel Grynszpan am 7. November 1938 und der Beginn des Holocaust. S. 74 ff.

67 Ebd., S. 44.

68 Dazu grundsätzlich: Armin Fuhrer: Herschel. Das Attentat des Herschel Grynszpan am 7. November 1938 und der Beginn des Holocaust. Berlin 2013.

69 Robert W. Mühle: Ein Diplomat auf verlorenem Posten.

70 Walter Bußmann: Zur Entstehung und Überlieferung der »Hoßbach-Niederschrift«. In: *Vierteljahrshefte für Zeitgeschichte* 16/1968, S. 573–586.

71 Zum Hoßbach-Protokoll auch: Ian Kershaw, Hitler. Band 2, S. 87 ff.

72 Zit. nach David Irving: Das Reich hört mit. S. 56.

73 ASA: European Axis Signal Intelligence, Vol. VII, S. 22 f.

74 Vgl.: Peter Hüttenberger: Die Gauleiter. Studie zum Wandel des Machtgefüges in der NSDAP. S. 200.

75 Vgl. Gellermann: »… und lauschten für Hitler«, S. 98 f.

76 Vgl. Peter Hüttenberger: Die Gauleiter, S. 201 f.

77 David Irving: Das Reich hört mit, S. 48.

78 Vgl. hierzu; Peter Longerich: Gobbels. S. 389 f.

79 Joseph Goebbels: Tagebücher, Teil I Aufzeichnungen 1923–1941, Bd. 6 August 1938 – Juni 1939, Eintrag vom 16. August 1938.

80 Vgl. Günther W. Gellermann, »… und lauschten für Hitler«, S. 88 f. Der Autor beruft sich auf persönliche Informationen eines der drei Männer, die an der Überwachung Baarovás teilnahmen.

81 Joseph Goebbels, Tagebücher.

82 Peter Longerich, Goebbels, S. 391

83 Vgl. Michaela Karl: Ich blätterte gerade in der Vogue, da sprach mich der Führer an. Unity Mitford. Eine Biographie, S. 295 f.

84 New York Times vom 5. März 1939, S. 3 f.

85 Martha Dodd: Aus dem Fenster der Botschaft. Berlin 1946 und Martha Dodd: Meine Jahre in Deutschland 1933 bis 1937: Nice to meet you, Mr. Hitler.
86 Günther W. Gellermann, »… und lauschten für Hitler«, S. 98.
87 Siehe: Thomas Weber, Hitlers erster Krieg.
88 Ebd., S. 430.
89 http://spartacus-educational.com/spartacus-blogURL24.html.
90 Günther W. Gellermann: »… und lauschten für Hitler«, S. 96 sowie David Irving: Das Reich hört mit, S. 46.
91 Friedrich Hugk: Tod hört mit! In: *Quick* Nr. 44 vom 29.10.1950, S. 1514.
92 ASA: European Axis Signal S. 78.
93 William Hastings Burke: Hermanns Bruder. Wer war Alfred Göring? Berlin 2012.
94 Günther W. Gellermann: … und lauschten für Hitler, S. 149 f.
95 Ulrich Kittel,Forschungsamt, S. 53 f.
96 European Axis Signal Intelligence Vol VII, S. 61.
97 Ulrich Kittel, Forschungsamt, S. 80.
98 Ebd., S. 80.
99 ASA: European Axis Signal Intelligence Vol VII, S. 58.
100 Ebd.
101 Ebd.
102 Ulrich Kittel, Forschungsamt, S. 25.
103 ASA: European Axis Signal Intelligence Vol VII, S. 61.
104 https://drive.google.com/file/d/0B7sNVKDp-yiJNjE4YTIyOTctNGFlZi00NTliLWEwZWUtOGYxYzEyMjk1NGE1/view.
105 ASA: European Axis Signal Intelligence Vol VII, S. 12 und S. 62.
106 Ebd., S. 63.
107 Ebd. In der an dieser Stelle abgedruckten Aussage eines ehemaligen Mitarbeiters der OKW/CHI ist nicht explicit

von der Teletype 15 die Rede, lediglich von einer »teletype machine«. Da es sich bei der Teletype 15 jedoch um die am weitesten verbreitete Maschine handelte und die Ähnlichkeiten zur deutschen T 40 erwähnt werden, ist stark davon auszugehen, dass von diesem Modell die Rede ist.

108 ASA: European Axis Signal Intelligence Vol VII, S. 64 f.

109 Ulrich Kittel, Forschungsamt, S. 74.

110 Zit. nach David Irving: Das Reich hört mit, S. 51.

111 So nach einem Bericht des ehemaligen Mitarbeiters in der Abteilung Auswertung, Walter Peipe. Zit. nach David Irving: Das Reich hört mit, S. 51.

112 Ulrich Kittel, Forschungsamt, S. 75.

113 Ebd.

114 Ebd.

115 Zum Sonderdienst Seehaus, der noch einer genaueren Untersuchung bedarf, siehe David Kahn: Hitler's Spies, S. 162–186.

116 Kittel, S. 76.

117 Irving: Das Reich hört mit, S. 122.

118 Kittel, S. 79.

119 Der Nürnberger Prozess gegen die Hauptkriegsverbrecher vom 14. November 1945 bis 1. Oktober 1946, Band 9–10, S. 491.

120 Eckart Conze, Norbert Frei, Peter Hayes, Moshe Zimermann: Das Amt in der Vergangenheit. Deutsche Diplomaten im Dritten Reich und in der Bundesrepublik, S. 263.

121 David Irving: Das Reich hört mit, S. 69.

122 Ebd., S. 70.

123 Ebd.

124 Ebd., S. 70 f.

125 Ian Kershaw, Hitler, Band 2, S. 164.

126 David Irving: Das Reich hört mit, S. 143.

127 Paul Schmidt: Als Statist auf diplomatischer Bühne. 14. Auflage, Wiesbaden 1984, S. 396.

128 Ebd., S. 397.

129 So schildert es Gellermann, der sich auf Protokolle von Verhören ehemalige FA-Mitarbeiter durch die US-Dienste bezieht. Günther W. Gellermann: »… und lauschten für Hitler«, S. 137.

130 Zit. nach Ian Kershaw: Hitler. Band 2, S. 179.

131 Ebd.

132 Ulrich Kittel, Forschungsamt, S. 49.

133 Ebd., S. 50.

134 Ebd., S. 49.

135 Ebd., S. 50.

136 Zit. nach Günther W. Gellermann: … und lauschten für Hitler., S. 106.

137 Antony Beevor: Der Zweite Weltkrieg. München 2014, S. 93 sowie Lothar Gruchmann: Der Zweite Weltkrieg. Kriegführung und Politik. 11. Auflage, München 2004, S. 52–61, bes. S. 56. Zu Oster: Heinz Höhne: Canaris – Patriot im Zwielicht, S. 388 ff.

138 Zit. nach Josef Müller: Bis zu letzten Konsequenz., S. 146.

139 Zit. nach Günther W. Gellermann: … und lauschten für Hitler., S. 107.

140 Josef Müller: Bis zu letzten Konsequenz, S. 146 f.

141 Joachim Fest: Staatsstreich. Der lange Weg zum 20. Juli. S. 142.

142 Zit. nach Günther W. Gellermann: … und lauschten für Hitler., S. 110.

143 Ebd.

144 Ebd.

145 Ebd.

146 Michael Graf Soltikow: Im Zentrum der Abwehr. Meine Jahre bei Admiral Canaris. Gütersloh 1986.

147 Ebd. S. 248.

148 Heinz Höhne: Canaris – Patriot im Zwielicht. S. 400.

149 Pol AA R 101174 Bl. E 387547.

150 Vgl. dazu: http://www.spiegel.de/spiegel/print/d-13531696.html
151 Hitler - Das Itinerar: Aufenthaltsorte und Reisen von 1889 bis 1945.
152 Pol AA R 100693 Bl. 1759
153 Vgl. dazu den Aufsatz von Hedwig Maier: Die SS und der 20. Juli 1944. In: *VfZG* 14/1966, S. 299–316.
154 Günther W. Gellermann: »… und lauschten für Hitler«, S. 138. Gellermann wertete für seine Aufstellung die Akten von Hitlers Adjutantur aus. Bekannt ist allerdings nicht der Inhalt der jeweiligen Berichte. Die folgenden Angaben beziehen sich darauf.
155 Ebd., S. 138 f.
156 Ebd., S. 140 f.
157 David Irving: Das Reich hört mit, S. 269. Die Liste befindet sich im US National Archiv.
158 Ebd. S. 248.
159 Ebd. S. 269.
160 R 101174 Akten betreffend Abgehörte Telefongespräche zwischen Deutschland und Spanien, sowie zwischen London und Wahington u. a. von 1940–1944.
161 Günther W. Gellermann: … und lauschten für Hitler, S. 143.
162 Diese Episode basiert aus voneinander unabhängigen Berichten zweier ehemaliger Mitarbeiter des FA für den Historiker Gellermann. Da es sich bei dem Hitler-Stalin-Pakt um einen sensationellen Vorgang handelte, ist es durchaus vorstellbar, dass die Mitarbeiter sich gut an Berichte, die rund um diesen Vorgang erstellt wurden, auch Jahre später noch erinnern konnten. Die Berichte sind nicht durch Aktenfunde belegt. Siehe Ebd.
163 Ebd., S. 145.
164 European Axis Signal Intelligence, S. 84.
165 Günther W. Gellermann: »… und lauschten für Hitler«, S. 148.

166 Jonathan Petropoulos: Royals and the Reich, S. 223 f.
167 Ebd., S. 239.
168 Ebd., S. 226 f.
169 Ebd., S. 223.
170 Ebd., S. 457 Anmerkung 217.
171 Ebd., S. 308 f.
172 Günther W. Gellermann: »… und lauschten für Hitler«, S. 29.
173 Pol AA R 101174 (RZ 214 – Referat D/Abteilung Inland, Inland IIg): Geh. Reichssachen, darin der Vorgang Inl II 414/43 gRs: Abgehörte Telefongespräche zwischen Anthony Eden und Harry Hopkins, Winston Churchill und Richard Law (1943).
174 Zur Hakeburg: Hubert Fransen: Hightech für Hitler. Die Hakeburg – Vom Forschungszentrum zur Kaderschmiede. Berlin 2001.
175 Der Brief Vetterleins wird zitiert von Gellermann, in dessen Besitz er sich befand. Günther W. Gellermann: ... und lauschten für Hitler, S. 158.
176 David Kahn: Hitler's Spies, S. 173.
177 David Irving: Das Reich hört mit, S. 97. Irving beruft sich auf den erhaltenen Brief Bergers im Nationalarchiv Washington, siehe S. 297 Anmerkung 202.
178 Hier stimmen Kahn und Gellermann überein; David Kahn: Hitler's Spies, S. 173; Gellermann … und lauschten für Hitler, S. 164 f.
179 David Kahn: Hitler's Spies, S. 174.
180 David Kahn: Hitler's Spies, S. 172.
181 Gellermann … und lauschten für Hitler, S. 166.
182 David Kahn: Hitler's Spies, S. 174. Das von Kahn angegebene Datum des Gesprächs, der 9. Oktober 1943, kann allerdings nicht stimmen, weil zu diesem Zeitpunkt die neue italienische Regierung Deutschland bereits den Krieg erklärt hatte.
183 Ebd.
184 Ulrich Kittel, Ergänzung.

185 Zt. Nach Günther W. Gellermann: »... und lauschten für Hitler«, S. 103.

186 Zur Organisation Consul und Plaas Rolle siehe: Susanne Meinl, Nationalsozialisten gegen Hitler. Die nationalrevolutionäre Opposition um Friedrich Wilhelm Heinz sowie Martin Sabrow: Die verdrängte Verschwörung. Der Rathenau-Mord und die deutsche Gegenrevolution. Frankfurt am Main 1999.

187 Zit. nach: Susanne Meinl, Nationalsozialisten gegen Hitler. Die nationalrevolutionäre Opposition um Friedrich Wilhelm Heinz, S. 13.

188 Ebd.

189 Ebd., S. 323 und 327.

190 Hein Höhne: Canaris, S. 465 f.

191 Hedwig Maier: Die SS und der 20. Juli 1944, S. 303.

192 Ulrich Kittel, Ergänzung.

193 Susanne Meinl, Nationalsozialisten gegen Hitler. Die nationalrevolutionäre Opposition um Friedrich Wilhelm Heinz, S. 437, Anmerkung 327.

194 Ebd., S. 328.

195 Ebd.

196 http://www.spiegel.de/einestages/zweiter-weltkrieg-luftangriffe-auf-berlin-a-947754.html sowie Jörg Friedrich: Der Brand. Deutschland im Bombenkrieg 1940–1945., S. 90 und 363 ff.

197 Günther W. Gellermann: ... und lauschten für Hitler, S. 36.

198 Ulrich Kittel: Forschungsamt, S. 9.

199 Das berichtete Gottfried Schapper in Vernehmungen kurz nach Kriegsende. Günther W. Gellermann: »... und lauschten für Hitler«, S. 35.

200 Pol AA R 100693 Bl. 1759.

201 ASA: European Axis Signal Intelligence, S. 23.

202 So Gellermann. Er gibt als Quelle eine ehemalige Mitarbeiterin an, die bei diesem erneuten Umzug dabei war. Ebd., S. 38.

203 Ebd., S. 44
204 Ulrich Kittel: Forschungsamt, S. 11.
205 Walther Gellermann: … und lauschten für Hitler, S. 46.
206 Ebd., S. 47.
207 Vgl. die Befragung von fünf ehemaligen Mitarbeitern des FA am 15. Und 21. Juni 1945: Interrogation of five members oft he RLM/Forschungsamt (»Goering's FA«) at Schloss Gluecksburg near Flensburg on 15th and 21st June 1945.
208 Zu Hans von Davidson: http://tilmanziegler.com/wp-content/uploads/2015/06/Hans-von-Davidson.pdf.
209 Joachim Beckh: Blitz und Anker. S. 433.
210 Ebd.
211 Ulrich Kittel, Forschungsamt, S. 10 und David Irving: Das Reich hört mit, S. 136.
212 Siehe David Irving: Das Reich hört mit, S. 300, Anmerkung 295.
213 ASA: Interrogation of five Members of the RLM/Forschungsamt (Goering's FA) at Schloss Glücksburg, near Flensburg on 15. And 21. June 1945.
214 Zit. nach David Irving: Das Reich hört mit, S. 138 f.
215 Die folgenden Informationen beruhen auf der Studie von Christoph Raas: Das Sozialprofil des Bundesnachrichtendienstes. Von den Anfängen bis 1968. Unabhängige Historikerkommission zur Erforschung der Geschichte des Bundesnachrichtendienstes 1945–1945, Band 1, S. 239 ff.

LITERATUR UND QUELLEN

Beckh, Joachim: Blitz und Anker. O.O. 2005

Beevor, Anthony: Der Zweite Weltkrieg. München 2014

Bundesarchiv/Militärarchiv Freiburg

- RL 44/3: Ulrich Kittel: Reichsluftfahrtministerium/Forschungsamt. Geschichte und Arbeitsweise eines Nachrichtendienstes. Im Auftrag des Instituts für Geschichte der Nationalsozialistischen Zeit. 1951. S. 3.

Burke, William Hastings: Hermanns Bruder. Wer war Alfred Göring? Berlin 2012

Bußmann, Walter: Zur Entstehung und Überlieferung der »Hoßbach-Niederschrift«. In: *Vierteljahrshefte für Zeitgeschichte* 16/1968, S. 573–586

Conze, Eckart/Frei Norbert/Hayes, Peter/ Zimermann, Moshe: Das Amt in der Vergangenheit. Deutsche Diplomaten im Dritten Reich und in der Bundesrepublik. München 2010

Der Nürnberger Prozess gegen die Hauptkriegsverbrecher vom 14. November 1945 bis 1. Oktober 1946 vor dem Internationalen Militärgerichtshof. Nürnberg 1948

Deutscher Bundestag, Parlamentsarchiv Berlin

- Hans Rente: Entstehung, Aufgaben und Ziele des Forschungsamtes (Denkschrift). 1953

Die Tagebücher von Joseph Goebbels. Im Auftrag des Instituts für Zeitgeschichte und mit Unterstützung des staatlichen Archivdienstes Russlands. Hg. von Elke Fröhlich. Teil I: Aufzeichnungen 1923–1941; 9 Bände in 14 Teilbänden. München 1998–2006. Teil II: Diktate 1941–1945; 15 Bände, München 1993–1996

Diller, Ansgar: Rundfunkpolitik im Dritten Reich. München 1980

Dodd, Martha: Aus dem Fenster der Botschaft. Berlin 1946

Dies.: Meine Jahre in Deutschland 1933 bis 1937: Nice to meet you, Mr. Hitler. Berlin 2005

Dokumentation: Zur Ermordung des Generals von Schleicher. Dokumentation der *Vierteljahrshefte für Zeitgeschichte*, Jahrgang 1, Heft 1 1953, S. 71–96

Flicke, Wilhelm F.: War Secrets in the Ether. Parts I and II. National Security Agency, Washington 1953 (maschinenschriftliches Manuskript).

Fransen, Hubert: Hightech für Hitler. Die Hakeburg – Vom Forschungszentrum zur Kaderschmiede. Berlin 2001

Friedrich, Jörg: Der Brand. Deutschland im Bombenkrieg 1940–1945. Gütersloh 2003

Fuhrer, Armin: Herschel. Das Attentat des Herschel Grynszpan am 7. November 1938 und der Beginn des Holocaust. Berlin 2013

Gellermann, Günther W.: … und lauschten für Hitler. Geheime Reichsache: Die Abhörzentralen des Dritten Reiches. Bonn 1991

Gruchmann, Lothar: Der Zweite Weltkrieg. Kriegführung und Politik. 11. Auflage, München 2004

Höhne, Heinz: Canaris – Patriot im Zwielicht. Gütersloh 1990

Hoffmann, Max: Der Krieg der versäumten Gelegenheiten. München 1923

Hugk, Friedrich: Tod hört mit! Das Geheimnis der braunen Blätter In: *Quick* Nr. 44/1950–47/1950

Irving, David: Das Reich hört mit. Kiel 1989

Kahn, David: Hitler's Spies. German Military Intelligence in World War II. Cambridge 2000

Maier, Hedwig: Die SS und der 20. Juli 1944. In: *Vierteljahrshefte für Zeitgeschichte* 14/1966, S. 299–316

Karl, Michaela: Ich blätterte gerade in der Vogue, da sprach mich der Führer an. Unity Mitford. Eine Biographie. Hamburg 2016

Kershaw, Ian: Hitler. Band 1: 1889–1936. München 2000 und Band 2: Hitler 1936–1945. München 2002

Kittel, Ulrich: Reichsluftfahrtministerium / Forschungsamt: Geschichte und Arbeitsweise eines Nachrichtendienstes. Im Auftrag des Deutschen Instituts für Geschichte der Nationalsozialistischen Zeit. 1951. Maschinenschriftliches Manuskript, Bundesarchiv, Militärgeschichtliches Archiv Freiburg.

Klabunde, Anja: Magda Goebbels. Annäherung an ein Leben. München 2001

Jobst Knigge: Prinz Philipp von Hessen. Hitlers Sonderbotschafter für Italien. Humboldt-Universität Berlin, Open Access 2009: https://edoc.hu-berlin.de/bitstream/handle/18452/10074/20D3gf2f8Tlk.pdf?sequence=1&isAllowed=y

Longerich, Peter: Heinrich Himmler. Biographie. München 2008

Maser, Werner: Hermann Göring. Hitler janusköpfiger Paladin. Die politische Biographie. Berlin 2000

Meinl, Susanne: Nationalsozialisten gegen Hitler. Die nationalrevolutionäre Opposition um Friedrich Wilhelm Heinz. Berlin 2001

Müller, Josef : Bis zu letzten Konsequenz. München 1983

Mühle, Robert W.: Ein Diplomat auf verlorenem Posten: Roland Köster als deutscher Botschafter in Paris (1932–1935). In: *Francia* 23/1996, S. 23–49

Onlinedokumente der National Security Agency (NSA)

- Wilhelm Flicke: War Secrets in the Ether. Parts I and II. Ref ID: A59421. Online: https://archive.org/details/41760949080010 (Einsichtnahme 15. September 2018)
- https://www.nsa.gov/news-features/declassified-documents/european-axis-sigint/assets/files/Volume_7_goerings_research_bureau.pdf
- https://docs.google.com/file/d/0B_0IJbGCCNYedm5weVc-tUFhRTzZqbFNneVZaMWNMQQ/view
- https://drive.google.com/drive/folders/0B_0IJbGCCNYeM-

GUxNzkoNWQtNzNhZiooYWVjLWI1NmItMzc2YWZiZ-GNjNjQ5
- https://archive.org/stream/ticom/TicomI-22#page/no/mode/2up

Petropoulos, Jonathan: Royals and the Reich. Oxford/New York 2006

Picker, Henry: Hitlers Tischgespräche im Führerhauptquartier. Frankfurt/Main, Berlin 1989

Politisches Archiv des Auswärtigen Amtes Berlin:
- R 101174 (Bestand RZ 214 – Referat D/Abteilung Inland, Inland II g): Abgehörte Telefongespräche Deutschland/Spanien; London/Washington u.a., 1940-1944.
- R 100692 (RZ 214 – Referat D/Abteilung Inland, Inland II g): Geh. Reichssachen, darin der Vorgang Inl II 414/43 gRs: Abgehörte Telefongespräche zwischen Anthony Eden und Harry Hopkins, Winston Churchill und Richard Law (1943).
- R 100693 (RZ 214 – Referat D/Abteilung Inland, Inland II g), Geh. Reichssachen, darin der Vorgang Inl II 586/44 gRs: Behandlung des vom Forschungsamt des Reichsluftfahrtministeriums gelieferten Materials. (Die Ergebnisse des Forschungsamts der Luftwaffe mussten bis 1944 nach der Lektüre wieder zurückgeschickt werden; ab dann war der Empfänger für die Vernichtung innerhalb angemessener Frist verantwortlich.)
- R 27666 (RZ 106 – Unterstaatssekretär Luther): Verschiedenes; enthält u. a.: - […] - Richtlinien betr. Geheimhaltung der Forschungsergebnisse des Forschungsamtes bei den Behörden, S. 290–298; […].
- R 260954 (RZ 101 – Büro Reichsminister, Handakten Neurath): Nachrichtendienst; enthält: Verhandlungen über die Koordinierung der Nachrichtendienste (v. a. Chiffrier- und Dechiffrierdienste) des Auswärtigen Amts, des Reichswehrministeriums und eines von Göring neugegründeten Forschungsamts, 1933–1936.

Raas, Christoph: Das Sozialprofil des Bundesnachrichtendienstes. Von den Anfängen bis 1968. Unabhängige Historikerkommission zur Erforschung der Geschichte des Bundesnachrichtendienstes 1945–1945

Rente, Hans: Entstehung, Aufgaben und Ziele des Forschungsamtes (Denkschrift). Maschinenschriftliches Manuskript, Bundesarchiv, Militärgeschichtliches Archiv Freiburg

Sabrow, Martin: Die verdrängte Verschwörung. Der Rathenau-Mord und die deutsche Gegenrevolution. Frankfurt am Main 1999

Schellenberg, Walter: Aufzeichnungen. Die Memoiren des letzten Geheimdienstchefs unter Hitler. Wiesbaden/München 1979

Schmidt, Paul: Als Statist auf diplomatischer Bühne. 14. Auflage, Wiesbaden 1984

Soltikow, Michael Graf: Im Zentrum der Abwehr. Meine Jahre bei Admiral Canaris. Gütersloh 1986

Stachelbeck, Christian: Dunkelmann oder Bürokrat in Uniform? Walter Nicolai und der militärische Nachrichtendienst im Ersten Weltkrieg. In: *Militärgeschichte. Zeitschrift für historische Bildung* 1/2017, S. 10-13

Tuchmann, Barbara: August 14. Frankfurt/Main 1990

Ullrich, Volker: Hitler. Frankfurt /Main 2013

Weber, Thomas: Hitlers erster Krieg. München 2012

Weißer, Sabien/Schäche, Wolfgang (Hg.): Datenreich im Verborgenen. Das Berlin Document Center in Berlin Zehlendorf. Marburg 2010

Wulf, Joseph: Presse und Funk im Dritten Reich. Eine Dokumentation. Frankfurt am Main/Wien/Berlin 1983

PERSONENREGISTER

Armin Fuhrer | Heinz Schön

Erich Koch. Hitlers brauner Zar

Gauleiter von Ostpreußen und Reichskommissar der Ukraine

Broschur. 256 Seiten mit 13 s/w Abbildungen.

Format 14,5 x 21,5 cm

€ 24,90 [D]

ISBN 978-3-95768-190-4

Als Erich Koch (1896 bis 1986) auf dem Höhepunkt seiner Karriere angekommen war, konkurrierte er mit anderen NS-Größen wie Heinrich Himmler und Alfred Rosenberg um Macht und Einfluss bei Adolf Hitler, der große Stücke auf den kleingewachsenen Emporkömmling hielt. Wie ein König herrschte der gebürtige Rheinländer während des Dritten Reiches als Gauleiter über Ostpreußen und wie ein »brauner Zar« als Reichskommissar der Ukraine. Seine Macht reichte von der Ostsee bis zum Schwarzen Meer – damit war er Hitlers größter Territorialherr.

Der brutale und gnadenlose Machtmensch, dem sogar Stalin wegen seiner Unmenschlichkeit gegen die Ukrainer gerne einen Orden verliehen hätte, wird für den Tod von weit mehr als einer Million Menschen verantwortlich gemacht; nicht eingerechnet Zehntausende von Ostpreußen, die er zum Kriegsende an der rechtzeitigen Flucht vor der heranrückenden Roten Armee hinderte. Gleichzeitig war Koch ein rücksichtsloser Aufsteiger, der insbesondere auch in finanzieller Hinsicht immer auf seinen eigenen Vorteil bedacht war und unter dem Deckmantel einer Stiftung ein riesiges Industriekonglomerat zusammenraubte.

Wer war dieser Mann, der 1986 in polnischer Haft starb, von der Welt vergessen, unbelehrbar und bis zuletzt von der nationalsozialistischen Ideologie überzeugt? Warum ist, ungeachtet seiner Bedeutung im Dritten Reich, heute nur noch so wenig über ihn bekannt? Offene Fragen zu Erich Kochs Leben ergeben sich jedoch auch aus der Nachkriegszeit: Wie gelang es ihm, nach dem Krieg zunächst ungehindert unterzutauchen? Warum wurde er später in Polen nach Verhängung seines Todesurteils begnadigt? Und was hinderte Willy Brandt daran, den in Polen inhaftierten NS-Verbrecher bei seinem legendären Warschau-Besuch 1970 mit nach Deutschland zurückzunehmen? Diese Biografie will Licht in das Dunkel bringen; sie zeichnet die Herkunft und den Werdegang Erich Kochs sowie seinen Aufstieg als NS-Größe nach und versucht aufzuklären, was aus ihm nach dem Untergang des Dritten Reiches wurde.

www.lau-verlag